Fatema Mernissi
Die Sultanin

Fatema Mernissi
Die Sultanin

*Die Macht der Frauen
in der Welt des Islam*

Aus dem Französischen von
Edgar Peinelt

Luchterhand
Literaturverlag

Die französische Originalausgabe erschien 1990
im Verlag Albin Michel. Die deutsche Ausgabe entstand
in Zusammenarbeit zwischen der Autorin
und dem Übersetzer.

2. Auflage Juni 1991
Copyright © 1991 by Luchterhand Literaturverlag GmbH,
Frankfurt am Main
»Sultanes oubliées« Copyright © 1990 by Éditions
Albin Michel S. A., Paris
Alle Rechte vorbehalten
Lektorat: Christiane Gieselmann
Umschlagentwurf: Max Bartholl
Satz: Uhl + Massopust, Aalen
Druck und Bindung: Clausen & Bosse, Leck
Printed in Germany
ISBN 3-630-86762-6

Inhalt

Einführung

Darf eine Frau einen muslimischen Staat regieren? Die Mehrheit der Männer ist offenbar der Meinung, das sei nicht erlaubt. Das jüngste Beispiel bietet die ebenso spektakuläre wie kurze Karriere von Benazir Bhutto als Premierministerin von Pakistan.

Als sie im November 1988 aus den rechtmäßigen Wahlen als Siegerin hervorging, behauptete Nawaz Sharif, der Führer der ›Islamischen Demokratischen Allianz‹ (IDA), im Namen aller rechtdenkenden Muslime, dies sei ein Verstoß gegen die göttliche Ordnung: »Welch ein Umsturz! Noch nie wurde ein muslimischer Staat von einer Frau geführt!«

In der Tat gilt die Politik in der islamischen Welt seit jeher als eine männliche Domäne. Seit 622, dem ersten Jahr der islamischen Zeitrechnung, bis in unsere Tage, bis zu jenem Jahr 1988 (dem Jahr 1410 nach der Hidschra) scheint die Regierungsgewalt offiziell überall und immer in männlicher Hand gewesen zu sein – fünfzehn islamische Jahrhunderte lang.[1] Glaubt man den Wortführern jener Parteien, die sich in der Auseinandersetzung mit ihren politischen Gegnern und auch gegenüber anderen Muslimen gerne als die Retter des Islam aufspielen, dann hat in der Welt des Islam noch nie eine Frau einen Thron bestiegen oder einen Staat geführt. Und folglich hat auch Benazir Bhutto kein Recht darauf.

Die Presse in Ost und West hat diese Argumentation wiedergegeben und dabei leider versäumt, auf den bezeichnenden Umstand hinzuweisen, daß sich die pakistanischen Politiker erst auf die Tradition besannen, als sie die Wahlen verloren hatten.[2] Parteiführer wie Nawaz Sharif, die sich auf den Islam berufen, waren mit den demokratischen Spielregeln ja zunächst einverstanden. Erst nach der Wahlniederlage wechselten sie den Argumentationsrahmen und bezogen sich ganz auf Tradition und Vergangenheit. Was in Frankreich oder Deutschland undenkbar wäre, daß ein Kandidat nach verlorener Wahl einen Konkurrenten diskreditiert und die Wahl annulliert, indem er die Geschichte beschwört – in einem muslimischen Staat ist es offenbar möglich. Ein Politiker wird an den Wahlurnen von einer Frau besiegt, aber mit Hilfe der ›traditionellen Werte‹ kann er sie doch noch aus dem Felde schlagen. Was ist das für ein politisches Terrain, auf dem solche Schachzüge erlaubt sind?

Wer den Standpunkt vertritt, Benazir Bhutto dürfe trotz ihres überwältigenden Wahlerfolges nicht an der Spitze einer pakistanischen Regierung stehen, der verläßt den Rahmen der parlamentarischen Demokratie und begibt sich in eine Denkwelt, in der die Herrschaft nicht durch Wahlen legitimiert wird. Sobald man es in der muslimischen Politik mit einer Frau zu tun bekommt, scheint es allzu verlockend, einfach von einer politischen Arena in eine andere umzuziehen. Mit einem Wahlsieger namens Hassan oder Mohammed hätten Nawaz Sharif und seine Anhänger nicht so umspringen können.

Aber ich will in diesem Buch gar nicht versuchen, dieses merkwürdige doppelte Spiel zu enträtseln, oder mich darüber auslassen, wie ungesichert die politischen Rechte von Frauen in der islamischen Welt sind. Mich hat zunächst interessiert, ob die Politiker recht haben, die erklären, der Fall von Benazir Bhutto sei ein Bruch mit der Tradition.

Stand tatsächlich in all den Jahrhunderten zwischen 622 und heute niemals eine Frau an der Spitze eines muslimischen Staates? Oder gab es doch Staatslenkerinnen in der Geschichte der islamischen Reiche, und sind sie in der heutigen offiziellen Geschichtsschreibung der muslimischen Welt und des Westens einfach unterschlagen worden?

Wie beginnt man solche Nachforschungen, und wo? In Asien? In Afrika? Oder erforscht man besser die Legenden, die sich um die Gärten Andalusiens ranken? Córdoba also – oder vielleicht Delhi? Es gibt ja auch noch den Jemen, San'a und andere Städte. Und dann Basra und Bagdad, vielleicht auch die Inseln Indonesiens – Isfahan und Samarkand nicht zu vergessen und die mongolischen Steppen. Die Welt des Islam ist weiträumig, zeitlich und geographisch. Irgendwo in diesen Weiten müßten auch die muslimischen Herrscherinnen ihren Ort gehabt haben.

Natürlich begann ich meine Recherchen in den Bibliotheken, und dort wurde ich auch bald fündig, ohne allzu große Mühe. Es war wie im Märchen: Ich blätterte behutsam die vergilbten Seiten alter Werke um – und plötzlich standen sie alle vor mir, die Sultaninnen, die Königinnen, die ›chatun‹. In der Stille meines Lesesaals sah ich sie ihren Weg gehen, durch endlose Affären und geheime Machenschaften. Sie trugen Namen: ›Malika Arwa‹, ›Alam al-Hurra‹, ›Sultana Radija‹, ›Schadscharat ad-Durr‹ und ›Turkan Chatun‹; oder sie führten in aller Bescheidenheit Titel wie ›Krone der Welt‹ (*Tadsch al-Alam*) oder ›Licht der Welt‹ (*Nur al-Alam*).

Einige kamen durch die Erbfolge an die Macht, andere, indem sie die rechtmäßigen Thronfolger umbrachten. Sie führten Kriege, besiegten ihre Gegner auf dem Schlachtfeld und schlossen Waffenstillstandsabkommen, sie erhoben Steuern, und sie pflegten recht unterschiedliche Regierungsstile. Manche Herrscherinnen hielten sich lange Zeit auf dem Thron, anderen blieb kaum Zeit, ihn zu besteigen. Und nicht wenige starben wie Kalifen: durch Dolch oder Gift.

Je mehr Herrscherinnen ich entdeckte, desto schwieriger erschien mir mein Vorhaben. Ich hatte herausfinden wollen, ob es Frauen an der Spitze muslimischer Staaten gegeben hatte. Was ich fand, waren Frauen an der Macht – nicht alle besaßen auch offiziell die Regierungsgewalt. Es galt also genauer zu unterscheiden, Kritierien dafür zu finden, ob eine Herrscherin als offizielles Staatsoberhaupt zu bezeichnen ist. Welche Symbole der Souveränität gibt es im Islam, der doch seine Mächtigen nicht krönt, sondern allein die Demut zum Zeichen der Größe erklärt?[3]

Vielleicht muß man sich zunächst einer anderen, ebenso schlichten wie grundlegenden Frage zuwenden: Wie ist es diesen Frauen gelungen, an die Macht zu kommen – in Staaten, die das Geschäft der Politik prinzipiell für eine reine Männersache halten? Im Arabischen, der Sprache des Koran, gibt es für die Begriffe ›Imam‹ und ›Kalif‹, die für die Macht stehen, keine weiblichen Formen. Wörtlich heißt es im ›Lissan al-Arab‹, einem populären Lexikon des 13. Jahrhunderts: »*al-chalifatu la jakunu illa li adh-dhakar* (›Kalif‹ wird nur in der männlichen Form gebraucht).« Unter solchen Umständen ist es eine kühne und bewundernswerte Unternehmung, wenn Frauen ihren Weg in die Politik finden, auch wenn er durch die Gänge des Harems führt, auch wenn sie sich verkleiden, hinter Schleiern, Dutzenden von Vorhängen und kunstvollen Gitterfenstern verbergen müssen.

Wie ist den Frauen in der Vergangenheit dieses Kunststück gelungen? Sie hatten es doch wohl sehr viel schwerer als wir. Heute sind ja in vielen muslimischen Ländern die demokratischen Spielregeln halbwegs akzeptiert, es gilt das allgemeine Wahlrecht und bei jeder Wahl geben auch Millionen von Frauen ihre Stimme ab. Dennoch findet man kaum Frauen in den politischen Institutionen. Die meisten Parlamente, ›Volks‹- und ›Revolutionsräte‹ in den Staaten des Islam haben etwas mit dem ›Harem‹ gemein: Das andere Geschlecht bleibt vor der Tür. Mit anderen Worten: Die Vertreter des einen Geschlechts machen sich – unter Ausschluß des anderen Geschlechts – Gedanken, wie dessen Angelegenheiten zu regeln seien. Dabei gibt es heute in den muslimischen Staaten schon Tausende von Frauen, die staatliche Bildungseinrichtungen besucht, eine akademische Karriere absolviert haben. Eigentlich sollten wir Frauen doch inzwischen klüger und gewitzter sein, sollten wir uns besser auskennen – und doch haben wir uns ganz elegant aus der Politik verbannen lassen. Wir dürfen uns einmischen, aber die Regeln des Spiels sind festgelegt und noch immer bestimmt von einer Art Raumordnung: Die Frauen wirken störend, wenn sie in Bereichen auftreten, wo man nicht mit ihnen rechnet. Bei uns, in der muslimischen Welt, möchte man eben den Frauen nicht dort begegnen, wo die Entscheidungen fallen.

Um so interessanter ist die Frage, wie es unsere ›Ahnfrauen‹ geschafft haben, an die Macht zu kommen. Wie haben sie es angestellt? Mit den Mitteln der Verführungskunst, mit Hilfe von Schönheit und Klugheit, oder war es einfach Glück?

Worin bestand also das Geheimnis der Herrscherinnen von einst? Wie konnten sie in der politischen Arena bestehen, wo doch den Frauen bei jeder falschen Bewegung irdische und himmlische Züchtigung drohte? Und wie nannten sie sich, wenn sie die Macht erobert hatten? Waren sie mit bescheidenen und zweifelhaften Titeln zufrieden, oder wagten sie, sich ›Imam‹ oder gar ›Kalif‹ zu nennen?

I

Wie nennt man eine Herrscherin
in der Welt des Islam?

Wer durch die vergilbten Seiten der alten Schriften blättert,
wird feststellen, daß es in unserer Geschichte eine Vielzahl
von Herrscherinnen gegeben hat, die den Kalifen die Macht
und den Sultanen den Thron streitig machten. Da stellt sich
zunächst die einfache Frage: Wie nennt man eine Königin in
der Welt des Islam? Im Koran ist von der Königin von Saba
die Rede – aber sie wird nie beim Namen genannt. Soll man
die Königinnen also beim Vornamen nennen? Beim Nach-
namen, beim Namen ihres Mannes, ihres Vaters oder beim
Namen ihres Sohnes? Gebühren ihnen Titel, und welche,
wenn nicht die beiden typischen Herrschertitel des Islam:
Kalif und Imam? Wieder einmal zeigt sich, wie im Verlauf
der letzten fünfzehn Jahrhunderte, die Begriffe unser Denken bewußt und unbewußt geformt und beschränkt haben.

Ich füge sogleich hinzu: nach meinen bescheidenen
Kenntnissen hat noch nie eine Frau den Titel eines Imam
oder Kalifen geführt (jedenfalls, wenn man von der gängi-
gen Bedeutung dieser Begriffe ausgeht: daß es sich um die
höchsten Vorbeter handelt, um die geistlichen Führer der
Gläubigen, Männer wie Frauen). Daß mir diese Feststellung
so wichtig ist, liegt nicht zuletzt daran, daß ich bereits
Schuldgefühle habe, wenn ich auch nur die Frage aufwerfe:
Gab es eine Kalifin? Ich ahne nämlich, daß schon die Frage
eine Anmaßung ist. Schließlich habe ich die traditionelle
muslimische Erziehung genossen. Allein die Idee, ich, als
Frau, könne mich kritisch mit der Überlieferung auseinan-

dersetzen, erscheint mir als eine schlimme Blasphemie. Und so sitze ich hier vor meinem Computer, am sonnigen Morgen des 6. Februar 1989, nicht weit von Dschami'a-as-Sunna, einer der größten Moscheen von Rabat, und ich fühle mich schuldig, bloß weil ich über die Frauen und das Kalifat schreiben will.

Bereits das merkwürdige Begriffspaar erzeugt ein vages Angstgefühl und das Bedürfnis, dem irgend etwas entgegenzusetzen – möglichst noch vor der Stunde des Gebets. Wenn der Muezzin ausruft, daß die Sonne im Zenit steht, hätte ich gerne schon alles in Ordnung gebracht; doch Ordnung bedeutet, daß alles am rechten Platz ist: hier die Frauen und dort der Kalif.

Keine der Frauen, die Macht besaßen, hat je den Titel eines Imam oder Kalifen geführt. Gab es also niemals Frauen an der Spitze eines islamischen Staates? Soll man davon ausgehen, daß die Herrschaft stets an den Titel des Kalifen gebunden ist? Auf die Mehrheit der islamischen Staatslenker träfe das nicht zu, nur wenige waren zugleich Kalifen. Die Kalifenwürde ist etwas äußerst Kostbares, von hoher religiöser, von messianischer Bedeutung. Damals wie heute möchten die Führer islamischer Staaten sich gerne Kalif nennen, aber nur wenige haben das Recht dazu. Der König von Marokko zum Beispiel: er ist ›Amir al-Mu'minin‹ (Führer der Gläubigen) und zugleich Kalif, Stellvertreter Gottes auf Erden; er führt seine Abstammung und die Legitimität seiner Dynastie bis auf den Propheten Mohammed zurück.

Um die Besonderheit der Kalifenwürde zu verstehen, muß man wissen, was das Gegenstück, der Titel eines ›Sultans‹ oder Königs (›Malik‹), bedeutet. Die beste Erläuterung findet sich bei Ibn Chaldun (1332–1406), einem der klügsten Köpfe des 14. Jahrhunderts. Ibn Chaldun hatte an vielen Orten in der islamischen Welt politische Ämter bekleidet, bevor er sich im Alter von vierzig Jahren aus dem öffentlichen Leben zurückzog – an einen Ort bei Tiaret, im heutigen Algerien – um sich mit dem Wesen der Despotie und der Gewalt zu beschäftigen. Er wußte, wovon er sprach: im Laufe seiner politischen Karriere in Herrscherdiensten war er einige Male nur knapp dem Tod entkommen. Ibn Chaldun vertrat die Ansicht, alles Unglück der muslimischen Welt, die Gewaltpolitik, von der sie beherrscht sei, erkläre sich daraus, daß die besondere göttliche Mission des Islam, das Kalifat, pervertiert worden sei zum *mulk,* der archaischen Despotie, die keine Beschränkung kennt und auf keinem Gesetz beruht, außer der Willkür des Herrschers. »Weil es der wahre Charakter der Herrschaft ist, daß sie... Obmacht und Gewalt bedingt, welche Auswirkungen des Zornes und der animalischen Natur sind, weichen die Gesetzesvorschriften ihres Trägers meist vom Recht ab und sind denen, die ihm unterstehen, in ihren weltlichen Angelegenheiten schädlich; denn er treibt sie häufig durch seine Wünsche und Gelüste zu Dingen, die nicht in ihrer Kraft liegen.«[1] Das Kalifat ist das Gegenteil des *mulk,* denn seine Autorität ist an ein göttliches Gesetz gebunden, an die *schari'a.* Ihr untersteht auch das Staatsoberhaupt. Alle Eigenmächtigkeiten gelten als unrechtmäßig. Und eben das, sagt Ibn Chaldun, macht die Stärke des Islam als politische Ordnung aus: auch der Kalif ist gebunden, sein Ehrgeiz und seine Leidenschaften sind gezügelt. Der König dagegen, der *malik,* erkennt kein Gesetz über sich an. Das Kalifat hat noch einen weiteren Vorzug: es umfaßt auch die geistliche Seite, den Umgang mit dem Jenseits. »Die politischen Vorschriften *(mulk)* führen lediglich zu den Vorteilen dieser Welt... Was der Gesetzgeber *(asch-Schari,* ›der Anwender des Gesetzes‹) aber für die

Menschen bezweckt, ist ihr jenseitiges Heil. Entsprechend den göttlichen Gesetzen ist es nötig, die Menge zu den religiösen Gesetzesvorschriften zu leiten, in den Dingen dieser wie jener Welt. Diese Vorschrift besteht für diejenigen, welche sich mit den Religionsgesetzen befassen, nämlich die Propheten (*anbija*) und wer ihren Platz einnimmt – und das sind die Kalifen.«[2] Dem Kalifen als Nachfolger der Propheten, die Gottes Botschaft auf Erden verkünden, stehen also die despotischen Freiheiten des *malik* nicht zu. Er ist gebunden an das göttliche Gesetz, und er hat nicht das Recht, es zu ändern. Wie mächtig ein Kalif auch sein mag – nicht er macht die Gesetze, sondern Gott. Das Amt des Kalifen ist allein die Anwendung der Gesetze, die Rechtsprechung.[3]

Nun könnte man sich mit Ibn Chaldun, der seine leidvollen Erfahrungen mit der Willkürherrschaft gemacht hatte, die Frage stellen, warum es denn solche Probleme gab – wenn doch das Kalifat so viel besser ist, als der *mulk?* Das Problem besteht darin, daß das Kalifat auch den *mulk* umfaßt und gar nicht ohne diese Form auskommt, weil ja auch die weltlichen Angelegenheiten der Gemeinschaft geregelt werden müssen. Dieser Umstand ist wichtig für das Verständnis der nachfolgenden Überlegungen – es geht schließlich um die Herrscherinnen, die doch immer nur die weltliche Macht ergreifen konnten.

Einerseits gab es also den *mulk,* ein System, das dem Staatsoberhaupt erlaubt, den Untertanen seinen Willen aufzuzwingen. Dagegen steht der Anspruch des Islam als eine politische Ordnung, die auch den Herrscher dem Religionsgesetz, der Schari'a, unterstellt. Die Muslime könnten sich folglich in der Despotie gut aufgehoben fühlen – aber nur unter der Bedingung, daß das geistliche Oberhaupt, der Kalif, dafür sorgt, daß die Bestimmungen der Schari'a genau befolgt werden. Allein seine Rechtschaffenheit verbürgt den Traum von der vollkommenen Herrschaft: »Was nun zur Herrschaft gehört gemäß der Gewalt *(al-qahr)*, dem Machtstreben *(at-taghállub)*, der Freilassung der Zorneskräfte, das ist in den Augen des Gesetzes Tyrannei *('udwan)*, Ungerechtigkeit *(dschawr)* und tadelnswertes Tun... weil es ein Schauen ohne das Licht Gottes ist.«[4] Eben darin sieht Ibn Chaldun den besonderen Vorzug des Kalifats: nur im Islam finde sich eine solche Institution, die den Machtwillen des Staatsoberhaupts durch das göttliche Gesetz beschränkt – den *mulk,* die Despotie, gebe es bei allen Völkern, überall, wo die Menschen sich zu einer Gemeinschaft zusammenschließen.

Der Kalif ist per Definition ein Stellvertreter, er hat die Aufgabe des Propheten übernommen, einer Gemeinschaft das Leben nach den Gesetzen der Religion zu ermöglichen. Er verspricht ein irdisches Leben in Harmonie und die Seligkeit im Paradies. Kalif kann durchaus nicht jeder werden – strenge Auswahlkriterien regeln den Zugang zu diesem Privileg. Den Titel Sultan (der Begriff leitet sich aus dem Wort *salata,* ›beherrschen‹ ab) oder *malik* (der ebenfalls auf die Gewalt verweist – das Wort steht für die rohe Macht, die nicht durch die Religion gezügelt ist) kann dagegen jeder erringen.[5] Mit diesen Titeln verbindet sich keine göttliche Sendung, und darum stehen sie auch den Frauen zu. Doch auf das Kalifat haben die Frauen keinen Anspruch. Das ist nur zu verstehen, wenn man die Kriterien genauer betrachtet, die bestimmen, wer zum Kalifen gewählt werden kann.

Ibn Chaldun erläutert, wie die Araber nach dem Erscheinen des Propheten das leidige Problem der Beziehung zwischen dem Gewaltherrscher und seinen Untertanen lösen wollten: Sie einigten sich auf die Schari'a, das göttliche Gesetz, das für den Herrscher wie für die Beherrschten gelten sollte. Der neue Herrscher war der Kalif, der Nachfolger des Propheten, und aus den Untertanen wurde die Gemeinschaft der Gläubigen. Die beiden Schlüsselbegriffe der islamischen Gesetzgebung sind ›Schari'a‹ und ›Sunna‹ – beide bedeuten den ›Weg‹, die vorgegebene Richtung, den Pfad, dem es zu folgen gilt. In der Geschichte der Araber war die Einrichtung des Kalifats eine Neuerung, ein Privileg, das ihnen Gott durch seinen Propheten – einen Araber – zukommen ließ, damit sie das zwangsläufig gewaltsame Verhältnis von Herrscher und Volk zu überwinden lernten. Nur wenigen nichtarabischen Herrschern ist es gelungen, den Titel des Kalifen zu erwerben. Sultan oder *malik* konnte dagegen jeder beliebige Eroberer werden.[6]

Nicht nur die Frauen hatten also keinen Anspruch auf die Kalifenwürde. Man muß die Bedeutung der Aufgabe des Kalifen verstehen, um das politische System des Islam und die ihm zugrundeliegende Philosophie zu begreifen, dann wird auch klar, weshalb das Auftauchen von Frauen in der Politik als eine Herausforderung gelten mußte. Über das politische Leben der muslimischen Gemeinschaften wachte stets der Kalif. Selbst wenn er die militärische Macht nicht mehr besaß, blieb er doch die höchste Instanz. Wenn Frauen eine politische Rolle spielten, konnte das nur bedeuten, daß die Unteren an die Macht gekommen waren – einen Umsturz, einen Fehler im System.

Die Idee des Kalifats steht für den Traum von der gerechten Regierung, deshalb hat sie die Jahrhunderte überdauert. Träume sind stark und besitzen eine geheime Kraft. Es ging um die Vision der idealen Gemeinschaft unter der weisen Führung eines Kalifen, der im Geiste der von Gott gegebenen Gesetze regiert, denen er sich zugleich demütig unterwirft. Nach dem Tod des Propheten zeigte sich allerdings, daß der Traum vom Kalifat nicht leicht zu verwirklichen war. Es mag merkwürdig klingen, aber man muß es immer wieder betonen: der Kalif besitzt keine gesetzgebende Gewalt, er kann auch keine rechtlichen Reformen durchsetzen. Gott allein ist *al-Muscharr'a,* »der Gesetzgeber, der Stifter der Schari'a«.[7] Ein für allemal ist das Gesetz gegeben, und darum entstehen bis heute die größten Probleme, wenn Neuerungen im Zivilrecht eingeführt werden sollen, die mit der Schari'a überhaupt nicht zu vereinbaren sind. Wo der Versuch unternommen wird, den modernen sozialen Verhältnissen durch eine Gesetzesreform Rechnung zu tragen, die sich etwa auf die Polygamie, die Verstoßung, das Erbrecht oder die Vaterschaft bezieht, erhebt sich sofort ein Proteststurm.

In Ibn Manzurs Lexikon ›Lissan al-Arab‹, einem Wörterbuch des 13. Jahrhunderts, wird erklärt, daß es das Wort Kalif nur in der männlichen Form gibt. Die Begriffe ›Sultan‹ und ›Malik‹ dagegen können maskulin und feminin dekliniert werden. Offenbar sind schon in die Grammatik des Arabischen die Machtverhältnisse zwischen Männern und Frauen eingeschrieben. Und so hat es zwar viele Frauen gegeben, die Königinnen und Sultaninnen waren – aber nie konnte eine Frau das Amt des Kalifen bekleiden.[8]

Eine der berühmtesten Herrscherinnen war die Sultanin Radija[9], die im Hidschra-Jahr 634 (1236 nach dem christlichen Kalender) in Delhi für einige Jahre an die Macht kam. Den Bericht darüber verdanken wir einem hervorragenden Geschichtsschreiber: dem marokkanischen Reisenden Ibn Battuta, der im 14. Jahrhundert das Land der Sultanin bereiste, genau hundert Jahre nach ihrer Herrschaft, die auf die Muslime aber offenbar einen so nachhaltigen Eindruck gemacht hatte, daß ihre Geschichte noch lange erzählt wurde. Ibn Battuta war von Tanger zu einer Weltreise aufgebrochen. Im September 1332 hatte er sich von Mekka nach ›Bilad as-Sind‹, dem heutigen Pakistan, aufgemacht. Bis heute ist Battutas Bericht ein ›Bestseller‹ – natürlich nicht im amerikanischen Sinn, es geht ja nicht um ein paar Wochen Verkaufserfolg, sondern im arabischen Sinn: da wird im Schatten der Moscheen ein unscheinbares Buch angeboten, vergilbtes Papier, schmuckloser Einband; es kostet wenig, und es verkauft sich seit Jahrhunderten.[10]

Den Titel einer Sultanin trug auch Schadscharat ad-Durr, Herrscherin über Ägypten. Sie kam 1250 in Kairo an die Macht, durch einen Staatsstreich, nach der Art von Feldherren, die sich militärisch überlegen zeigen. Ihrem strategischen Geschick verdankten die Muslime einen Sieg im Hin und Her der Kreuzzüge, den Frankreich bis heute nicht vergessen hat. Das französische Heer wurde in die Flucht geschlagen, König Louis IX. gefangengenommen.[11]

Die arabischen Herrscherinnen trugen jedoch nur selten den Titel einer Sultanin, von den Historikern werden sie häufiger ›Malika‹ genannt. Hier sei nur kurz darauf hingewiesen, daß Radija und Schadscharat ad-Durr türkischer Herkunft waren, sie kamen zur Zeit der mamlukischen Dynastien in Indien und Ägypten an die Macht. Auch einige jemenitische Herrscherinnen trugen den Titel ›Malika‹, zum Beispiel Asma und Arwa, die am Ende des 11. Jahrhunderts in der jemenitischen Hauptstadt San'a regierten. Asma übte die Regierungsgewalt nur sehr kurz aus, zusammen mit ihrem Gatten Ali, dem Begründer der sulaihidischen Dynastie. Die Königin Arwa dagegen war fast ein halbes Jahrhundert an der Macht; bis zu ihrem Tod, im Jahre 1090, führte sie die Staatsgeschäfte und bestimmte die Strategie der Kriegsführung.

›Malika‹ scheint eine Art Allerweltsbezeichnung gewesen zu ein, ein Titel, den man jeder Frau zuerkannte, die irgendwo in der islamischen Welt, von Delhi bis zum Maghreb, einen Zipfel der Macht errungen hatte. Auch einige Berberköniginnen wurden Malika genannt, die Berühmteste war Zinab an-Nefzawija, die gemeinsam mit ihrem Gatten Jussef Ibn Taschfin regierte. Der Historiker Abi Zar al-Fassi hat sie »al-Qaima bil-Mulkihi« genannt, »die Frau, die ihre Macht nutzte«. Keine geringe Macht: Ihr Reich, eines von zweien, die von den Berbern in Marokko begründet wurden, bestand von 1061 bis 1107, und sein Einfluß reichte bis nach Südspanien.[12]

Für die arabischen Historiker war es also offenbar kein Problem, Frauen als Königinnen zu akzeptieren, als Statthalterinnen der weltlichen Macht. Diesen Frauen, die eine führende Rolle in der Machtpolitik spielten, wurde oft noch ein anderer Titel beigegeben: man nannte sie ›al-Hurra‹. Etymologisch bedeutet *al-hurra* »die freie Frau« – im Gegensatz zur Sklavin. Im Harem war *hurra* die Bezeichnung für eine legitime Ehefrau, die meist aus einer vornehmen Familie kam. Das unterschied sie von den Haremsklavinnen, den *dschawári,* die der Herr auf dem Sklavenmarkt gekauft hatte. Man darf nicht vergessen, daß die Worte ›frei‹ *(hurr)* und ›Freiheit‹ *(hurrija)* im Arabischen nicht den modernen Bedeutungszusammenhang mit den Menschenrechten besitzen. Hier gibt es keinen Bezug auf die Forderungen nach der Freiheit des einzelnen und den Kampf für die Autonomie und Unabhängigkeit des Individuums. Freiheit bedeutet einfach das Gegenteil von Sklaverei. Der Begriff *hurr* ist an den Zusammenhang von Herrschaft und Sklaverei gebunden.

Es gibt auch die Bezeichnung *sajida,* die weibliche Form von *sajid* ›Herr und Meister‹ im Unterschied zum Sklaven, *al-'abd.* Im modernen Hocharabisch wie in den Regionalsprachen ist dieses Wort als höfliche Anrede noch im Ge-

brauch: *as-Sajid* und *as-Sajida* heißt ›mein Herr‹ und
›meine Dame‹. *Hurr* bedeutet also ›frei‹ (die Wurzel bilden
die Buchstaben *ha* und *ra,* ein hartes, aspiriertes h und ein
gerolltes r), aber nicht im Sinne der Freiheit, wie sie
in der berühmten Revolutionsparole ›Freiheit, Gleichheit,
Brüderlichkeit‹ gedacht ist. Es geht nicht um die Befreiung
von der Despotie, sondern um die souveräne Freiheit der
Aristokratie. Im Arabischen hat dieses Wort keinen Bei-
klang von Demokratie, keinen Bezug zum Volk – im Gegenteil: *hurr* ist gerade, wer nicht zum niederen Volk gehört,
der Freie im Gegensatz zum Sklaven.

Ibn Manzur erklärt in seinem Wörterbuch, die »*hurrijatu
al-arab*« seien die »*aschráf*« der Araber, jene, die sich durch
»ihre ruhmreichen Vorfahren auszeichnen«. *Scharaf* bezeichnet den besten oder bestimmenden Teil irgendeiner
Sache, die *aschráf* sind also die Überlegenen unter den Menschen.[13] *Al-hurr* steht auch für eine großzügige Haltung; in
allen Dingen zeigt der Zusatz *hurr* an, daß es sich um das
Beste handelt: Eine regenschwere Wolke ist *hurr,* ebenso der
wohnlichste Teil des Hauses. Der Begriff ist also eng verknüpft mit Überlegenheit, mit *scharaf,* der Elite, der Aristokratie – auch der Adler wird oft *al-hurr* genannt.[14]

Obwohl der Islam in seinen Anfängen demokratischen
Charakter hatte und angetreten war, die Macht der alten
Aristokratien zu beschränken, hat das Wort *aschráf* seine
positive Bedeutung nie verloren – im Gegenteil: schon in
der vorislamischen Zeit galten die Herrscher aus dem Geschlecht der Quraisch (der Sippe des Propheten) als die
aschráf unter den Arabern. Doch auch nach dem Sieg des
Islam blieb *aschráf* die Bezeichnung für die Elite, für die
Vornehmen in Stadt und Land, und vor allem natürlich
für die Nachkommen des Propheten. ›Scherifen‹ (d. i. *al-
aschráf)* werden diejenigen genannt, die ihre Abstammung

auf Fatima, die Tochter des Propheten, oder auf Ali, seinen Vetter und Schwiegersohn zurückführen können.

Überdies hat der Begriff *hurr* etwas mit Standhaftigkeit zu tun: »Man sagt von einer Frau, sie habe die Nacht *hurra* überstanden, wenn sie in der Hochzeitsnacht nicht entjungfert wurde, wenn es dem Ehegatten nicht gelang, sie zu penetrieren.«[15]

Daß der Begriff auch Konzentration und gezielte Anstrengung meint, zeigt sich ganz deutlich in dem verwandten Verb *hárrara* – ›schreiben‹. Wenn man sagt: *tahrir al-kitába,* dann heißt das ›die Worte abfassen‹, eigentlich ›die Worte freisetzen‹, in dem Sinn, daß man die Buchstaben richtig anordnet. Und so sagt man auch: *tahrir al-hissáb,* ›die Zahlen schreiben, aufreihen‹, das heißt »sie so anzuordnen, daß alles seine Richtigkeit hat, ohne Fehler und Korrekturen«.[16] So versteht es sich von selbst, daß man den als *hurr* Bezeichneten auch unterstellt, daß sie für andere denken und planen, daß sie ihre geistigen Fähigkeiten für die Gemeinschaft einsetzen. Das ist für die Elite Ehrensache.

So könnte also die Idee der Souveränität durch den Begriff *hurr* ebenso ausgedrückt werden wie durch die Bezeichnungen ›Sultan‹ und ›Malik‹. Doch erstaunlicherweise wird keiner der Männer je so genannt, die weltliche und geistliche Herrschaft ausübten. Dagegen findet die Bezeichnung häufig Anwendung, wenn es um Frauen geht: *al-hurra* dient den Historikern als Synonym für Sultanin und Königin, und zwar ganz gleich, um welche Region des muslimischen Herrschaftsbereiches es sich handelt, sei es Spanien, Nordafrika oder Jemen. So werden Asma und Arwa, die beiden Königinnen, die im 11. und 12. Jahrhundert im Jemen regierten, *al-hurra* genannt. Den Titel erhalten aber auch andalusische Herrscherinnen, die später, im 15. und

16. Jahrhundert an die Macht kamen, auf beiden Seiten des Mittelmeers, in Spanien und in Marokko.

Frauen spielten eine wichtige politische Rolle in der Zeit der großen Umwälzungen im muslimischen Reich, die, am Ende des 15. Jahrhunderts, mit der Eroberung von Granada durch die Christen und der Vertreibung der Muslime aus Spanien eingeleitet wurden. Zu den berühmtesten dieser Frauen gehört Aischa al-Hurra, die in Spanien als Sultanin ›Madre de Boabdil‹ bekannt war. ›Boabdil‹ ist eine Verballhornung des Namens ihres Sohnes Mohammed Abu Abdallah – ein Mann, der sich in der Niederlage die Hochachtung seiner Gegner erwarb.[17] In den meisten arabischen Quellen wird Aischas Name nicht erwähnt. Der Historiker Abdallah Inana, dessen Spezialgebiet der ›Fall von Granada‹ ist, vertritt allerdings die Ansicht, daß Aischa al-Hurra in dieser geschichtlichen Situation eine entscheidende Rolle gespielt hat.[18] Er schließt allein aus der Auswertung der spanischen Quellen, daß sie eine außergewöhnliche und bestimmende Persönlichkeit war, die, unter tragischen Umständen, kühne Entscheidungen traf. Ihre Lebensgeschichte, die Inana »heldenhaft« findet, ist kaum bekannt, wenn nicht gar totgeschwiegen: nicht einmal die Fachwissenschaftler haben sie zur Kenntnis genommen. Abdallah Inana versucht, einige Abschnitte ihres Lebens nachzuzeichnen. Aischa al-Hurra war es, die beschloß und durchsetzte, daß die Regierungsgewalt ihrem greisen Gatten Ali Abu al-Hassan (der 1461 an die Macht gekommen war) entzogen und einem der gemeinsamen Söhne übertragen werden müsse: Abu Abdallah, der als Mohammed XI., der letzte Herrscher von Granada, in die Geschichte einging. 1482 übernahm er die Macht. Er folgte stets den Ratschlägen seiner Mutter und behielt, mit einigen Unterbrechungen und Schwierigkeiten, bis zum Schicksalsjahr 1492 die Regierungsgewalt. Ein Jahr nach dem Fall von Granada dankte er ab – der letzte in der Dynastie der Nasriden (Banu al-Ahmar), die von 1232 bis 1492 in Granada regiert hatten. Für die arabische Welt wird sein Name auf ewig mit einer unvergeßlichen Niederlage verbunden sein. Seine Flucht vor den Armeen von König Ferdinand und Isabella der Katholischen bedeutete das Ende der maurischen Herrschaft in Spanien, die acht Jahrhunderte gedauert hatte. Kein Wunder, daß die arabische Geschichtsschreibung es vorzieht, der Rolle seiner Mutter keine Beachtung zu schenken – Aischa al-Hurra hatte ihre Bedeutung just in einem der dunkelsten Abschnitte in der Geschichte des Islam im Westen.

Eine ›Ehekrise‹ war für Aischa al-Hurra der Anlaß, sich in die Politik einzumischen. Damals hatte sie ihrem Gatten bereits zwei Söhne geschenkt, Mohammed (Abu Abdallah) und Jussef. Sie lebte im prachtvollen Alhambra-Palast und verfolgte mit Entsetzen die Kette militärischer Katastrophen, die das nahende Ende ankündigten. Ihr Mann, wesentlich älter als sie, war den Reizen einer Spanierin namens Isabella erlegen, der es gelang, zu seiner Lieblingssklavin aufzusteigen. Isabella, die als Kind bei einem der Kriegszüge in die Gefangenschaft der Araber geraten war, beherrschte alle Verführungskünste, und als sie es geschafft hatte, die Favoritin des Herrschers zu werden, beschloß sie, zum Islam überzutreten – eine Geste, die ihm schmeicheln mußte. Seither nannte sie sich ›Soraya‹. Der Sultan verliebte sich unsterblich in sie, er schenkte ihr die Freiheit und nahm sie zur Ehefrau. Sie gebar ihm Kinder, wodurch ihre Position weiter gestärkt wurde, und sie begann, in einer äußerst gespannten politischen Situation, ihren Einfluß auf Ali Abu al-Hassan zu nutzen, um insgeheim den Ihren zum Sieg zu verhelfen.

25

In der Führungsschicht Granadas spürte man, welche Gefahr im Aufstieg der spanischen Ehefrau des Herrschers lag; und so fand die arabische Gattin offene Ohren, als sie ihre Pläne vortrug. Ihre Vorstellungen waren sehr konkret: Der Sultan, der sein Volk verriet, mußte abgesetzt werden. Um seinen Sohn Abu Abdallah auf den Thron zu bringen, mußte man an den Nationalstolz der Andalusier appellieren und ihre Angst vor der Zukunft ausnutzen.[19]

Zunächst wurde die Auseinandersetzung in der Alhambra ausgetragen: Der Palast war Schauplatz eines Kampfes zwischen zwei Frauen, die feindliche Kulturen repräsentierten – eine von beiden mußte weichen. Aischa al-Hurra, die den Flügel bewohnte, der an *Bahw as-Siba'* (den berühmten ›Löwenhof‹) grenzte, traf schließlich die Entscheidung, den Palast zu verlassen. Nun führte sie ihre Angriffe von außen, bis es ihr, im Jahre 887 nach der Hidschra, endlich gelang, ihren Gatten zu stürzen und den fünfundzwanzigjährigen Sohn Abu Abdallah auf den Thron zu bringen.[20]

Nach dem Fall von Granada tauchten weitere ›Hurra‹ in der Politik auf: Frauen der Oberschicht, die normalerweise ein ruhiges Leben im Harem geführt hätten. Doch die Katastrophe, die ihre Gesellschaft zugrunde richtete, warf sie mitten in die turbulente Welt – mit einem Mal waren sie gezwungen, sich zu behaupten und ins Tagesgeschehen einzugreifen. Und, plötzlich befreit von einer Tradition, die sie zur Häuslichkeit verurteilt hatte, erwiesen sich diese Frauen, obwohl ihnen jede Erfahrung fehlte, als genauso fähig und kühn in der Verfolgung ihrer Interessen wie die Männer. Eine von ihnen, Sida al-Hurra, die aus Andalusien nach Marokko kam, wählte sogar die Piraterie, um die Niederlage vergessen zu machen. Und sie erwies sich als so begabt in diesem Metier, daß sie nach kurzer Zeit als ›Hakimat Tétouan‹, die ›Lenkerin von Tétouan‹ bekannt war.

Doch die muslimischen Historiker haben diese zweite ›Al-Hurra‹ ebenso ignoriert wie die erste. »In den arabischen Quellen findet man so gut wie keine Hinweise auf diese Herrscherin, die tatsächlich dreißig Jahre lang an der Macht war: von 1510 (als ihr Mann, al-Mandri, die Regierungsgewalt übernahm) bis zu ihrem Sturz im Jahre 1542.« Aus portugiesischen und spanischen Quellen geht allerdings hervor, daß sie eine wichtige Figur in diplomatischen Verhandlungen war.[21] Viele Jahre lang hat sie diese Rolle gespielt: Sie hatte die Macht in Tétouan und in ganz Nordwestmarokko, und sie besaß unangefochtene Autorität unter den Piraten dieser Region. Zu ihren Verbündeten gehörte auch ›Barbarossa‹, der berühmte türkische Korsar Cheireddin *(Chair ad-Din)*, der von Algier aus operierte.[22]

Doch sie hatte auch andere Verbindungen: Nach dem Tode ihres Mannes heiratete sie, in zweiter Ehe, den König von Marokko, Ahmed al-Wattassi, den dritten Herrscher der damaligen Dynastie, der von 1524 bis 1549 an der Macht war. Sie ließ keinen Zweifel daran, daß sie ihren politischen Einfluß behalten wollte: Zur Hochzeitsfeier mußte der König aus der Hauptstadt Fès nach Tétouan reisen. Es war das einzige Mal in der Geschichte Marokkos, daß ein König seine Heirat außerhalb seiner Hauptstadt vollzog.[23]

Sida al-Hurra stammte aus einer vornehmen andalusischen Familie. Die Banu Raschid hatten sich, wie viele andere Familien, nach dem Fall von Granada nach Nordafrika zurückgezogen. Zu den Kindheitserlebnissen von Sida al-Hurra gehörte die Bitterkeit des Exils und einer ungewissen Zukunft, die alle teilten, die vor der Inquisition geflohen waren. Die Familie der Banu Raschid ließ sich in Chéchaouen nieder, und die Tochter wurde mit al-Mandri verheiratet, einem Mitglied einer anderen hochgestellten

andalusischen Familie, die sich in der Nachbarstadt Tétouan angesiedelt hatte. Damals glaubte man in Emigran-
tenkreisen noch an die Möglichkeit der Rückkehr. Die Mu-
tigsten führten hin und wieder Kriegszüge gegen die Spanier. Eine Art Ideallösung war die Piraterie: Auf diese Weise
konnten die unverhofft Vertriebenen sich rasch neuen
Reichtum verschaffen (Beutegut und Lösegelder für die Ver-
schleppten) – und zugleich den Kampf gegen die feindlichen
Christen fortführen.

Der Wiederaufstieg der Stadt Tétouan ist eng verknüpft
mit der Geschichte der Familie des ersten Mannes von Sida
al-Hurra, der die Führung in der Gemeinschaft der Flüchtlinge aus Andalusien übernommen hatte. »Ungefähr neun-
zig Jahre nach seiner Zerstörung, also etwa 1490 oder etwas
später, wurde Tétouan wiederaufgebaut, und zwar unter
der Leitung des Seefahrers Abu al-Hassan al-Mandri, der
aus Granada stammte... Die Flüchtlinge hatten eine Anordnung zu Sultan Mohammed al-Wattassi nach Fès geschickt. Dort wurden sie freundlich aufgenommen, und der
Sultan erteilte ihnen auf ihre Bitte die Erlaubnis, sich in den
Ruinen der zerstörten Stadt niederzulassen und sie gegen
Angriffe zu sichern... Daraufhin erneuerten die Andalusier
die Wallanlagen von Tétouan, bauten sich Wohnhäuser und
errichteten die ›Große Moschee‹. Sodann führten sie unter
der Leitung von al-Mandri den Heiligen Krieg gegen die
Portugiesen, die sich in Çeuta festgesetzt hatten...«[24]

Über den Gatten von Sida al-Hurra finden sich in den
Quellen allerdings widersprüchliche Angaben. War es Ali,
der Begründer des neuen Tétouan und die führende Persönlichkeit der Gemeinde, oder sein Sohn, al-Mandri II.? Im
ersten Fall kann man davon ausgehen, daß ihr Mann deutlich älter war als sie. Daß er im Alter blind wurde, könnte
erklären, weshalb seine Frau schon früh in die politischen

Geschäfte einbezogen wurde. Andere Historiker sind der Meinung, sie sei mit dem Sohn verheiratet gewesen – dieser habe ihr politisches Talent erkannt und sie zu seiner Stellvertreterin in der Stadt bestimmt, sooft er abwesend war. Auf diese Weise habe sich die Bevölkerung daran gewöhnt, daß Sida al-Hurra eine Führungsrolle spielte, und darum sei sie später auch als Herrin der Stadt akzeptiert worden.[25]

Der Titel ›Al-Hurra‹, die Bezeichnung für eine Frau, die Macht ausübt, stand der ›Hakimat Tétouan‹ erst ab 1515 zu: Nach dem Tod ihres Mannes wurde sie an die Spitze der Stadtregierung von Tétouan gewählt, und sie machte ihre Sache so gut, daß ihr bald die Herrschaft in der Region übertragen wurde. Nun nahm sie Kontakt zu dem türkischen Piraten ›Cheireddin‹ auf, der auch unter dem Namen ›Barbarossa‹ bekannt ist: Sie rüstete eine Flotte aus und ging auf Kaperfahrt im Mittelmeer. Portugiesen und Spanier standen in engem Kontakt mit ihr: Sie behandelten sie als die Vertreterin der führenden Seemacht in der Region und führten Verhandlungen über die Freilassung von Gefangenen. In den spanischen und portugiesischen Dokumenten wird sie stets nur *As-Sajida al-Hurra* genannt – so daß die Historiker sich fragten, ob dies nicht eigentlich ihr Name war.[26]

In der arabischen Welt gab es noch einen anderen Titel für die Herrscherinnen: *sitt* – wörtlich übersetzt ›die Dame‹, oder ›die Herrin‹. Eine der Königinnen aus der Fatimiden-Dynastie in Ägypten wurde zum Beispiel ›Sitt al-Mulk‹ genannt. Sie kam im Jahre 1021 an die Macht, nachdem sie für das ›Verschwinden‹ ihres Bruders al-Hakim bi Amri Allah, des sechsten Kalifen dieser Dynastie gesorgt hatte. al-Hakim war mit höchst ungewöhnlichen und folgenreichen Maßnahmen hervorgetreten – gegen die Armen zum Beispiel, oder gegen die Hunde, die er ausrotten wollte, gegen die Frauen, denen er verbot, sich außerhalb des Hauses zu zeigen. Eines schönen Tages erklärte er sich sogar zum Gott (ta'allaha) und die Menschen in Kairo – allen voran Sitt al-Mulk – sollten ihn anbeten.[27]

Offenbar wurde der Titel ›Sitt‹ vorzugsweise an Frauen vergeben, die sich durch besondere Fähigkeiten auszeichneten. In Az-Zirikalis *Al-Alam,* einer Art ›Who's Who‹ aller »Männer und Frauen die sich Ruhm erwarben bei den Arabern und im arabischen Kulturraum und bei den Orientalisten« wird auch auf eine Reihe von Frauen verwiesen, die sich auf dem Gebiet der Theologie ausgezeichnet hatten[28]: ›Sitt al-Qudat‹ (die ›Meisterin der Richter‹) zum Beispiel, eine *musnida,* Expertin für *hadiths,* die überlieferten Aussprüche des Propheten. Sie lebte im 14. Jahrhundert in Damaskus, lehrte Theologie und verfaßte religionswissenschaftliche Abhandlungen. Auch ›Sitt al-Arab‹ und ›Sitt-al-ádscham‹ waren berühmte Theologinnen des 14. Jahrhunderts. Und im 15. Jahrhundert, residierte in Bagdad ›Sitt al-Wuzara‹ (die ›Herrin der Wesire‹), eine politische Eminenz wie ihr Zeitgenosse Ibn Arabi.

In der Reihe der Titel, die den Frauen zukamen, die in der arabischen Welt politische Macht besaßen, müssen zuletzt auch die seltenen Fälle genannt werden, in denen eine Frau sowohl die militärische wie die religiöse Führung innehatte. Die jemenitische Herrscherin, die den Titel ›Scharifa Fatima‹ erhielt, war eine solche Ausnahme in der Welt des Islam, der stets genau unterschied zwischen der geistlichen Führung und der weltlichen (oder genauer: militärischen) Macht. Fatima besaß die geistliche Autorität, sie war die Tochter des Imam az-Zajidi an-Nasir li-Din Allah. In der Mitte des 15. Jahrhunderts eroberte sie San'a an der Spitze des zaiditischen Heeres.[29]

Ghalia al-Wahhabia, aus dem Geschlecht der Hanbaliten

in Tarba, bei Taif, im heutigen Saudi-Arabien, führte am Beginn des 18. Jahrhunderts eine bewaffnete Widerstandsbewegung an, die sich zum Ziel gesetzt hatte, Mekka gegen jede Fremdherrschaft zu verteidigen. Ghalia erhielt den Titel *amira* – *amir* ist unter anderem die traditionelle Bezeichnung der Feldherrenwürde; der Oberbefehlshaber der Truppen wird *amir al-umara* (›Führer der Führer‹) genannt. »Zunächst bedeutet diese Stellung natürlich nur militärische Befugnisse.«[30] Ghalias Kriegsgegner waren von ihrer Kühnheit und ihrem strategischen Geschick so beeindruckt, daß sie an Zauberkräfte glaubten: Sie dichteten ihr die Gabe an, die Streitmacht der Wahhabiten unsichtbar zu machen. Auch für die Historiker war diese Frau an der Spitze eines Beduinenheeres ein außergewöhnliches Ereignis: »Von den arabischen Stämmen die in der Region von Mekka lebten, leisteten vor allem die Tarba ungeahnten Widerstand... an ihrer Spitze stand eine Frau namens Ghalia...«[31]

Aber den meisten Frauen, die ihr Glück in der Politik versuchten, ging es genau wie den Männern: nur wenigen gelang es, eine große Rolle als militärische oder geistliche Führer zu spielen. Manchmal sahen sie sich gezwungen, militärische Operationen zu führen – aber doch eher unfreiwillig. Und was die Religion betrifft: Die Frauen waren politisch nicht weniger geschickt als die Männer, das heißt, die politische Einflußnahme war ihnen wichtiger als die Sorge um das spirituelle Heil.

In den arabischen Ländern der muslimischen Welt erhielten also die Frauen, die eine führende oder bedeutende Rolle in der Lenkung der Staatsgeschäfte spielten, die Titel ›Malika‹, ›Sultana‹, ›Al-Hurra‹ und ›Sitt‹. In den islamischen Ländern Asiens dagegen trifft man zumeist auf die Bezeichnung ›Chatun‹ – vor allem dort, wo die türkischen und mongolischen Dynastien geherrscht haben. In der ›Encyclopédie de l'Islam‹ wird erklärt, daß »der Titel ›Chatun‹ sogdischen Ursprungs ist. Er war zunächst das Vorrecht der Eltern und Ehefrauen der tocharischen, später der türkischen Herrscher; auch bei den Seldschuken und Charism-Schahs war er in Gebrauch...« Eine große Zahl von Frauen führte diesen Titel: Frauen die, allein oder zusammen mit ihren Gatten, eine wichtige, oft führende Rolle in den Staatsgeschäften spielten. Als die mongolischen Herrscher bei ihren Eroberungszügen auf den Islam trafen (den sie nach einigen Jahrzehnten als Staatsreligion übernahmen), entstand das Problem, wie man die bis dahin sehr bedeutende öffentliche Rolle der Frauen in Einklang bringen sollte mit den Bestimmungen der neuen Religion, die ihnen ihren Platz in der Abgeschiedenheit zuwies. Mit dieser Frage mußte sich zum Beispiel Ghazal auseinandersetzen, der siebte Herrscher in der Dynastie der Ilchane, der 1295 an die Macht kam und zum sunnitischen Islam übertrat.

Als Hülagü, einer der Enkel des Dschingis-Chan, einen großen Teil des muslimischen Reiches erobert hatte (1258 fiel die Hauptstadt Bagdad), war es seine Lieblingsfrau, Doquz Chatun, die entscheidenden Einfluß darauf nahm, wie die Christen von den neuen Herren behandelt wurden. Sie gehörte der christlichen Sekte der Nestorianer an und bemühte sich, den Ihren Einfluß bei Hofe und politische Posten zu verschaffen.[32] Als as-Sarim Uzbek, vom arabischen Hof in Homs, eine Audienz bei Hülagü erhielt, um ›politische Fragen‹ zu besprechen, mußte er überrascht zur Kenntnis nehmen, daß Hülagüs Ehefrau die ganze Zeit über anwesend war.[33] Was die Rolle der vornehmen Frauen in der Öffentlichkeit betraf, hatte der Islam sich offenbar den Gebräuchen aus den Steppen Asiens anzupassen. Die ständige Mitwirkung der Frauen in der Politik erstaunte auch den arabischen Reisenden Ibn Battuta, als er das Mongolenreich durchquerte und die türkischen Herrscher besuchte: »Die Frauen erfreuen sich bei den Türken und Tataren eines glücklichen Schicksals. Die höchsten Anordnungen werden dort mit den Worten unterzeichnet: Auf Befehl des Sultans und der Chatun.«[34] ›Chatun‹ war auch der Titel der Herrscherinnen aus der Dynastie der Qutlugh-Chaniden von Kerman. Sie führten ihn sehr selbstbewußt, wie das Beispiel zweier Frauen zeigt, von denen (im 6. Kapitel) noch die Rede sein wird: Qutlugh Turkan Chatun und Padeschah Chatun, die 1257 und 1293, als vierte bzw. sechste Herrscherin in der Dynastie an die Macht kamen.

Ob sie nun Chatun, Königin oder Sultanin waren, ob sie ihre Macht als Kurtisanen aus dem Schatten des Harems ausübten, oder ob sie im Vollbesitz der Herrscherwürde waren und Münzen geprägt wurden, die ihren Namen trugen – keine dieser Frauen hat je den Titel des Kalifen getragen.

Seit dem Tode des Propheten ist in der islamischen Welt über die Frage gestritten worden, ob die ethnische Abstammung bei der Wahl eines Kalifen eine Rolle spielt. Muß der Kalif Araber sein, oder darf er auch aus einem anderen Volk stammen? Die Frage ist bis heute nicht geklärt: Kann ein Nicht-Araber, ein *ádscham* ein islamisches Gemeinwesen führen? Genaugenommen bezeichnet der Begriff *ádscham* all jene, die der arabischen Sprache nicht mächtig sind, die Fehler machen, mit Akzent sprechen und den Wortschatz nicht souverän beherrschen – also alle, die fremd und unverständlich reden.

Im Laufe der Jahrhunderte sind in der muslimischen Welt eine Vielzahl nicht-arabischer Herrscher an der Macht gewesen: Perser, Mongolen, Berber, Kurden, Sudanesen, Inder und andere. Doch fast alle begnügten sich mit der Sultans- oder Königswürde oder einer ihrer Varianten. Daß sich die osmanischen Herrscher im 16. Jahrhundert den Titel des Kalifen anmaßten, wurde als ein unerhörter Übergriff empfunden. Denn wer Kalif sein will, muß seine Abstammung vom Propheten nachweisen können – für einen Türken keine leichte Aufgabe. Den osmanischen Herrschern blieb nur die Fälschung.

Jeder muslimische Staatslenker, der sich Kalif nennen will, hat einen Stammbaum vorzulegen, aus dem hervorgeht, daß seine Familie mit den Nachkommen Mohammeds verwandt ist – also mit den Kindern von Fatima, der Tochter, oder den Kindern ihres Gatten Ali, der zugleich Schwiegersohn und Vetter des Propheten war. Die klassische Form, den arabischen Kalifen, von den Omaijaden bis zu den Abbasiden, den Kampf anzusagen, bestand darin, ein Verwandtschaftsverhältnis mit den Nachkommen des Propheten zu behaupten. Natürlich riskierte man dabei sein Leben. Daß es nur einen legitimen Kalifen geben kann, mußte sich in der Praxis erweisen, und die omaijadischen wie die abbasidischen Kalifen sahen sich gehalten, die Ordnung im Himmel und auf Erden wiederherzustellen, indem sie jedem den Kopf abschlugen, der Anspruch auf den Titel anmeldete.

Die sunnitischen Abbasiden waren dem Untergang geweiht, als es ihnen nicht mehr gelang, einen schiitischen Anwärter auf den Titel zu liquidieren, der sich im Jahre 909 zum Kalifen erklärt hatte: ganz gegen das muslimische Prinzip, daß nur in der Einheit die Stärke liegt, begründete al-Mahdi al-Fatimi – er berief sich auf die Abkunft von Fatima – eine neue Dynastie von Kalifen. Nun gab es zwei Kalifen gleichzeitig, einen schiitischen und einen sunnitischen. Die Fatimiden konnten den Kampf natürlich nur in den Provinzen aufnehmen, die weitab von Bagdad lagen. Sie begannen in Nordafrika, brachten Ägypten und Syrien unter ihren

Einfluß und riefen schließlich 969 Kairo zu ihrer Hauptstadt aus. Das alles macht deutlich, daß sich nicht irgendein Machthaber einfach zum Kalifen erklären konnte. Nur außergewöhnlichen Persönlichkeiten kam dieses Vorrecht zu – daran zweifelte keiner der Gläubigen. Für eine Frau wäre es also geradezu eine Verrücktheit gewesen, diesen Anspruch zu verfolgen, und, soweit ich weiß, hat sich nie eine Frau soweit verstiegen, diese Idee auch nur in Erwägung zu ziehen.

Um Kalif werden zu können, muß man Araber sein, und man muß ein Mann sein. Die erste dieser beiden Bedingungen ist heftig und gewaltsam in Frage gestellt worden. Tausende von Gläubigen sind für die Idee gestorben, daß jeder Muslim Kalif werden könne. Doch die zweite Bedingung blieb unbefragt gültig. Jedenfalls hat noch niemand sein Leben aufs Spiel gesetzt, um zu beweisen, daß die Vorstellung, nur ein Mann dürfe Kalif werden, gegen das Gleichheitsprinzip verstößt, das zu den Grundlagen des Islam gehört.

Der Kampf um die Gleichberechtigung unter den Gläubigen hat jedoch schon in den ersten Jahrhunderten des Islam begonnen. Unter der Vielzahl von Sekten, die sich gegen die politischen Verhältnisse auflehnten, waren die Charidschiten die ersten, die mit der Bedingung nicht einverstanden waren, daß man von den Quraisch abstammen müsse, um zum Kalifen gewählt werden zu können. Sie vertraten den Standpunkt, daß jeder Muslim, ganz gleich welchem Volk er angehört, das Recht haben müsse, als Kalif die Gläubigen zu führen. Die Bezeichnung Charidschiten kommt von *al-chawaridsch*, ›die Ausziehenden‹ – sie hatten den politischen Rahmen verlassen, einen innerislamischen Dialog konnte man mit ihnen nicht mehr führen.[35] Es war natürlich ein schockierendes Ereignis, daß die Charidschiten ihre abweichende Vorstellung von der Wahl des höchsten Führers proklamierten. Alle anderen waren sich einig, daß nur ein Araber Anrecht auf den Titel haben konnte. Wie man in den ersten Jahrhunderten nach der Hidschra über diese Fragen dachte, geht recht deutlich aus den Schriften des Andalusiers Ibn Hazm hervor, eines hochgebildeten Intellektuellen, der als guter Muslim zwar bereit war, den Gleichheitsgrundsatz des Islam zu achten, aber im Herzen doch strikt aristokratisch blieb.

Ibn Hazm führt drei Männer auf, die sich den Titel des Kalifen angemaßt haben, obwohl sie nicht von den Quraisch abstammten – alle drei trugen ihn nur sehr kurze Zeit. Der erste war Jazid Ibn al-Muhallab: Er versuchte im 9. Jahrhundert dem neunten omaijadischen Kalifen Jazid Ibn Abd al-Malik den Titel streitig zu machen – ohne Erfolg. Der zweite, Mohammed bnu al-Fath, herrschte Mitte des 10. Jahrhunderts in der nordafrikanischen Stadt Sidschilmassa. Auch er führte den Kalifentitel nur sehr kurze Zeit. Und schließlich der andalusische Fürst Abderrahman Ibn Abi Amir: er war Kalif »nur für einen Tag... Als er vernahm, daß man ihn den Kalifen nannte, geriet er so außer sich vor Glück, daß er seine Gewänder zerriß, doch dann faßte er sich und verzichtete auf den Titel... – das ist die verrückteste Geschichte, die ich jemals gehört habe«. Wie Ibn Hazm hatten damals wohl die meisten Muslime eine spöttische Haltung gegenüber solchen Versuchen. Es erschien ihnen einfach als Verrücktheit, wenn jemand auf den Titel des Kalifen Anspruch erhob, der nicht aus der Aristokratie von Mekka stammte. Ibn Hazm führt noch drei weitere Beispiele an: mächtige Herrscher, die bei den theologischen Autoritäten vorsprachen, um herauszufinden, ob sie das Kalifat erlangen könnten – sie wurden alle abschlägig beschieden und gaben die Sache auf.[36]

Eine Ausnahme war der neunte osmanische Kalif, Selim I. Er ließ sich 1517 offiziell vom letzten der abbasidischen Kalifen einsetzen, der in Ägypten residierte (dorthin waren die Abbasiden nach der Zerstörung Bagdads durch die Heere des Dschingis-Chan geflohen). Selim wurde der Titel des Kalifen mit allen äußeren Zeichen verliehen. Unter anderem erhielt er den Mantel des Propheten, einen seiner Zähne und eine Locke: Diese Reliquien wurden in den Topkapi-Palast gesandt.[37] Natürlich erregte der Vorgang großes Aufsehen in der muslimischen Welt. Bis dahin war es noch keinem gelungen, der nicht vom Stamm der Quraisch, der Sippe des Propheten war, rechtmäßig den Titel des Kalifen zu führen und die damit verbundenen Vorrechte zu beanspruchen – geistliche Privilegien, die den Zufälligkeiten der weltlichen Herrschaft entzogen sind.

1258 hatten die Truppen des Dschingis-Chan Bagdad zerstört; unter der Führung seines Enkels Hülagü, der angetreten war, die islamischen Länder zu unterwerfen. Darin war er erfolgreich: 80 000 Muslime wurden getötet, unter ihnen der letzte Abbasiden-Kalif, Al-Mustasim. Doch 1282, vierundzwanzig Jahre später, mußten die Mongolen erleben, daß der dritte Herrscher ihrer Dynastie, Hülagüs Sohn Manku Timur, an der verachteten Religion Gefallen fand. Er konvertierte und nannte sich fortan Ahmed. Die Krieger waren beunruhigt, und Manku Timur wurde schon zwei Jahre danach gestürzt. Aber die Kraft des Islam erwies sich als ungebrochen: nur dreizehn Jahre später konvertierte Ghazan, der siebte Herrscher der Dynastie, auch er ein Enkel des Dschingis-Chan. Seither war der Islam die offizielle Religion bei Hofe. Doch selbst den Mongolen auf dem Gipfel ihrer Macht, als sie den Abbasiden das Reich und die Reichtümer, den Stolz und die Herrschaft genommen hatten, ist es nicht gelungen, den Titel des Kalifen zu erringen.

Diese Würde blieb auf wundersame Weise dem weltlichen Zugriff der Armeen entzogen.[38]

So zeigt sich, daß der Kalif im hierarchischen Gefüge der islamischen Welt eine Sonderstellung einnimmt. Schon die Frage, ob Nicht-Araber Anspruch auf den Titel erheben dürfen, ist nicht geklärt – um so schwieriger wird es, wenn es um Frauen geht, die an der Macht sind und das Kalifat beanspruchen könnten. Die Frage, ob das Kalifat als ein Idealmodell der Herrschaft die machthabenden Frauen prinzipiell ausschließt, ist nicht leicht zu beantworten.

2
Der Kalif und die Sultanin

Mir ist, wie gesagt, etwas schwindlig geworden, als ich anfing, über die Frauen und das Kalifat nachzudenken. So wird es vermutlich allen gehen, die eine anständige muslimische Erziehung genossen haben, daran ändert auch das Studium der geschichtlichen Quellen nichts. Ein wohlerzogener Muslim weiß eben, daß man nicht einfach so daherreden kann – alles hat seinen Platz, jedes Ding und jede Person; man muß die Hierarchien und die *hudud,* die Grenzen und Gebote, beachten.

Der Begriff ›Kalif‹ spielt eine zentrale Rolle im islamischen Monotheismus. Ihn mit dem Begriff ›Frau‹ in Verbindung zu bringen, riecht schon nach Blasphemie. Aus der Geschichte lernen wir, daß die Kalifen die Frauen nicht einmal für würdig erachteten, den *mulk,* die unterste Stufe der Macht, die niedere weltliche Herrschaft auszuüben. Der Kalif ist Stellvertreter Gottes auf Erden und im Prinzip besitzt allein er alle Vollmacht, die göttliche Autorität zu vertreten. Und in dieser Eigenschaft haben es alle Kalifen grundsätzlich abgelehnt, Frauen an der Spitze eines Staatswesens zu akzeptieren, obwohl es doch immer nur um die weltliche Macht, um den Titel der Sultanin ging. Doch selbst diese Würde wurde ihnen nicht zuerkannt. Die wenigen Frauen, die in der weltlichen Hierarchie so hoch aufstiegen, daß sie die Führung eines Staatswesens beanspruchen konnten, mußten erleben, daß sie abschlägig beschieden wurden, wenn sie sich um den geistlichen Segen durch den Kalifen bemühten. Genaugenommen braucht diese Absegnung durch den Kalifen aber jeder Sultan, jede Sultanin, jeder, der ein muslimisches Gemeinwesen führen will. Der Bezug auf die göttliche Ordnung, und sei er noch so äußerlich, ist einfach unverzichtbar. Diese Legitimierung war eine der wichtigsten Funktionen der Kalifen. Seltsamerweise entdeckte der Kalif diesen Aspekt der geistlichen Macht erst, als Bagdad von den Mongolen erobert war und er seine weltliche Macht eingebüßt hatte. Das Reich war zerstückkelt, unter früheren Statthaltern und Sklaven aufgeteilt, und in dieser Situation militärischer Schwäche besann sich der Kalif auf den Einfluß, den er als Wahrer der Gottesmacht auf die neuen Herren ausüben konnte.

Die Dezentralisierung der Macht, die Entstehung autonomer regionaler Herrschaft und die Machtübernahme durch *ádscham*, durch Nicht-Araber, das war die Umbruchsituation, die auch den Frauen den politischen Königsweg eröffnete. Doch jede Herrscherin, die in ihrem Machtbereich zur unangefochtenen Herrschaft gelangt war, mußte beim Kalifen untertänigst um die Anerkennung ihrer Herrscherwürde bitten. Den Herrschern ging es da nicht anders – die Legitimität der Macht war eben nur vom Kalifen zu erhalten. Aber die Frauen holten sich, im Unterschied zu ihren Gatten, Vätern oder Brüdern, meist eine glatte und endgültige Abfuhr. Die Ablehnung bedeutete meist die Begünstigung anderer Thronanwärter – und damit war auch der Sturz der Herrscherinnen und häufig ihr tragisches Ende, nur noch eine Frage der Zeit.

So versuchte also der entmachtete Kalif in seinem zerfallenden Reich Einfluß zu behalten. Er verlieh großartige Ehrentitel an irgendwelche Statthalter, die irgendwo residierten: ›Rukn ad-din‹ (Stütze des Glaubens), ›Saif ad-daula‹ (Schwert der Dynastie), oder auch ›Amud al-mulk‹ (Säule der Macht) und ›Nasir ad-din wa-daula‹ (Erretter von Glauben und Dynastie). Natürlich war den neuen regionalen Herrschern, die sich durch die Macht des Schwertes eingesetzt hatten, an geistlicher Rückversicherung und religiöser Legitimierung gelegen. Und andererseits konnte sich der Kalif, seiner militärischen und wirtschaftlichen Macht beraubt, glücklich schätzen, daß ihm wenigstens eine Sphäre der Macht verblieben war: jene Autorität, die sich die Eroberer nicht anmaßen durften, auch wenn sie in seiner Residenz die Gesetze machten. Die Verleihung eines Ehrentitels *(laqab)* erfolgte stets im großen feierlichen Rahmen. »Wer vom Kalifen anerkannt wurde, erhielt, außer der Ernennungsurkunde *('ahd mahschur)* die Insignien der Macht: einen Titel, ein reich geschmücktes Schlachtroß, Banner, und so weiter...«[1] Die Zeremonie einer Titelverleihung bot Anlaß zu großen Festen, in Bagdad und in der jeweiligen Provinzhauptstadt, Geschenke wurden ausgetauscht... Im 11. Jahrhundert bildete die Titelvergabe eine der wichtigsten Einkommensquellen des Kalifen. Als der Emir von Bagdad im Jahre 1031 den Titel *malik ad-daula* (König der Dynastie) erhielt, empfing der Kalif von ihm »2000 Dinare, 30 000 Dirhem, zehn susische Florettseidenstoffe, hundert kostbare Brokate, hundert andere... 300 chinesische Schüsseln, außerdem Gaben an einzelne Höflinge.«[2]

Eine der ersten Frauen, die Anspruch auf das Sultanat erhob, war Turkan Chatun[3], die Gattin von Malikschah, dem seldschukischen Sultan, der von 1072 bis 1092 regierte. Vor Malikschah, der türkischer Abkunft war, hatten Bagdad und der Kalif gezittert, der nicht die Macht besaß, seine Hauptstadt zu verteidigen. Stattdessen stellte er sich unter den Schutz des Sultans Malikschah und verlieh ihm dafür eine Reihe großartiger Ehrentitel. Als Malikschah starb, war der Thronfolger, sein Sohn Mahmud, erst vier Jahre alt. Da die Gesetze des Islam verbieten, daß einem

Kind die Macht übertragen wird, versuchte Turkan Chatun, die Lenkung der Staatsgeschäfte in die Hand zu bekommen. Es ging um sehr viel: »Die Moscheen, in denen das Freitagsgebet im Namen von Malikschah gesprochen wurde, standen an der Grenze zu China und tief in Syrien, im äußersten Norden der muslimischen Welt und im Südjemen – so gewaltig war das Reich.«[4] Malikschah war die Speerspitze des sunnitischen Islam gewesen, er hatte Bagdad und den Kalifen gegen die Angriffe der schiitischen Bewegung verteidigt, die inzwischen große Macht gewonnen hatte.

Um die Herrschaftsnachfolge in ihrem Sinne zu sichern und sich gegen andere Thronprätendenten zu verteidigen, war Turkan Chatun auf das Einverständnis des damaligen Kalifen Al-Muqtadi angewiesen, des siebenundzwanzigsten in der abbasidischen Dynastie, der von 1075 bis 1094 regierte. Turkan Chatun hielt den Tod ihres Mannes zunächst geheim und versuchte, sich mit Bagdad zu arrangieren. Als der Kalif darauf hinwies, daß Mahmud nicht herrschen könne, weil er noch ein Kind sei, machte Turkan Chatun den listigen Vorschlag, er solle dem Thronfolger doch einfach durch eine *fatwa,* eine Weisung, die Macht verleihen, unter Absehung von der ›Kleinigkeit‹ mit dem Lebensalter. Al-Muqtadi war aber nicht gewillt, eine Regentin auf dem Thron zu dulden, die für ihren Sohn die Regierungsgeschäfte führte. Er konnte wohl die Vorstellung nicht ertragen, daß die *chutba* im Namen einer Frau gesprochen würde – wie mächtig sie auch sein mochte. Dieses Privileg der Herrscher wollte er letztlich nur dem Sohn zugestehen, aber unter der Bedingung, daß anstelle von Turkan Chatun ein Statthalter, ein Wesir seiner Wahl die Staatsgeschäfte führte. Die Herrscherin lehnte diese Auflagen erst einmal ab, sie empfand sie als anmaßend und erniedrigend. Doch schließlich mußte sie alle Bedingungen des Kalifen akzeptieren.[5] Ohne den Segen aus Bagdad hätte sie gegen ihre Rivalen keine Chance gehabt.

Ebenso heftig hat ein anderer abbasidischer Kalif, al-Mustasim, zu verhindern versucht, daß in Ägypten eine Frau auf den Thron kam. 1250 starb al-Malik as Salih Nadschm ad-Din Aijub, der achte Herrscher in der ägyptischen Dynastie der Aijubiden.[6] Seine Ehefrau, Schadscharat ad-Durr, wollte die Macht übernehmen. Sie hatte gerade für einen großen Sieg über die Kreuzritter gesorgt, und hätte gewiß einen *laqab,* einen der großartigen Titel verdient gehabt, die ihr Gatte trug. Von solchen Ehren träumt jeder Heerführer: »Sultan der Araber und der Nichtaraber, König der Länder und der Meere, König von Indien und Sind, König des Jemen, von Sabid, San'a und Aden, Sultan aller Länder des Morgenlandes und des Abendlandes.«[7] Schadscharat wollte von al-Mustasim vermutlich nicht mehr als die Legitimierung ihrer Machtstellung als Staatsoberhaupt Ägyptens. Doch der Kalif demütigte sie mit seiner förmlichen Ablehnung. In einer berühmten Botschaft, die er an die ägyptischen Emire sandte, teilte er mit, er sei bereit, ihnen fähige Männer zu schicken, an denen es in Ägypten offenbar mangle, da man gezwungen sei, eine Frau zu erwählen.[8]

Schadscharat ad-Durr glaubte zunächst, auch ohne den Segen des Kalifen auskommen zu können. Schließlich besaß sie den Rückhalt der Armee, jener Truppen, denen sie erst kurz zuvor zum Sieg über die Kreuzritter bei Damiette verholfen hatte. Sie nannte sich also ›Malikat al-Muslimin‹, Königin der Muslime – der Titel war nicht so lang, wie der ihres Gatten, aber er bedeutete eine Anmaßung und eine Mißachtung der Vorrechte des Kalifen. So blieb sie denn auch nicht lange Königin. Sie kämpfte mit großem Geschick um die Macht und versuchte verzweifelt, die alten politischen Spielregeln außer Kraft zu setzen, doch die Ablehnung durch den Kalifen erwies sich als der Anfang ihres tragischen Endes. Zunächst sah es so aus, als beherrsche sie das grausame und gewaltsame Spiel um die Macht perfekt: binnen kurzer Zeit hatte sie alle ihre Rivalen ausgeschaltet.[9] Und dabei besaß Al-Mustasim, der es sich erlauben konnte, ihren Machtanspruch zu verlachen, überhaupt keine militärische Macht – schlimmer noch: seine unverantwortliche Politik gegenüber den Mongolen hatte dazu geführt, daß die Truppen von Hülagü, dem Enkel des Dschingis-Chan, 1258 Bagdad zerstörten und Tausende von Muslimen umbrachten. Al-Mustasim war der letzte Repräsentant einer Dynastie im Niedergang. Schadscharat ad-Durr dagegen begründete ein neues Herrschergeschlecht, sie war die erste Herrscherin einer Dynastie der ehemaligen türkischen Sklaven. Nur sie waren noch fähig, den Mongolen Widerstand zu leisten und dafür zu sorgen, daß es den mongolischen Heeren nicht gelang, Ägypten zu erobern.

Auf die Wahrung der Interessen der Gläubigen konnte sich der Kalif also kaum berufen, als er Schadscharat ad-Durr die Legitimität verweigerte, er war auch gewiß nicht in der Lage, ihre Fähigkeiten richtig zu beurteilen. Doch, so paradox es scheinen mag, er blieb in der Auseinandersetzung Sieger – einfach nur weil er der Kalif war. Als seine Haltung in dieser Frage bekannt wurde, gab es sofort Auseinandersetzungen. In Syrien zum Beispiel, das damals von Kairo aus regiert wurde, weigerte man sich, Schadscharat ad-Durr anzuerkennen; bald war auch das Militär in Kairo gespalten; und schließlich fiel in Militärkreisen die Entscheidung, die Herrscherin zu stürzen.

Immer wieder in der Geschichte der islamischen Reiche hat sich gezeigt, daß die Vertreter der sogenannten Orthodoxie es als eine Bedrohung und Regelverletzung empfunden haben, wenn eine Frau die politische Macht übernahm.

Natürlich wurde im Verlauf der Epochen und Kulturen immer wieder neu bestimmt, was als ›orthodox‹ zu gelten hatte – das hing von den Interessen derjenigen ab, die jeweils die Macht des Schwertes besaßen und Steuern eintreiben konnten. Doch in all den Staaten des Reiches blieb eines immer gleich: Sobald eine Frau Anspruch auf einen Thron erhob, fand sich eine gesellschaftliche Gruppe, die ihre Interessen gefährdet sah und, im Namen der Schari'a und der geistlichen Werte, dem weiblichen Machtstreben entgegentrat. Eine Ausnahme mag die Sultanin Radija gewesen sein, die ein Jahrzehnt nach Schadscharat ad-Durr in Delhi an die Macht kam. Sie verdankte die Herrscherwürde ihrem Vater, dem Sultan Schams ad-Din Iltutmisch, der von Sklaven abstammte und durch seine Verdienste zur Herrschaft gelangt war – er trug dazu bei, die islamische Herrschaft über Indien zu begründen. Obwohl er drei Söhne hatte, erklärte der Sultan Radija zur *walijatu 'ahdih*, zur Erbprinzessin. Die geistlichen Würdenträger, mit denen er sich gern umgab, die *'ulama* und die *qudat*, bemühten sich natürlich, ihn davon abzubringen. Doch obwohl die Geistlichkeit über großen Einfluß im Land verfügte, kam Radija an die Macht.[10] Während ihrer Herrschaft versuchten ihre Gegner allerdings immer wieder, mit religiösen Argumenten gegen sie aufzutreten.

Trotz des großen kulturellen und geographischen Abstands blieben auch die indonesischen Herrscherinnen von diesem Problem nicht verschont. Im späten 17. Jahrhundert herrschten im Reich Atjeh, im Norden der Insel Sumatra, nacheinander vier Königinnen. Jede von ihnen mußte sich mit einer religiösen Oppositionsbewegung auseinandersetzen, die ihre Herrschaft grundsätzlich in Frage stellte und sich dabei auf eine *fatwa* aus Mekka berief.[11] Trotzdem behielten die indonesischen Königinnen die Macht bis zum

Beginn des 18. Jahrhunderts, und sie schmückten sich mit Titeln, die den Abbasiden-Kalifen al-Mustasim zur Weißglut gebracht hätte. Die erste dieser Herrscherinnen (1641–1675) nannte sich ganz bescheiden ›Krone der Welt und Reinheit des Glaubens‹ *(Tadsch al-'alam safijat ad-din schah)*. Die zweite (1675–1678) wählte den Namen ›Licht der Welt und Reinheit des Glaubens‹ *(Nur al-'alam nakijat ad-din schah)*. Die dritte (1678–1688) gab sich den halb persischen Titel *Inaijat schah zakijat ad-din* und die letzte der vier führte unter dem Namen *Kamalat schah* eine friedliche Herrschaft bis zum Jahre 1699.[12]

Frauen haben also in der islamischen Welt geherrscht und Staaten geführt, aber ihre Herrschaft bedeutete stets einen Verstoß gegen die geistlichen Prinzipien, auf die sich die Legitimität politischer Autorität gründet. Das mag damit zusammenhängen, daß zwischen Geschlecht und Politik ein unauflöslicher Zusammenhang besteht, vor allem in Kulturen, in denen die Beziehungen zwischen Männern und Frauen symbolischer Ausdruck eines gesellschaftlichen Machtverhältnisses sind, in Kulturen zum Beispiel, die Männlichkeit, männliche Identität, als das Vermögen definieren, das Weibliche zu beherrschen und zu verschleiern und daran auch heute unverändert festhalten wollen. Wo und wann immer Frauen in der Politik der islamischen Welt eine bestimmende Rolle spielen, bedeutet das eine schwere Erschütterung: Die Regeln des Spiels sind verletzt, und damit verlieren die Akteure an Glaubwürdigkeit, allen voran die hochwürdigen Hauptdarsteller. Man kann das bis in die Gegenwart verfolgen, auf der Bühne des Zeitgeschehens, die in dem muslimischen Ländern stets eine Drehbühne ist: ein Szenenbild zeigt die Gegenwart, das andere die Vergangenheit. Und jeder bedient sich der Überlieferung – sie wird ständig gebraucht wie ein sorgfältig polierter Spiegel. Das hat sich auch in der empörten Reaktion auf den Machtanspruch von Benazir Bhutto gezeigt.

Aber warum diese Unvereinbarkeit von Weiblichkeit und Politik? Um den weltanschaulichen Hintergrund der Auseinandersetzung zu begreifen, muß man sich abermals dem Schlüsselbegriff zuwenden: dem Kalifat. Seit jeher, und bis in unsere Tage, ist die Kalifenwürde etwas sehr Kostbares – obwohl es inzwischen in der Welt des Islam eine Vielzahl von Nationalstaaten und weltlichen Machthabern gibt. So erklärt sich zum Beispiel die Abneigung, oder gar Feindschaft der iranischen Mullahs gegen den König von Marokko: Sie fühlen sich als die geistige Führung der Welt – aber er gehört nun einmal zu den wenigen modernen Staatsoberhäuptern, die sich Kalif nennen dürfen. Und er hat sich den Titel auch nicht einfach angemaßt, sondern aufgrund einer jahrhundertelangen Erbfolge erhalten. Das Königreich Marokko war eine Region der islamischen Welt, die schon sehr früh auf ihrer Eigenständigkeit bestand und nicht bereit war, sich ohne weiteres irgendeiner geistlichen Oberhoheit zu unterwerfen. Als sich die Herrscher der Almoraviden-Dynastie (1036–1147) den Titel ›Amir al-Muslimin‹ (Führer der Muslime) zulegten, wollten sie ihren Anspruch auf Autonomie zum Ausdruck bringen. Die Autorität des abbasidischen Kalifen war damit nicht direkt in Frage gestellt – er nannte sich ›Amir al-Mu'minin‹ (Herrscher der Gläubigen). Daß es heute eine Rivalität zwischen Rabat und Teheran gibt, zeigt deutlich, welches Gewicht in der Politik islamischer Staaten noch immer den traditionellen Herrschertiteln zukommt, auch wenn es sich bloß um symbolische Machtansprüche handelt. Bis heute hat der Begriff ›Kalif‹ Gewicht. Jeder Kalif ist Imam, doch nicht jeder Imam ist Kalif. ›Imam‹ kommt von *'amma* (›voraus sein, an der Spitze stehen, die Menschen anleiten und auf den rechten Weg führen‹) – in der Regel versteht man darunter die Anleitung beim Gebet. Der Imam einer Moschee ist der Vorbeter. Der Begriff ›Kalif‹ dagegen kommt von *chalafa* (›nachfolgen‹, im zeitlichen Sinn). Abu Bakr war der erste, der diesen Titel trug: Er wurde Kalif genannt, weil er nach dem Tode des Propheten, dessen Stellung einnahm. Der Prophet wirkte für das Wohl der Muslime auf Erden und im Jenseits, indem er sie dazu anhielt, nach der Schari'a, dem von Allah gegebenen Religionsgesetz zu leben. Selbstverständlich ging diese geistliche und weltliche Führung der Gläubigen auf seinen Nachfolger, den Kalifen, über. So bewirkt schon die Natur seiner Macht, daß dieser politische Führer, dessen Aufgabe darin besteht, dem göttlichen Gesetz auf Erden Geltung zu verschaffen und auf diese Weise Recht und Ordnung unter den Menschen zu sichern, zugleich das geistliche Oberhaupt ist. Sein Amt macht den Kalifen sowohl zum Hüter des Glaubens *(hafedh ad-din)* als auch zum Wächter über die politische Regierung in der Welt *(sijasat ad-dunja),* und diese beiden Pflichten sind nicht voneinander zu trennen. Angesichts der komplizierten Verknüpfung von Himmel und Erde, dem kosmischen Zusammenhang zwischen Allah dem Gesetzgeber und dem Kalifen, der den göttlichen Willen auf Erden vollstreckt, scheint es folgerichtig, daß den Frauen dieses Amt verwehrt bleibt: in dieser monotheistischen Religion ist das Göttliche unteilbar und männlich.

Den Kalifen als ›Stellvertreter Gottes auf Erden‹ *(chalifatu Allah fi ardihi)* zu bezeichnen ist bis heute allgemein gebräuchlich. Doch der erste Kalif, Abu Bakr (632–634), der für seine Bescheidenheit berühmt war, wollte von seinen Gefolgsleuten nicht so genannt werden – der Titel erschreckte ihn ein wenig: »Nennt mich den Stellvertreter des Gesandten Gottes *(chalifatu rasuili-llah),* denn nur wer abwesend ist, kann vertreten werden. Wer da ist, den kann man nicht vertreten.«[13]

Auch Ibn Chaldun verweist auf die enge Verknüpfung von geistlicher und weltlicher Macht, um zu erklären, weshalb »das Kalifat auch das ›Große Imamat‹ *(al-Imama al-kubra)* genannt wird, im Unterschied zum ›Kleinen Imamat‹ *(al-Imama as-sughar)*, das nur die Leitung des Gebets *(as-Salat)* bedeutet. Zum großen Imamat, oder Kalifat, gehört außerdem die Auslegung der Gesetze *(al-futija)*, das Richteramt *(al-qada)* die Ausrufung des Heiligen Kriegs *(al-dschihad)* und die Führung des Staatshaushalts *(al-hazba)*.«[14]

Die Frauen kamen, nach Ansicht vieler Korangelehrter, nicht einmal für das ›Kleine Imamat‹ in Frage, einfach weil es undenkbar war, sie als Vorbeterinnen zuzulassen. Von einem Anspruch auf das ›Große Imamat‹ konnte also schon gar nicht die Rede sein.

Averroës (Ibn Ruschd, 1126–1198) berichtet, »daß die Meinungen sehr geteilt sind, was die Frage angeht, ob eine Frau als Imam vor eine Gemeinde von Männern treten kann. Einige wollen nicht einmal erlauben, daß eine Frau das Gebet in einer Versammlung von Frauen leiten darf... Die Mehrheit (der Theologen) ist sich jedenfalls einig, daß eine Frau nicht als Imam vor einer Versammlung von Männern auftreten darf.«[15] Nicht einmal die ›kleine‹ geistliche Würde wollte man den Frauen also zugestehen. Dabei würde eigentlich nichts gegen die Anwartschaft einer Frau auf das Kalifat sprechen, wenn man sich allein an die vier Grundbedingungen für die Bewerbung hielte, die, nach Ibn Chaldun, völlig unstrittig sind: Wissen *('ilm)*, Rechtschaffenheit *('adala)*, Entscheidungsfähigkeit und körperliche Eignung (›gesunde Sinne und Glieder‹ – *salamat al-hawas wal a'ada)*. Die Bedeutung des Wissens, so erklärt es der

Autor der *muqaddima,* »versteht sich von selbst, denn der Kalif muß das göttliche Gesetz anwenden, also muß er es kennen«. Mit der Rechtschaffenheit ist Unbescholtenheit und Redlichkeit gemeint: eine Lebensführung ohne Zügellosigkeiten und Exzesse. Die Idee des Ausgleichs spielt dabei eine Rolle, es handelt sich ja um ein geistliches Amt. Der Kalif soll nach Möglichkeit ein Mensch sein, der weder die sittlichen Gebote *(al-mahzuraat)* verletzt, noch zu Neuerungen *(bid'a)* neigt. Jede Neuerung gilt ja bekanntlich als Entgleisung, als Abweichung vom vorgegebenen rechten Weg, der Schari'a. Entscheidungsfähigkeit ist gefordert, weil der Kalif in der Lage sein muß, »die Achtung der Grenzen zu erzwingen und Kriegszüge zu unternehmen«[16], und die letzte Bedingung, die körperliche Eignung, meint, daß der Kalif gesund sein muß, »weder verrückt noch blind, weder taub noch stumm ...«.[17] Am Schluß des 26. Kapitels der *muqaddima* (»Über das Kalifat und seine Voraussetzungen«) erklärt Ibn Chaldun, warum die Frauen für dieses Amt nicht in Frage kommen, und er erinnert daran, daß »Allah nur dann einem Menschen direkte Weisungen erteilt, wenn dieser auch fähig ist, sie zu erfüllen ... Die meisten Religionsgesetze gelten für die Frauen ebenso wie für die Männer. Dennoch ergeht das Wort an sie nicht unmittelbar, sondern durch Gleichnisse, weil sie ohne jede Macht sind und unter der Herrschaft der Männer stehen ...«[18] Der Islam zeichnet sich durch die leuchtende Einfachheit seiner Prinzipien aus: Man muß nur die Voraussetzung akzeptieren, daß die Frauen tatsächlich machtlos sind, darauf folgt dann zwingend, daß sie selbst keine göttliche Mission übernehmen können – also steht auch in bezug auf die höchste Institution der Geistlichkeit, das Kalifat, außer Zweifel, daß Frauen keinen Platz in der Politik haben.

Hätten die Gegner von Benazir Bhutto auf der prinzipiellen Ebene argumentiert und klargelegt, daß es ihnen nur darum gehe, daß eine Frau nicht Kalif werden dürfe – man hätte ihnen nichts entgegenhalten können. Allerdings war auch Zia Ul-Haq, Benazir Bhuttos Vorgänger im Amt, nicht Kalif gewesen, und all seine religiöse Bemühung und Berufung auf die Schari'a hatte nur seine militärische Willkürherrschaft verschleiern sollen. In Wahrheit nahmen die Fundamentalisten Benazir Bhutto nur eines übel: daß sie die Wahlen gewonnen hatte.

Nun dürfen aber rechtgläubige Muslime, die sich genau an die althergebrachten islamischen Vorschriften halten wollen, an demokratischen Wahlen eigentlich gar nicht teilnehmen. Ein solches Verfahren steht nämlich im grundlegenden Widerspruch zur traditionellen Führerwahl im Geiste der *bai'a:* »Die *bai'a* ist eine feierliche Verpflichtung zum Gehorsam. Wer diese Bindung eingeht, überträgt seinem Herrscher das Recht, in allen Angelegenheiten, die ihn persönlich oder die Gemeinschaft der Muslime angehen, die Entscheidungen zu treffen; er verspricht, dagegen niemals aufzubegehren und stets zu gehorchen, in allem, was ihm befohlen wird, ob es ihm gefällt oder nicht.«[19] Mit dem demokratischen Prinzip des allgemeinen Wahlrechts ist die *bai'a* in zweifacher Weise unvereinbar. Zum einen kann sie nicht rückgängig gemacht werden – Wahlergebnisse dagegen haben nur zeitlich begrenzte Wirkung; sie werden in regelmäßigen Abständen revidiert. Zum anderen ist die Entscheidung, sich auf das Treueverhältnis einzulassen ein Privileg, das nur einer Führungsschicht zukommt, die bereits an der Macht teilhat: *ahl al-hal wa l'aqd* (»die zu Lösen und Binden Befugten«).[20] In der Geschichte der Muslime hat es niemals Bestrebungen gegeben, die Masse des Volkes (*'amma*) in diese Entscheidungen einzubeziehen.

Der Begriff *'amma,* der das ›niedere Volk‹, die ›Masse‹

bezeichnet, darf nicht mit *umma* verwechselt werden – dieses Wort kommt von *umm* (Mutter) und meint die Gemeinschaft der Gläubigen. Beide Begriffe beziehen sich auf die Gesamtheit der Muslime, doch 'amma ist eine stark abwertende Bezeichnung: Gemeint ist die ungebildete, dumme und von Natur rebellische Masse, die von der Herrschaft ausgeschlossen bleiben muß, weil sie nicht vernunftbegabt ist. In der Geschichtsschreibung erscheint ›die Masse‹ stets als ein Ungeheuer, das sich von jedem Aufrührer anstacheln läßt und darum gebändigt, ständig überwacht und notfalls auch gezüchtigt werden muß. Die Vornehmen unterstützen den Herrscher bei dieser Aufgabe.

Die Volksmassen, wie die Frauen, dürfen also in der Politik des Kalifats keine Rolle spielen. Und wir werden noch sehen, daß der Schleier nicht nur für die Frauen erfunden wurde: Ein *hidschab* trennte auch den Kalifen vom Volk. Für das Kalifat bedeuteten solche ›Schleier‹ ein wichtiges Ordnungsprinzip: Sie grenzten die politische Bühne ab und verwiesen das Publikum auf die Plätze. Erst die Einführung des allgemeinen Wahlrechts hat diese Schleier zerrissen.

Es war die Tragödie des Kalifats, daß den Kalifen stets ein tiefer Graben vom Volk trennte, ein Graben, über den die Elite und die Militärs wachten. Mit der Einführung des allgemeinen Wahlrechts ist die Masse, die 'amma, nun zu einer entscheidenden Kraft in der Politik geworden. Das eröffnet völlig neue Perspektiven im politischen Alltag der Muslime, befremdliche Perspektiven, wenn man von den alten Politikformen ausgeht – aber man kann sich auch auf das Ideal der ›gerechten Herrschaft‹ beziehen. Die parlamentarische Demokratie bietet einen neuen Rahmen, in dem die einst Unmündigen, die 'amma, und damit auch die Frauen, eine bedeutende Rolle übernehmen. Manchen mag schwindlig werden in einer so verkehrten Welt, und manchmal ist solch ein Schwindelgefühl auch ganz nützlich. Man muß nicht immer versuchen, alles rückgängig zu machen, es gibt ja auch Möglichkeiten, die eigene Unsicherheit zu bekämpfen.

In diesem Sinne war es eine wichtige Erfahrung, daß die Wählerstimmen in Pakistan eine Frau an die Macht bringen konnten. So bot sich eine einmalige Gelegenheit, den Umgang mit den Herausforderungen dieses Jahrhunderts zu lernen – eines Jahrhunderts, in dem die ehemals Ausgeschlossenen die Regierungsgewalt ergreifen können, ohne, wie einst die Sklavinnen im Harem, ihre Macht hinter einem Schleier verbergen zu müssen.

3
Die Macht hinter dem Schleier – Haremsklavinnen in der Politik

Jede geschichtliche Epoche hat ihre ›Traditionen‹ und ihre ›Wendepunkte‹, man unterscheidet Zeiten der ›Ordnung‹ und des ›Zerfalls‹, es gibt das ›goldene Zeitalter‹ und den ›Niedergang‹ – und irgendwo dazwischen liegen die Ereignisse, die als ›entscheidend‹ gelten.

Ein solches Ereignis war der Aufstand der schwarzen Sklaven, der *zandsch*, der 869 im Machtbereich der Abbasiden stattfand. Die Historiker, die das Geschehen stets aus der Sicht des Palastes schilderten, empfanden diesen Aufstand als einen schockierenden Vorgang: Er gilt als die erste Sklavenrevolte in der islamischen Geschichte.

Doch der erste Sklavenaufstand fand wohl schon viel früher statt. Es gab eine ›Revolution‹ der Sklavinnen, der *dschawári,* die leider nicht genau zu datieren ist. Wann verfiel zum ersten Mal ein Kalif ganz und gar dem Zauber seiner Lieblingssklavin? Vielleicht war es Jazid II. Ibn Abd al-Malik, der neunte Kalif der Omaijaden-Dynastie. Er kam im Jahre 720 an die Macht; und der Historiker Tabari berichtet, er habe die Herrschaft sogleich seiner *dschária* Hababa überlassen, die ihn so beglückte, daß er sich auf und davon machen und alles hinter sich lassen wollte. Sie, die Sklavin, war es, die ihn ermahnte, an seine irdischen Pflichten zu denken.[1] Vielleicht war der erste Fall auch der von Chaizuran, der Frau von al-Mahdi, dem dritten Abbasiden-Kalifen, der seit 775 regierte. Ihr gelang es nicht nur, ihren Mann zu bezaubern, wie Hababa, sondern sie brachte

55

ihn dazu, die Macht mit ihr zu teilen. Chaizuran behielt ihren Einfluß auch nach seinem Tod, während der Regierungszeit der beiden Söhne al-Hadi und Harun ar-Raschid.

Daß Sklavinnen solche Macht über Kalifen besaßen, bewirkte Veränderungen im Zentrum des politischen Gefüges, im Verhältnis zwischen den Frauen und dem ›Stellvertreter Gottes auf Erden‹, die in der Schari'a nicht vorgesehen waren. Im Gegensatz zu den *zandsch,* die eine Machtergreifung von außen versuchten, wirkten die *dschawári* von innen, im Palast, im Bett des Kalifen – sie machten ihren Einfluß auf das Herz des Mannes geltend, der nach dem Gesetz der absolute Herrscher über das Seelenheil und das Wohlergehen der Gläubigen war.

Werfen wir zunächst noch einen Blick auf die Ereignisse, die in der muslimischen Geschichtsschreibung als der erste Sklavenaufstand bezeichnet werden. Die *zandsch* waren schwarze Sklaven aus dem Sudan. Sie wurden zum Beispiel in der Umgebung von Basra in den Lagunen zur Salzgewinnung eingesetzt. Weil sie ihre Arbeit als unmenschlich hart empfanden, bewaffneten sie sich, besetzten die Stadt und rückten auf Bagdad vor; nur 27 Kilometer vor der Hauptstadt kam ihr Angriff zum Stillstand. Lange Zeit waren die wichtigsten Handelswege von Bagdad zum Persischen Golf blockiert, der Aufstand dauerte von 869 bis 883. Mehrere Kalifen mußten sich mit diesem Problem auseinandersetzen. Die Sklavenrevolte verlief nach einem Prinzip, das, weil im Islam die Herrschaft geistlich begründet ist, bis heute Geltung hat: Eine Gruppe der Gesellschaft erhebt sich im Namen der göttlichen Gerechtigkeit *al-'adl.* Die *zandsch* beriefen sich auf das göttliche Gesetz, die Schari'a, und erklärten die ihnen aufgezwungenen Arbeitsbedingungen für Unrecht. Sie verweigerten dem Kalifen den Gehorsam, weil sie befanden, er habe, zu ihrem Nachteil, seine Pflicht verletzt, Allahs Gesetz den Menschen zu vermitteln.[2] Anfangs wurde der Aufstand von einem gewissen Ali Ibn Mohammed geführt. Tabari bezeichnet ihn als einen Aufrührer, der mit dem falschen Anspruch aufgetreten sei, ein Nachkomme von Ali Ibn Abi Talib, dem Vetter und Schwiegersohn des Propheten zu sein.[3] Ali Ibn Mohammed versprach den Sklaven, sie könnten sich durch die Gewalt der Waffen zu reichen und angesehenen Herren aufschwingen, und so flohen sie in großer Zahl und scharten sich um den neuen geistlichen Führer. Als diese Vorgänge in Basra bekannt wurden, wollte es niemand glauben. Man suchte den ›Volksprediger‹ auf und verlangte, daß er die entflohenen Sklaven zurückschicke. Doch dieser erließ zur allgemeinen Verblüffung die Anweisung, daß ein jeder Sklave seinem Herrn fünfhundert Hiebe verabreichen und ihn dann entlassen solle. Auf diese Weise sollte die Entschlossenheit der Bewegung symbolisch deutlich gemacht werden.[4] Bald darauf organisierten sich die Sklaven, ernannten einen der ihren zum Befehlshaber und begannen, die Städte anzugreifen – als gäbe es die staatlichen Streitkräfte überhaupt nicht.

Unter der Herrschaft der Abbasiden, die uns bis heute als das ›Goldene Zeitalter‹ präsentiert wird, hat es immer wieder solche Volksaufstände gegeben. Sie wurden allesamt blutig niedergeschlagen – aber die Revolte der *zandsch* hatte immerhin vierzehn Jahre gedauert. Al-Mu'tamid, dem fünfzehnten abbasidischen Kalifen, gelang es schließlich, die Sklaven zu besiegen.

Sie hatten ihren Aufstand militärisch geführt und letztlich nicht viel bewirkt. Verglichen damit war die Auflehnung der *dschawári* erfolgreicher: sie hatte tiefgreifende und anhaltende Folgen. Die Sklavinnen nutzten die Macht der Gefühle und setzten die Mittel der Sinnlichkeit und der Sexualität ein – sie machten ihren Herren keine Kriegserklärungen, sondern Liebeserklärungen! Und bringt uns nicht gerade die Liebe dazu, die Waffen zu strecken, alle Vorsicht fahren zu lassen und uns nicht mehr um Schranken und Regeln zu scheren?

Die Geschichtsschreiber hat es offenbar sehr irritiert, daß ein Kalif, Jazid II., sich so sehr in eine Sklavin verlieben konnte, daß er völlig außer sich geriet und auf die seltsamsten Ideen kam. Auch der Chronist Mas'udi, der es liebt, Anekdoten zu erzählen, findet die Ereignisse während des Kalifats von Jazid II. wenig amüsant. Er schildert die folgende Szene: »Eines Tages, als Hababa während einer Gesellschaft bei Hofe sang..., geriet Jazid in solche Verzückung, daß er ausrief: ›Ich möchte auf und davon!‹ Hababa erwiderte: ›Herrscher der Gläubigen, wer soll für uns sorgen, wenn Du uns und die ganze *umma* im Stich läßt?‹«[5]

Hababa starb unerwartet, während einer Landpartie des Hofes – in einer Pause zwischen zwei Liedern erstickte sie an einem Granatapfelkern. Der Kalif war untröstlich, er vergaß die Welt, die Gläubigen und die Ungläubigen, und alle seine Pflichten. Er wollte sich von Hababa nicht trennen, beweinte ihren Leichnam und weigerte sich, sie beerdigen zu lassen. Die Hauptstadt der islamischen Welt mußte ohne ihr Oberhaupt auskommen – Jazid kümmerte sich nicht mehr um seine Aufgaben in der Staatslenkung und beim Freitagsgebet. Nur wenige Wochen später folgten die Gläubigen dem Sarg des ersten (und vielleicht letzten) Kalifen, der an einem Leiden gestorben war, das man bis dahin nicht ernst genommen hatte: an der Liebe zu einer *dschária*, einer Sklavin.

Die Historiker straften Jazid II. mit Verachtung. Seine Verdienste als Kalif hat allein Abu l-Faradsch al-Isfahani gewürdigt. In seinem ›Buch der Lieder‹ *(kitab al-aghani)* wird auch Hababa als eine Künstlerin genannt, die großen Anteil an der Blüte von Dichtkunst und Gesang unter seiner Herrschaft hatte. Chronisten wie Tabari und Mas'udi haben die Geschichte unter dem Aspekt der Machtpolitik gesehen. Für sie war Hababa eine Verführerin, die dem Glauben an Allah Schaden zufügte. Nur im ›Buch der Lieder‹ wird sie als hochbegabte Dichterin und Sängerin beschrieben, und der Kalif Jazid als ein Mann, der den Kunstsinn besaß, ihr Talent zu würdigen.[6]

Nun gehört das ›Buch der Lieder‹ allerdings nicht zu den ›klassischen‹ Werken der muslimischen Geschichtsschreibung. In seinen vierundzwanzig Bänden werden nicht die Leistungen der Kalifen und ihrer Wesire auf den Schlachtfeldern gewürdigt – was zählt, sind allein ihre Verdienste um die Kunst. Al-Isfahani schrieb Kunstgeschichte, er untersuchte die Blütezeit von Tanz und Gesang in der arabischen Kultur. Poesie und Gesang hatten ihren Ort in den Palästen, und immer wieder trugen auch *dschawári* zur Entfaltung dieser Künste bei.

Die Historiker haben sich verächtlich über Jazid II. geäußert, weil er seine Liebe zu einer *dschária* öffentlich zeigte, seine politischen Leistungen wurden indessen verschwiegen. Jazid war ein Neuerer, er führte einen neuen Stil der Politik ein. Unter früheren Kalifen war es üblich gewesen, politische Widersacher unnachsichtig zu verfolgen und zu vernichten. Jazid zeigte sich friedfertiger, er pflegte den Dialog und führte Verhandlungen mit seinen Gegnern – kein geringes Verdienst. Die Historiker dankten es ihm, indem sie ihn durchweg als einen Versager einschätzten, der politisch nichts zuwege brachte. Wenn wir heute die politischen Ereignisse in der muslimischen Welt beurteilen, mit unseren modernen Maßstäben von Demokratie und Menschenrechten, dann sollten wir auch bedenken, nach welchen Kriterien die Geschichtsschreiber einen Herrscher zum ›großen Staatslenker‹ erklärten.

Betrachten wir die Politik eines anderen Herrschers, der in der Geschichtsschreibung als ›herausragende Persönlichkeit‹ gilt. Er nahm »seine Pflicht, ein rechtgläubiges Oberhaupt der Muslime zu sein« so ernst, daß er eine *dschária* töten ließ, die er liebte – mit der Begründung, daß diese Leidenschaft mit seiner politischen Aufgabe nicht zu vereinbaren sei. Ich will gleich darauf hinweisen, daß er kein Araber war. Dem Islam, wie ihn der Prophet Mohammed unter den Arabern verkündet und vertreten hat, war eine so krasse Unvereinbarkeit von leidenschaftlicher Liebe und politischen Pflichten fremd.[7]

Der Souverän, von dem hier die Rede ist, war Adud addaula (949–982), der zweite Herrscher in der schiitischen Dynastie der Bujiden in Bagdad. Zu jener Zeit besaß der abbasidische Kalif nur noch formelle und symbolische Macht. Die Bujiden waren ein persisches Herrschergeschlecht, eine Sippe von Militärtribunen, die zunächst in Persien und dann in anderen Regionen die weltliche Macht an sich brachten. Sie nahmen Bagdad ein, aber sie respektierten die alten Vorrechte des sunnitischen Kalifen, obwohl sie Schiiten waren. Er stellte sich unter ihren militärischen Schutz und verlieh ihnen dafür offizielle Herrschertitel. Die weltlichen Machthaber wurden vom Kalifen feierlich eingesetzt, mit allen Würden, einschließlich der Nennung ihres Namens in der *chutba* beim Freitagsgebet. Dieses seltsame Zweckbündnis zwischen den Machthabern und der Geistlichkeit funktionierte nicht schlecht, es regelte die alltäglichen Beziehungen auf friedliche Weise. Doch Adud addaula erlaubte sich zwei Handlungen, die jedem rechtgläubigen Muslim als Beleidigung erscheinen mußten. Diese Unverschämtheiten zeigten denn auch den beginnenden

Niedergang der geistlichen Oberhoheit des Kalifen an. Zum einen war er der erste muslimische Staatschef, der sich den Titel Schah-in-Schah zulegte. Das war ein schwerer Affront gegen den Islam, schließlich führten diesen Titel die persischen Könige in der vorislamischen Zeit, jene Herrscher, die den Islam bekämpft hatten. Aber Adud ad-daula betonte voller Stolz seine Abstammung von dieser Dynastie.

Zum anderen zwang er den arabischen Kalifen zu der Regelung, daß beim Freitagsgebet in den Moscheen von Bagdad zuerst der Name des weltlichen Herrschers genannt wurde. In Anbetracht des symbolischen Gewichts der *chutba* war das eine schlimme Demütigung für das Kalifat. Aber in der arabischen Geschichtsschreibung wird Adud ad-daula als großer Herrscher gewürdigt, als fähiger Staatsmann und berühmter Schlachtenlenker.[8]

Daß er den Tod einer unschuldigen Haremssklavin befahl, die das Pech hatte, ihm allzusehr zu gefallen, tat seinem Ruhm als politischer Führer keinen Abbruch. Was bewog den Herrscher zu dieser Tat? Vor allem fühlte er sich durch die Liebe um seine Konzentrationsfähigkeit gebracht. Als er sich zum ersten Mal mit seiner Lieblingssklavin in die ›Abgeschiedenheit‹ zurückzog, die offenbar einige Nächte dauerte, mußte er anschließend feststellen, daß er die Staatsgeschäfte vernachlässigt hatte. Diese Pflichtvergessenheit lastete auf seinem Gewissen, und er faßte zunächst den Entschluß, die *dschária* nicht wiederzusehen. Doch die Leidenschaft, *scharhaf,* die sie entfacht hatte, war stärker. Er kam erneut mit ihr zusammen, und alles war wie beim ersten Mal. »Er besah seine Lage, wie man ein Bild betrachtet, und so fand er heraus, worin die Ursache der Störung der Ordnung *(ath-thawra)* bestand … Er ließ den Scharfrichter rufen und befahl ihm, die *dschária* zu ergreifen und im Fluß zu ertränken.« Dem Scharfrichter erklärte er auch die schlichte

61

und schneidende Logik seines Handelns: »Wer sich den Lüsten (asch-schahawaat) hingibt, wird in der Politik versagen und die weltliche Macht verlieren.«[9] Glücklicherweise teilten die meisten arabischen Kalifen nicht die merkwürdige Ansicht, daß man eine Frau, die man liebt, töten müsse. Zumal die dschawári nicht, wie einst Hababa, es dabei bewenden ließen, sich den Kalifen gefügig zu machen, sondern rasch Gefallen an der Macht fanden und alles versuchten, um ihren Einfluß abzusichern.

Chaizuran war die erste dschária, die an ihrer politischen Karriere arbeitete und weit mehr politischen Einfluß besaß, als einer ›Haremsdame‹ zugestanden hätte. Während der Herrschaftzeit mehrerer Kalifen, ihres Gatten und der beiden Söhne, lag die Führung des Reichs und der umma in ihren Händen.[10]

Auch in der Dynastie der Abbasiden spielte eine dschária eine wichtige politische Rolle: Schaghab, die Mutter des achtzehnten Kalifen, al-Muqtadir. Sie brachte die geistliche und militärische Führung des Landes und die Spitze der Verwaltung dazu, ihren Sohn als Kalifen anzuerkennen, obwohl er erst dreizehn Jahre alt war. Ein hoher geistlicher Würdenträger, der qadi Ahmed Ibn Jaqub, der sich dem Vorhaben widersetzt und darauf hingewiesen hatte, daß al-Muqtadir nach dem Religionsgesetz nicht Kalif werden könne, weil er noch ein Kind sei, wurde zusammen mit seinen Anhängern umgebracht.[11]

Wo die Frauen die Macht besaßen, ließen sie sich zu Grausamkeiten hinreißen, die jedem Vergleich mit männlichen Schandtaten standhalten. Sie bedienten sich des überzeugendsten politischen Mittels, das man in den Zeiten vor der Entdeckung des Wahlkampfs kannte: der nackten Gewalt. Wenn nötig, ließen sie politische Morde ausführen. Unterschiede zum Vorgehen der Männer sind dabei allenfalls im Hinblick auf die Methoden erkennbar. Die Frauen scheinen der Kraft des Säbels die ›weichen‹ Techniken vorgezogen zu haben: das Erdrosseln oder das Vergiften. Der Herrscherin Schaghab verhalf die Ermordung des *qadi* jedenfalls zu erhöhter politischer Glaubwürdigkeit. Ihren Namen nennen die Historiker nicht, man bezeichnet sie entweder als die Mutter des Kalifen (›Umm al-Muqtadir‹) oder nach ihrer politischen Stellung als die ›Sajida‹. Wie im 1. Kapitel erläutert wurde, war dies die Anrede, die den hochgestellten, freien Frauen zukam. ›Sitt‹ oder ›Sajida‹ nannte man bald alle Frauen, die eine mehr oder minder offizielle politische Machtstellung innehatten.

Nach heutigen Maßstäben könnte man die politischen Vorstellungen der ›Sajida‹ durchaus als ›feministisch‹ bezeichnen. Sie war zum Beispiel der Ansicht, die Angelegenheiten der Gemeinschaft der Gläubigen, der *umma*, seien in den Händen einer Frau besonders gut aufgehoben. Zum Entsetzen der Wesire und Richter übertrug sie ihrer Vertrauten Thumal die Zuständigkeit für die *mazalim* (wörtlich: ›die Mißstände, die Klagen‹), eine hohe Stellung im Rechtssystem, die etwa dem modernen Amt eines Justizministers entspricht. Die geistlichen Autoritäten, vor allem die Richter, die *qudat*, die ja nun den Anweisungen von Thumal folgen sollten, sträubten sich zunächst. Sie lehnten diese Ernennung als unrechtmäßig *(ankaruha)* und unsittlich *(istabschawa)* ab.[12] Sie verweigerten die Zusammenarbeit mit der neuen Vorgesetzten – und bekräftigten diesen Entschluß durch eine Flut von ›frauenfeindlichen Äußerungen‹. Doch als sie begriffen hatten, daß Umm al-Muqtadir in dieser Angelegenheit keine Kompromißbereitschaft zeigte, gaben sie nach. Die Erinnerung an das Schicksal des obersten Richters Ibn Jaqub dürfte dabei eine Rolle gespielt haben.

Man muß die großen Geschichtsschreiber der Vergangenheit loben – ihr Urteil über die Rolle von Frauen in der Geschichte ist meist objektiver als das der modernen Historiker. Tabari zum Beispiel berichtet, Thumal habe ihre Sache sehr gut gemacht; nach der anfänglichen Ablehnung sei sie bei den ›kleinen Leuten‹ *(an-nas)* sehr beliebt gewesen, man habe ihre Amtsführung mit gutem Grund geschätzt. Die erste Weisung, die im Namen des Kalifen al-Muqtadir nach der Einsetzung von Thumal erlassen wurde, zielte darauf, die Korruption zu beenden und die hohen Kosten bei den Rechtsgeschäften zu senken. Von nun an sollten den Parteien nur noch geringe Gebühren auferlegt sein, wenn sie ihren Fall zur Verhandlung bringen wollten; darüber hinaus sollten sie den kleinen Bürokraten nichts mehr zahlen müssen, die gewöhnlich im Schlepptau der Richter auftraten. Allein die Papierkosten der Schriftsätze *(thaman al-karid)* durften noch berechnet werden.[13]

Die Ernennung einer Frau zur Leiterin des Rechtswesens kann als höchst ungewöhnliches Ereignis in der muslimischen Geschichte gelten und auch die Begeisterung des Volkes über das Einschreiten Thumals gegen die Korruption im Justizapparat ist kein unwesentliches Detail. Aber in den heutigen Biographien ihrer Gönnerin Umm al-Muqtadir wird davon nicht mehr berichtet. Schon ein Jahrhundert nach Tabari schildert Ibn Hazm die Ernennung Thumals als eine Absonderlichkeit in jener Reihe »von Skandalen, wie sie die Welt bis in unsere Tage nicht mehr erlebt hat«.[14]

Bei modernen Historikern findet man subtilere Methoden – etwa das Verschweigen wichtiger Details. In seinem Buch ›Frauen, die in der Geschichte des Islam eine Rolle spielten‹ nennt Ali Ibrahim Hassan, Professor für Geschichte an der Universität von Kairo, Umm al-Muqtadir sogar als ein Beispiel für den Niedergang von Dynastien, »in denen es Frauen erlaubt war, sich in die Staatsgeschäfte einzumischen«.[15] Die Art wie Ali Ibrahim Hassan seine dreiunddreißig ausgewählten Frauenbiographien vorstellt, ist nicht dazu angetan, Frauen zum politischen Handeln zu ermutigen. In günstigem Licht erscheinen nur Frauen, die zur Gefolgschaft des Propheten gehörten – eine Ehre die in unseren Tagen nicht mehr zu erringen ist – oder Frauen, die sich in den Wissenschaften auszeichneten und keinen Zugang zur Macht hatten. Die verdeckte, aber nachdrückliche Frauenfeindlichkeit zeigt sich besonders in der Beschäftigung mit den islamischen Herrscherinnen. Ali Ibrahim Hassan gelingt es recht geschickt, alle positiven Einzelheiten auszublenden. So berichtet er zwar von der Ablehnung Thumals durch die Geistlichkeit, nicht aber von ihren Maßnahmen und der Zustimmung die sie in der Bevölkerung fanden. Für die Geschichtsschreiber von einst war der genaue Bericht eine ›heilige Pflicht‹. Tabari hat die Details nicht verschwiegen.

Besonders schockiert hat Ali Ibrahim Hassan offenbar, daß Umm al-Muqtadir nicht arabischer Herkunft war. Immer wieder weist er darauf hin, daß sie eine *rumia,* eine Römerin gewesen sei. Der Begriff ›Rum‹ bezog sich im engeren Sinne auf Byzanz, die dem muslimischen Reich direkt benachbarte Macht und sein traditioneller Gegner, darüber hinaus war das ganze Römische Reich gemeint.[16] Nun kann man sich natürlich fragen, wie es möglich war, daß ein Kalif, der Herrscher über alle Muslime und Stellvertreter Gottes auf Erden, eine Ausländerin zur Mutter hatte. Durfte ein Kalif überhaupt eine Fremde heiraten und Kinder mit ihr zeugen? Und wie war es möglich, daß diese Fremde dem Kalifen so nahestand, daß er ihr die Führung der *umma,* der Gemeinschaft der Gläubigen anvertraute? Geschah es häufiger, daß ein Kalif den Reizen einer nicht-arabischen Sklavin, gar einer Christin verfiel?

Es geschah mehr als einmal; ein berühmtes Beispiel ist die Geschichte von Subh, einer *dschária* des großen andalusischen Omaijadenkalifen al-Hakam. Subh brannte vor Ehrgeiz, aber selbst in der außergewöhnlich toleranten und weltoffenen Gesellschaft des muslimischen Reiches in Spanien hatte sie mit Vorurteilen zu kämpfen, weil sie keine Araberin und überdies Christin war. Die Geschichtsschreiber nennen sie meist ›Sabiha Malikat Qortoba‹ – die Königin von Córdoba. ›Sabiha‹ ist eine Verkleinerungsform von ›Sabah‹ – ›der Morgen‹. Auf diese Weise wurde ihr Taufname ›Aurora‹ ins Arabische übertragen. Andere Quellen behaupten, der Herrscher selbst habe sie so genannt, weil ihre Schönheit ihn so entzückte wie das unvergleichliche mediterrane Morgenrot. Subh war mit al-Hakam al-Mustansir vermählt, dem neunten Omaijadenkalifen im Westen. Seine Dynastie herrschte in Córdoba fast drei Jahrhunderte lang – von 756 bis 1031. Er selbst, al-Hakam II., war von 961 bis 976 an der Macht, und alle Historiker rühmen ihn als einen äußerst fähigen Staatslenker. Der wohl bedeutendste Chronist des muslimischen Andalusien, Ibn Hazm (der in Spanien lebte und im Ruf stand, keinem Herrscher zu schmeicheln), sagt von al-Hakam, er habe sich »redlich geführt« (*sira hassana*) und sich »um die Wissenschaften verdient gemacht, die er über alles schätzte«.[17] Aber der Kalif zeichnete sich auch als Feldherr, als *mudschahid* im Kampf gegen die Christen aus. Gleich zu Beginn seiner Herrschaft führte er eine erfolgreiche Offensive: »Seine Eroberungen brachten unermeßliche Beute, Silber und Waffen, Vieh und eine große Zahl von Kriegsgefangenen.«[18] Ihre Herrschaft über Andalusien mußten die Omaijaden immer wieder neu erringen. Die ›Rum‹ gönnten ihnen keine Atempause, und so zogen die großen Herrscher häufig an der Spitze ihrer Armee ins Feld.

Im Verlauf eines solchen Kriegszuges geriet auch Subh in die Gefangenschaft. Um zu begreifen, wie es einer Sklavin gelingen konnte, auf die Geschicke der *umma* maßgeblichen Einfluß zu nehmen, muß man wissen, wie es damals in einem Harem aussah. An schönen Kriegsgefangenen mangelte es nicht. Wenn sich eine *dschária* unter diesen Bedingungen harter Konkurrenz hervortun und aufsteigen wollte, brauchte sie mehr als Jugend und Schönheit. Nur eine kluge und kultivierte Frau konnte hoffen, die Aufmerksamkeit des Kalifen zu gewinnen. Die Araber waren stets fasziniert von intellektuellen Fähigkeiten – alle Haremsklavinnen, denen es je gelang, ihren Herrn so zu beeindrucken, daß er ihnen eine Teilhabe an der Macht gestattete, besaßen die Gabe des analytischen Denkens. Damals wie heute ist es in der arabischen Welt ein Schlüssel zum Erfolg, wenn man nicht unüberlegt daherredet, sondern sich besonnen und nüchtern ein Urteil bildet, bevor man sich über Personen und Umstände äußert. Eine Frau, die diese Fähigkeit besaß und dazu noch Bescheidenheit und etwas Witz zeigte, konnte das Herz eines Kalifen gewinnen. Aber dieses Talent mußte gepflegt werden. Es galt die verschiedensten Kenntnisse zusammenzutragen und den Überblick zu behalten, um im richtigen Moment davon Gebrauch zu machen. Wortspiele aus der Literatur, Zitate aus dem Koran, Verweise auf die Geschichtsschreiber – all das gehörte dazu. Wer mit den Worten spielen will, muß sich eben auskennen. Die *dschawári,* denen es gelang, die Favoritin eines Herrschers zu werden, waren allesamt sehr gut informiert über das Geschehen in der muslimischen Welt und kannten sich aus in den Wissenschaften. Sie waren versiert in der Dichtkunst und der Geschichtsschreibung, sie wußten um die

Macht des Wortes. Für Subh mag das nicht unbedingt gelten, sie war vielleicht die Ausnahme, die die Regel bestätigt.

Daß der Kalif al-Hakam im Alter die Lust an den politischen Tagesgeschäften verlor und sie gern seiner Ehefrau überließ, wird meist damit erklärt, daß seine ganze Leidenschaft ohnehin den Wissenschaften und den Büchern gehörte. Subh erwies sich als außerordentlich fähig, aber bald brauchte sie Mitarbeiter. Man empfahl ihr einen Sekretär, der in der Folge eine große Rolle in ihrem Leben und in den Geschicken des muslimischen Reiches spielte. Sein Name war Ibn Amir, er stammte aus einer alten arabischen Familie. Damals war er sechsundzwanzig Jahre alt, ein schöner junger Mann mit den besten Manieren, hochgebildet und theologisch versiert. Ibn Amir besaß die Gabe, sich die Menschen und die Umstände gefügig zu machen. Später bekannte er, schon in jungen Jahren nur ein einziges Ziel verfolgt zu haben: die Herrschaft über Andalusien zu gewinnen.[19] Subh ließ sich blenden, ebenso wie die Hofbeamten, die den Kandidaten im Palast eingeführt hatten. Zwischen dem Sekretär und der Machthaberin entwickelte sich eine sehr enge Beziehung, die auch dem Kalifen nicht verborgen blieb. Im Kreis seiner Vertrauten erklärte er: »Dieser junge Mann hat erstaunlichen Einfluß in unserem Harem.«[20]

War er nun der Liebhaber der Herrscherin, oder widmete sie ihre ganze Leidenschaft der Politik? Immerhin führte sie die Staatsgeschäfte der Gemeinschaft der Gläubigen. Sie war die Ehefrau eines Kalifen, und, nach dessen Tod, als Mutter des nachfolgenden Kalifen, Regentin. Die zeitgenössischen Geschichtsschreiber (und ebenso die modernen Historiker) haben sich heftig für die Frage interessiert, ob ihre Beziehung zu einem Mann, der als eine der glänzendsten Persönlichkeiten in der muslimischen Geschichte gelten kann, auf eine sachliche politische Zusammenarbeit beschränkt blieb. Das Für und Wider in dieser Frage bietet übrigens reichlich Anschauungsmaterial zum Thema Frauenfeindlichkeit.

Al-Maqarri, ein Autor des 17. Jahrhunderts, erklärt, Ibn Amir – der sich bald zum wahren Herrscher Andalusiens aufschwang, Subh beiseiteschob und ihren Sohn, den Kalifen Hischam Ibn al-Hakam, im Palast wie eine Geisel einschloß – sei eben einer jener Menschen gewesen, die im Leben übermäßig viel Glück haben, die viele Begabungen besitzen und denen alle Unternehmungen nur zu perfekt gelingen. Ibn Amir habe darum immer Neider gehabt und gegen Intrigen kämpfen müssen; so seien auch die Gerüchte über seine Affäre mit Subh entstanden.[21] Al-Maqarri versucht im übrigen, Subh gegen diese Vorwürfe in Schutz zu nehmen: er kommt zu dem Schluß, die Wahrheit könne allein Allah wissen.

Die modernen Autoren dagegen bemühen sich systematisch, Subh als gewöhnliche Intrigantin darzustellen, die auch noch dumm genug war, sich von einem Sekretär verführen zu lassen, der nur die Macht wollte. So erscheint es in den ›Taradschim Islamija‹ (Muslimische Biographien) von Mohammed Abd Allah Inana. Obendrein schlägt der Autor einen chauvinistischen Ton an, der unserer kosmopolitischen Kultur fremd sein sollte: »In unserer muslimischen Geschichte gibt es viele Beweise dafür, daß Ausländerinnen, Sklavinnen oder Kriegsgefangene, in den Palästen der Kalifen und Sultane eine glänzende Rolle spielten und über Macht und Einfluß verfügten. Aber was erfahren wir über die Empfindungen des Bürgers *(muwatin)*, der erleben muß, wie er, in einem starken muslimischen Reich, von einer Ausländerin, einer Christin, mit totalitärer und despotischer Macht beherrscht wird? Das hervorragendste Beispiel ist Subh, die schöne Französin Aurora, die ihre Reize und ihren Einfluß nutzte, um zwanzig Jahre lang das Kalifat von Córdoba zu führen...«[22] Bei Ahmed Amin, einem der großen modernen Historiker der muslimischen Welt, wird Subh als eine Art Ungeheuer dargestellt, das seine Fangarme überallhin ausstreckt, unersättlich in der Gier nach Macht und Männern. Amins dreiteiliges Hauptwerk ist kenntnisreich und blendend formuliert, es genießt zu Recht einen hohen wissenschaftlichen Ruf und ist seit seinem Erscheinen in hohen Auflagen verkauft worden[23] – um so schlimmer, daß es von einer unbewußten Frauenfeindlichkeit, von Vorurteilen gegen die Frauen in der muslimischen Geschichte geprägt ist.

Subh erscheint als skrupellose Intrigantin: »Die Situation wurde noch schlimmer als Hischam Ibn al-Hakam an die Macht kam – er war ein Kind von zehn Jahren. Mit seiner Ausrufung zum Kalifen wurde seine Mutter Subh zur Regentin, eine Christin aus Navarra. Subh, einer starken Persönlichkeit, war es bereits gelungen, großen Einfluß auf ihren Gatten al-Hakam zu gewinnen und sich in die Staatsgeschäfte einzumischen... Noch vor dessen Tod hatte sie Ibn Amir zu ihrem Sekretär gemacht. In ihrem Herzen nahm er einen wichtigen Platz ein – und sie in dem seinen. Sie ernannte ihn zum *hadschib*, zum Vorsteher der Wesire. Damit hatte sie ihm vollen Zugang zur Macht verschafft und er eignete sich auf diesem Wege alle Ämter des Kalifen an...«[24] Bei Ahmed Amin gebührt Subh kein Titel mehr: Sie ist weder ›Malika‹ noch ›Sajida‹ – nur noch Subh, die Christin.

Angemessener dürfte die Beziehung zwischen Subh und Ibn Amir bei Al-Marrakeschi, einem Geschichtsschreiber des 13. Jahrhunderts beschrieben sein. Er begreift das Verhältnis als eine politische Partnerschaft, von der beide profitierten, weil jeweils der eine bot, was dem anderen fehlte: »Ibn Amir erlebte einen steilen Aufstieg, bis er schließlich mit der ›Sajida Subh‹ bekannt wurde, der Mutter von Hischam, dem Sohn des al-Hakam. Er führte ihre Geschäfte und kümmerte sich um ihre Pachtgüter, so erwarb er ihre Wertschätzung. So ging es bis zum Tode von al-Hakam. Man befürchtete Unruhen, weil Hischam noch so jung war. Ibn Amir versprach Subh, für ruhige und sichere Verhältnisse zu sorgen, damit ihr Sohn regieren könne. Ibn Amir war sehr fähig, und die Umstände entwickelten sich zu seinen Gunsten. Subh brachte die Geldmittel auf, die Ibn Amir benötigte, um die Armee an sich zu binden. Durch eine Folge von Umständen gelang es ihm dann, noch weiter aufzusteigen bis er schließlich die Staatsgeschäfte praktisch allein führte.«[25]

Die Beziehungen zwischen Ibn Amir und Subh dauerten mehr als dreißig Jahre: Als al-Hakam starb (976) war Ibn Amir bereits seit zehn Jahren ihr Sekretär, und erst nach weiteren zwanzig Jahren wurde das erste Zerwürfnis bekannt. Die Herrscherin wollte den Einfluß Ibn Amirs beschneiden und versuchte, sich mit Männern aus seiner Gefolgschaft zu verbünden. Der Versuch scheiterte kläglich – Ibn Amir war klug und geschickt genug, um keinen Rivalen aufkommen zu lassen. Er ging aus dem Streit im Jahre 997 als Sieger hervor. Sein Stern sank noch lange nicht, für Subh war dies der Anfang vom Ende. Ibn Amir gewann die Macht. Nicht weil Subh dumm oder politisch unfähig gewesen wäre – sie hatte sich in die politische Arena begeben, sie hatte um die Macht gespielt und verloren.

Trotz aller strengen Hierarchien und Statuszuweisungen, die dem Islam eigen sind, ist es Frauen gelungen, den Kalifen unter ihren Einfluß zu bringen, und mehr noch: ihm eine Teilhabe an der Macht abzuringen. Diese besondere Rolle, die Haremsklavinnen gespielt haben, läßt sich vielleicht am Beispiel von Chaizuran besonders gut darstellen. Wir können aus der Nähe und nicht ohne Vergnügen ihren Umgang mit den verschiedenen Kalifen in ihrem Leben verfolgen. Ihre Geschichte zeigt auch, wo die Macht der *dschawári* ihre Grenze fand – zumeist an einer Art Raumordnung: Die Frauen führten ihre Strategien von weiblichem Territorium, aus dem *harem* heraus. Keine der *dschawári*, von denen hier die Rede ist, weder Umm al-Muqtadir, noch Subh, noch Chaizuran kann als weibliches Staatsoberhaupt gelten. Um diesen Rang zu beanspruchen, hätten sie die Schwelle vom Raum der Frauen zum Raum der Männer überschreiten müssen.

4
Chaizuran – Kurtisane
oder Herrscherin?

Daß es für eine Frau wie Chaizuran, die sich für die Politik interessierte und offensichtlich großes Talent in diesem Metier besaß, nicht leicht war, Karriere zu machen, hatte nicht so sehr biologische oder rechtliche Gründe. Nicht darin, daß sie eine Frau und eine Sklavin war, lag die entscheidende Beschränkung, sondern vielmehr in einer Art Raumordnung: Chaizuran gehörte zum Harem, zum Drinnen, dem Raum des Friedens, dem Gegenstück zum öffentlichen Raum, dem Raum des Krieges.

Wie von den Historikern immer wieder hervorgehoben wird, hat Chaizuran während der Amtszeit dreier Kalifen regiert, das muslimische Reich und seine Truppen geführt und befehligt. Der erste war ihr Gatte al-Mahdi, der dritte Abbasidenkalif, der von 775 bis 785 amtierte; ihm folgte der älteste Sohn, al-Hadi, und schließlich ihr jüngster Sohn, den sie besonders liebte, und der es ihr dankte: der berühmte Kalif Harun ar-Raschid, der Erhabene, den die Natur mit Talenten reich versehen hatte, dem das Glück zuteil wurde, sich nicht in seinen Träumen zu verlieren, sondern sie zu leben, der Kalif, dessen Andenken bewahrt wird wie ein Schatz.

Als Harun ar-Raschid Kalif geworden war, würdigte er die Fähigkeiten seiner Mutter und machte der muslimischen Welt deutlich, daß es keine Schande war, die Macht mit einer Frau wie Chaizuran zu teilen, die kluge Entscheidungen zu treffen wußte. Doch selbst dieses Verhalten des Kalifen zeigte einmal mehr, welchen Beschränkungen eine Frau unterlag, die im Harem lebte. Ob sie nun als Regentin oder bloß als eine Kurtisane galt – ihre Macht war stets an die Vermittlung und Zustimmung eines Mannes gebunden. Nur als die Frau, die hinter einem Mann steht, konnte sie große Politik machen.

Bis zuletzt stand ihre politische Laufbahn unter diesem Zeichen. Ihr politischer Einfluß war ein Abglanz fremder Macht in der Abgeschiedenheit des Harem. Erst am Tage ihres Todes konnte Bagdad am Schmerz des Sohnes die wahre Größe Chaizurans ermessen. Von einem Kalifen erwartet man eigentlich, daß er sich gesittet und zurückhaltend zeigt, wenn eine Frau stirbt, die ihm nahesteht, keinesfalls darf er seinen Schmerz öffentlich zeigen. Harun ar-Raschid verstieß gegen die Regeln, die das Verhalten des Kalifen bestimmen, aber das vermehrte nur sein Ansehen – er besaß den Zauber der selbstbewußten Persönlichkeiten.

Bei Tabari findet sich der Bericht eines Mannes, der an der Beerdigung Chaizurans teilnahm: »Ich sah ar-Raschid an jenem Tag... er begleitete den Sarg bis zum Friedhof der Quraisch, mit bloßen Füßen ging er durch den Schmutz. Dort angekommen, wusch er sich die Füße... und sprach das Totengebet. Bevor er den Friedhof verließ, stieg er noch in die Gruft hinab, um seiner Mutter eine letzte Ehre zu erweisen.«[1] Noch im Tode trotzte Chaizuran der Tradition.

Chaizuran bedeutet ›Bambus‹, Schönheit und Geschmeidigkeit sind die symbolischen Attribute dieser Pflanze. Alle waren fasziniert von Chaizurans Lebensgeschichte. Später kopierten die Damen der besseren Gesellschaft ihre Frisuren und ihren Kleidungsstil, und die einfachen Leute bewunderten ihre Rolle in den ›Geschichten aus Tausendundeiner Nacht‹, jenem Volksmärchen, in dem ihr Leben als die

74

Erfüllung aller weiblichen Träume geschildert wird: Eine Geschichte, in der Glück und Macht, Verführungskunst und Sinnlichkeit eine vollkommene Verbindung eingehen. Chaizuran hat politische Entscheidungen von großer Tragweite getroffen, man kann ohne Übertreibung behaupten, daß sie eine wichtige Epoche der abbasidischen Dynastie, und damit der Geschichte des Islam, bestimmt hat.

Wie mag Chaizuran ausgesehen haben? Die amerikanische Historikerin Nabia Abbott, die ihr die Hälfte ihres Buches ›Two Queens of Bagdad‹ widmet, versichert uns, es sei darüber kaum etwas überliefert.[2] Aber der Bambus, mit seiner schlanken Biegsamkeit und scheinbaren Zartheit, gilt seit jeher als ein Symbol für das Ungreifbare und Geheimnisvolle des weiblichen Körpers. In der *medina,* der Altstadt marokkanischer Städte, wo der Zauber der Vergangenheit wirkt, kann man auch heute noch hören, wie die Männer einem vorübergehenden Mädchen leise das Kompliment nachrufen: ›Allah 'la Qtib al-Chizran!‹ (Mein Gott, welch ein Bambussproß!)

Chaizuran stammte aus dem Jemen. So berichten es alle Geschichtsschreiber – mit Ausnahme von Ibn Hazm, der hier vermutlich Unrecht hat.[3] Die Frage der Herkunft ist nicht unwichtig, denn gerade die arabischen Frauen des Jemen haben die politischen Angelegenheiten nie den Männern allein überlassen. Vielleicht spielte dabei auch die Erinnerung an vorislamische Zeiten, an die Königin von Saba, noch eine Rolle.

Die Mehrheit der Geschichtsschreiber ist sich jedenfalls einig, daß Chaizuran eine Araberin aus dem Jemen war, die als Sklavin nach Bagdad kam. Zwar bestimmt die Schari'a, daß ein Muslim keinen anderen Muslim zum Sklaven machen darf, aber schon hundert Jahre nach dem Tod des Propheten interessierte sich keiner der großen Geschichtsschreiber mehr für diese Frage. Wenn ein muslimischer Herrscher ein Land eroberte, stand ihm das Recht zu, die unterworfenen Bewohner dieses Landes, Männer wie Frauen, als Sklaven zu nehmen. Aber dies galt nur, wenn zwei Bedingungen erfüllt waren: es mußte sich um Ungläubige *(kafirun)* handeln, und sie mußten gewaltsam unterworfen, Teil der Kriegsbeute sein. So hatte es Mohammed festgelegt.[4] Der Jemen gehörte zu den Ländern, die bereits im ersten Jahrhundert nach der Hidschra islamisiert wurden – demnach hätte Chaizuran eigentlich keine Sklavin sein dürfen. Aber sie wurde offenbar von einem Beduinen nach Mekka auf den Sklavenmarkt gebracht und dann immer weiter verkauft, bis sie schließlich im Palast des Kalifen al-Mansur landete, des Vaters von al-Mahdi.[5] Al-Mansur fragte sie nach ihrer Herkunft, und mit ihrer Antwort machte sie zum ersten Mal auf sich aufmerksam: »Ich bin in Mekka geboren, aber in Dschursch, in der Provinz Jemen aufgewachsen.« Der Kalif fragte: »Leben dort noch deine Eltern?« »Nein. Ich war das einzige Kind meiner Mutter«, erwiderte Chaizuran, und nach kurzem Zögern fügte sie einen Satz hinzu, der den Herrscher rührte: »und nun bin ich allein in dieser Welt, es bleibt mir nur Allah.«

Der Kalif war tief bewegt und verfügte, man solle diese Frau seinem Sohn al-Mahdi übergeben: »Führt sie al-Mahdi zu und sagt ihm, sie sei die beste Frau, mit der er Kinder haben könne.«[6] Und so ergab es sich, daß sie sich dem Mann unterwarf, der ihr dann sein Reich zu Füßen legte, als er Kalif geworden war. Man muß allerdings festhalten, daß sie den Kalifen al-Mansur belogen hatte: Sie war weder das einzige Kind ihrer Mutter, noch ohne Familie. Erst als sie ihre Zukunft gesichert und selbst zwei Söhne zur Welt gebracht hatte, ließ sie wissen, daß sie noch eine Mutter hatte und zwei Schwestern und zwei Brüder. Ihre Angehörigen,

76

die zuvor im Jemen in Armut gelebt hatten, wußten sich schadlos zu halten, nachdem sie in Bagdad ihren Platz im Palast gefunden hatten. Die Kunst, mächtige Männer zu verführen, lag offenbar in der Familie. Chaizurans Schwester Asma versuchte al-Mahdi für sich zu gewinnen – doch er kehrte reumütig zu Chaizuran zurück.[7] Ihre Schwester Salsal hatte ein Auge auf einen anderen Vornehmen geworfen. Sie heiratete Dscha'far, den Bruder des Kalifen al-Mahdi. Und ihrem Bruder Ghatrif gelang es, Gouverneur des Jemen zu werden.

Chaizuran mag wohl al-Mahdis Lieblingssklavin gewesen sein, aber sie war nicht die einzige Frau in seinem Leben. Daß es ihr gelang, ihn zu heiraten, macht deutlich, welchen Einfluß sie auf ihn hatte. Ein Muslim muß seine Sklavin ja nicht heiraten. Auch ohne Ehevertrag kann er sexuelle Beziehungen zu ihr haben und Kinder mit ihr zeugen. Das verstößt keineswegs gegen das Gesetz.

Damit sind wir beim Begriff der ›Polygamie‹, den man etwas genauer betrachten muß, um zu verstehen, weshalb zur Zeit der Eroberungen in den Harems kein Mangel an *dschawári* herrschte. Bekanntlich erlaubt der Koran einem Mann nur vier Ehefrauen, allerdings bezieht sich diese Bestimmung nur auf ›freie Frauen‹. Zusätzlich zu diesen vieren, die durch Eheverträge an ihn gebunden sind, erlaubt die Schari'a dem glücklichen Gatten sexuelle Beziehungen und Kinder mit so vielen Sklavinnen, »wie er besitzt«. So steht es im dritten Vers der Sure ›An-Nissa‹ (die Frauen), auf die sich die Institution der Polygamie gründet: »... heiratet, was euch an Frauen gut ansteht, (ein jeder), zwei, drei oder vier. Und wenn ihr fürchtet, (so viele) nicht gerecht zu (be)handeln, dann nehmt (nur) eine, oder was ihr (an Sklavinnen) besitzt. So könnt ihr am ehesten vermeiden, Unrecht zu tun.«[8]

Tabari erklärt in seinem Koran-Kommentar, die Zahl der Konkubinen sei deshalb nicht beschränkt, weil sie *amlá-kuhu,* das Eigentum des Gläubigen sind, der darum »ihnen gegenüber nicht die gleichen Pflichten hat, wie gegenüber den freien Frauen«.[9]

Chaizuran sah sich in ihrer Stellung als Lieblingssklavin also vor allem durch die anderen *dschawári* gefährdet, die vielen Schicksalsgenossinnen, die es immer wieder in den Palast verschlug. Der Kalif erhielt diese Sklavinnen als Teil der Beute aus den Eroberungen, manche wurden ihm von seinen Statthaltern geschenkt oder von anderen, die hofften, auf diese Weise seine Gunst zu erwerben. *Dschawári,* die besondere Talente zeigten, ließ er auch auf dem Sklavenmarkt kaufen. Für diese Frauen, Araberinnen, aber häufig auch Fremde, die aus ihrer Heimat verschleppt worden waren und nun in der ungewohnten Umgebung zurechtkommen mußten, war die Entwicklung ihrer Talente und geistigen Fähigkeiten der einzige Weg, sich zu behaupten: sie pflegten die Religionswissenschaft oder die Dichtkunst, sie übten sich im Gesang und im Lautenspiel.

Wenn eine *dschária* diese Künste beherrschte und sich gebildet zeigte, stieg ihr Preis. Gerade unter dem Kalifen al-Mahdi, wie schon zur Regierungszeit seines Vaters, entwickelte sich die Ausbildung von Sklavinnen zu einem einträglichen Erwerbszweig. Ibrahim al-Mausili, ein Meister der arabischen Musik und Gesangskunst, der am Hofe beider Kalifen verkehrte, eröffnete damals die erste Schule, in der »die schönsten *dschawári* unterrichtet wurden«, sie erhielten eine ernsthafte Ausbildung in der Dichtkunst, in Musik und Gesang. Al-Isfahani berichtet: »Einmal befanden sich bei (al-Mausili) gleichzeitig achtzig Sklavinnen, die ihm seine Brüder zur Ausbildung anvertraut hatten«.[10] Sein Sohn Ishaq setzte diese Tradition fort. Auch er war ein berühmter Künstler, der zur Feier der siegreich geführten Schlachten am Hofe von Harun ar-Raschid auftrat. Der Kalif kaufte von ihm eine Anzahl ausgebildeter Sklavinnen. Sie müssen teuer gewesen sein, denn er sah sich gezwungen, mit dem Meister heftig um den Preis zu feilschen.[11] Die Familie al-Mausili stammte aus Persien. Vater und Sohn spielten eine wichtige Rolle in der Entwicklung der arabischen Musik und der Gesangskunst. Sie führten neue Rhythmen und Melodien ein, die sowohl aus der Tradition ihrer Heimat stammten, als auch von den Sklavinnen aus fremden Ländern, mit denen sie ständig zu tun hatten. Sie haben auch die Poesie durch eine Reihe neuer Worte aus dem Persischen bereichert.

Ibrahim Ibn al-Mahdi, ein Sohn des Kalifen al-Mahdi, der trotz seiner vornehmen Stellung ein Leben als Künstler gewählt hatte, kaufte eine Sklavin namens Scharija für den stattlichen Preis von 300 Dinar. Ein Jahr lang entband er sie von allen häuslichen Pflichten. Er ließ sie ausbilden, und sie hatte nichts weiter zu tun, als zu lernen und zu üben. Nach Ablauf dieses Jahres führte er sie den Experten vor, um ihren Preis zu bestimmen, und diese kamen überein, sie sei auf dem Sklavenmarkt rund 8000 Dinar wert – das Sechsundzwanzigfache ihres Kaufpreises.[12] Damit nicht genug: einige Jahre später hörte der damals regierende Kalif, al-Mu'tasim, von Scharias großer Begabung, und er bot 70 000 Dinar für diese Sklavin – das zweihundertdreiunddreißigfache des ursprünglichen Kaufpreises. Selbstverständlich ging Ibrahim Ibn al-Mahdi auf das Angebot nicht ein.

Vor diesem Hintergrund versteht man, daß Chaizuran die Konkurrenz aus den Reihen der *dschawári* zu fürchten hatte. Al-Mahdis Gattin aus vornehmem Geschlecht machte ihr dagegen keine Probleme: Ihr konnte sie ohne weiteres sämtliche Vorrechte abnehmen – sogar das Recht auf die Machtansprüche ihrer Kinder.

Daß es Chaizuran gelang, al-Mahdi so weit zu bringen, daß er unter allen Kindern, die er von seinen Frauen hatte, nur die ihren zur Erbfolge zuließ, das war eine Leistung, fast schon ein Staatsstreich. Al-Mahdis vornehme Gattin Rajta, die er 762 geheiratet hatte, stammte immerhin aus einem Herrschergeschlecht; sie war seine Cousine, die Tochter des Kalifen as-Saffah, des Begründers der Dynastie. Ein Jahrhundert zuvor, unter den ersten Omaijadenkalifen, galt noch die Regel, daß »die Söhne von Sklavinnen nicht Kalif werden dürfen«.[13] Nur ein Sohn des Kalifen aus der Ehe mit einer freien Frau konnte Kalif werden. Von Hischam Ibn Abd al-Malik, dem zehnten Omaijaden-Kalifen (724–743), wird berichtet, er habe zu einem Thronanwärter namens Zaïd Ibn Ali gesagt: »Ich habe gehört, daß du gerne Kalif werden möchtest. Aber dieses Amt kann dir nicht verliehen werden, weil du der Sohn einer Sklavin bist.«[14] Ibn Abd Rabbihi, von dem dieses Zitat stammt, widmet einen Band seines Werkes ›Al-Iqd al-Farid‹ den Frauen, und er untersucht die Frage, wie es den *dschawári* gelungen ist, Macht zu erlangen in einer arabischen Gesellschaft, an deren autokratischer und elitärer Struktur ja auch der Islam kaum etwas geändert hat. Ibn Abd Rabbihi erinnert daran, daß auch der Prophet Mohammed zwei Sklavinnen besaß: ›Maria, die Koptin‹, die ihm einen Sohn schenkte, Ibrahim, der im Kindesalter starb, und Safija, die von seinen anderen Frauen immer als ›die Jüdin‹ beschimpft wurde. »Als sie sich beim Propheten darüber beklagte, riet er ihr, beim nächsten Mal den eifersüchtigen Frauen von vornehmer arabischer Abkunft entgegenzuhalten: Isaak ist mein Vater, Abraham mein Urahn, Ismaël ist mein Onkel und Joseph mein Bruder.«[15] Der Prophet und seine Lehre, der Islam, traten gegen die traditionellen Hierarchien und für den Ausgleich zwischen Herren und Sklaven an, aber »die Bevölkerung von Medina verachtete die Sklavinnen«. Es gab genaue Bezeichnungen für die Kinder aus ›Mischehen‹: »Einen *ádscham* (einen Nicht-Araber), der zum Islam übergetreten war, nannten die Araber *al-muslimani, ...* ein Kind aus der Verbindung eines Arabers mit einer Fremden wurde *hadschin* genannt, ein Kind einer Araberin mit einem Fremden nannte man *al-mudarri.*«[16] Die Araber taten sich lange sehr schwer mit den Gleichheitsideen, die der Prophet so entschieden vertrat, und die im Koran niedergelegt waren. Ob es um die Haltung gegenüber den Frauen oder gegenüber den Sklaven ging, die herrschenden Schichten zeigten wenig Neigung, ihre Sitten zu ändern, schon gar nicht, wenn es um ihre Herrschaftsinteressen ging.[17] Als der fünfte omaijadische Kalif, Abd al-Malik Ibn Marwan hörte, daß Ali Ibn al-Hussein, der Enkel des Kalifen Ali, einer *dschária* die Freiheit geschenkt und sie geheiratet hatte, schrieb er ihm einen Brief, in dem er ihm vorwarf, sich mit einer Frau niederer Herkunft eingelassen zu haben. In seiner Antwort erinnerte Ibn al-Hussein daran, daß »der Islam angetreten ist, die Erniedrigten *(al-chassissah)* zu erheben, als eine Religion, die dem Unfertigen die Vollkommenheit beschert und den Engherzigen die Großzügigkeit lehrt. Es ist für einen Muslim keine Schande, eine Sklavin zu heiraten«. So berichtet es Ibn Abd Rabbihi, und er fügt hinzu, daß schon bald darauf der gesellschaftliche Aufstieg der Sklavinnen begann und überall Verse und Spruchweisheiten in Umlauf kamen, die gegen die ›freien Frauen‹ gerichtet waren.[18]

Chaizuran brachte den Kalifen al-Mahdi dazu, ihre beiden Söhne zu seinen Nachfolgern zu ernennen. Im Jahre 775 erklärte al-Mahdi den ältesten Sohn, Musa al-Hadi, offiziell zu seinem Nachfolger; im selben Jahr schenkte er Chaizuran die Freiheit und heiratete sie. Nach dem Religionsgesetz war es den Männern verboten eine Sklavin zu heiraten;

sie mußte zuvor freigelassen werden – eine Bestimmung des Islam, die sich gegen die Sklaverei richtete. Nach der Freilassung konnte ein rechtmäßiger Ehevertrag geschlossen werden. Zuvor war eine Sklavin höchstens *umm walad* (wörtlich: ›Kindsmutter‹) – im Unterschied zur ›freien Frau‹, die *umm al-banin* (die Mutter der Söhne) genannt wurde. Zu den Neuerungen, die der Islam brachte, gehörte die Regelung, daß dem Sohn einer Sklavin und eines ›freien‹ Vaters die Freiheit gebührte. Außerdem konnte nun eine Sklavin ihre eigene Stellung erheblich verbessern, wenn sie in der Ehe mit einem ›freien Mann‹ einen Sohn zur Welt brachte. Sie galt damit als *umm al-banin:* Ihr Mann durfte sie nach der Geburt des Kindes nicht mehr verkaufen, und nach seinem Tode war sie frei. Somit hatten die Kinder einer *umm walad* die gleichen Rechte wie die einer freien Frau, vor allem das Anrecht auf das väterliche Erbe nach den Bestimmungen der Schari'a. Auf diese Weise konnte auch der Sohn einer *dschária* Anspruch auf den Thron erheben. In der Geschichte der muslimischen Reiche gibt es erstaunlich viele Kalifen, deren Mütter Sklavinnen waren. Von den Liebesgeschichten einmal abgesehen, kann man aus diesem Umstand schließen, welche wichtige Rolle die Sexualität in den sozialen und kulturellen Auseinandersetzungen des islamischen ›Goldenen Zeitalters‹ gespielt hat.

Ibn Hazm berichtet: »In der Zeit der Abbasiden waren nur drei Kalifen die Söhne freier Frauen; und während der Herrschaftszeit der Omaijaden in Andalusien gelang es keinem einzigen Sohn einer freien Frau, die Kalifenwürde zu erringen.«[19] Salama, die Mutter des Kalifen al-Mansur, des zweiten Abbasiden-Kalifen, war eine Berbersklavin. Der siebte Kalif dieser Dynastie, al-Ma'mun, der elfte, al-Muntasir, der zwölfte al-Musta'in, der vierzehnte, al-Muhtadi – sie alle waren Söhne ›römischer‹ Sklavinnen. Und die Mutter des zehnten Abbasiden-Kalifen al-Mutawakkil war eine Türkin.[20]

Aber Chaizuran übertraf sie alle: Sie war die Mutter zweier Kalifen. Als Musa al-Hadi, ihr erster Sohn, bereits zum Nachfolger al-Mahdis im Kalifat bestimmt war, setzte sie alles daran, daß auch ihr jüngerer Lieblingssohn Harun in die Erbfolge der Macht aufgenommen wurde. Und im Jahre 782 ernannte der Kalif al-Mahdi Harun ar-Raschid zum zweiten Erbprinzen – sieben Jahre nach der Einsetzung Musa al-Hadis. Al-Mahdi liebte die Kinder, die er mit Chaizuran hatte, vor allem von der gemeinsamen Tochter Banuqa konnte er sich kaum trennen. Um sie auf Reisen mitnehmen zu können, zog er ihr Knabenkleider an. Ein Beobachter berichtet: »Ich sah al-Mahdi, wie er mit seinen Trupppen nach Bassora kam; bei ihm war sein Polizeichef, und zwischen beiden ging al-Banuqa. Sie war gekleidet wie ein junger Mann, trug einen schwarzen Mantel und einen Degen, aber ich sah, wie sich ihre Brüste unter den Kleidern abzeichneten.« Al-Banuqa starb in jungen Jahren, und der Kalif zeigte sich so tief getroffen, daß der ganze Hof und alle staatlichen Würdenträger sich gehalten sahen, ihm in aller Form zu kondolieren. Die geistlichen Autoritäten fanden diesen Aufwand übertrieben. Sie waren der Meinung, man hätte die Beerdigung in aller Stille vornehmen müssen, al-Banqua sei schließlich nur eine Frau gewesen und überdies die Tochter einer Sklavin.[21]

Zur Zeit Chaizurans war der Islam auf dem Gipfel seiner geistlichen und weltlichen Macht, das Reich dehnte sich aus, immer neue Völker wurden unterworfen. Auch Harun ar-Raschid war für seine Eroberungszüge berühmt. Seit seinem sechzehnten Lebensjahr war er an der Seite seines Vaters in die Schlachten gezogen, und 782, im Alter von etwa siebzehn Jahren, glänzte er mit einem großen Sieg.

Seine Armee war über die schneebedeckten Berge in das byzantinische Reich eingedrungen und bis vor Konstantinopel gelangt. Die Regentin in Byzanz, Eirene, sah sich gezwungen, einen dreijährigen Waffenstillstand zu schließen, dessen Bedingungen äußerst günstig für Bagdad waren. Unter anderem hatte die oströmische Herrscherin auch landeskundige ›Führer‹ zu stellen, die dem Heer den Weg zurück über die Berge zeigen sollten.

Ein großer Teil der Bevölkerung in den eroberten Landstrichen wurde in die Sklaverei überführt, und man brachte immer neue *dschawári* in die Paläste. Frauen aus fernen Gegenden und fremden Kulturen: Perserinnen, Kurdinnen und Armenierinnen, aber auch Sudanesinnen, Äthiopierinnen und Berberinnen. Harun ar-Raschid hatte tausend Sklavinnen, der Abbaside al-Mutawakkil (847–861) soll viertausend besessen haben.[22]

Damals waren die Harems der Inbegriff des Luxus, Orte an denen die schönsten Frauen der Welt in der Kunst wetteiferten, Kalifen und Wesire zu verführen und sich in den verschiedensten Formen der Kultiviertheit und Gelehrsamkeit zu übertrumpfen suchten. Denn um solche Männer zu gewinnen, war ein reizender Augenaufschlag nicht genug. Wer ihnen gefallen wollte, mußte in den Disziplinen glänzen und verblüffen, denen ihr Interesse galt: in Astrologie und Mathematik, in Theologie und Geschichte oder im Gesang und der Dichtkunst. Die Favoritinnen, die wußten worum es ging, suchten sich Experten zu ihrer Unterstützung. Um die Gunst des Kalifen al-Mahdi nicht zu verlieren, ließ sich Chaizuran in der *fiqh,* der Theologie und Rechtslehre, von einem *qadi* unterweisen, der zu den Berühmtheiten seiner Zeit zählte. Aber die *dschawári* strebten auch nach vollkommener Beherrschung der Liebeskunst; und in der Kultivierung von Sinnlichkeit und Sexualität versuchte eine jede, die besonderen Geheimnisse ihres Heimatlandes ins Spiel zu bringen. Gerade in dieser Konkurrenz waren die arabischen Frauen vornehmer Abkunft im Nachteil: Sie zeigten sich gehemmt durch die strenge Moral, der sie als Mitglieder der herrschenden Schicht unterworfen waren. Für die *dschawári* galten solche Gebote nicht, sie lernten ungeniert, mit den Spielarten der männlichen Lust immer besser umzugehen.[23]

Es ist allerdings irritierend, wenn man sich bei der Lektüre dieser Quellentexte ins Gedächtnis ruft, daß gerade die muslimischen Länder die Sklaverei pflegten und verteidigten – sogar noch im 19. Jahrhundert, als sie in den europäischen Staaten längst nicht mehr existierte. Schließlich war die Abschaffung der Sklaverei Teil der Botschaft des Propheten gewesen, die im Koran niedergelegt ist. Aber noch in der Mitte des 18. Jahrhunderts konnte im osmanischen Ägypten ein Traktat veröffentlicht werden, das Ratschläge erteilte, wie man beim Sklavenkauf vorgehen muß, um nicht übervorteilt zu werden. Der Autor, Lutf Allah al-Ghazali, gab dem Werk den frommen Titel: »Der rechte Weg, die Kunst der Beurteilung von Sklaven zu erlernen.«[24] Schon in der Herrschaftszeit Harun ar-Raschids ging die Expansionsphase des muslimischen Reiches zu Ende. In den Jahrhunderten danach befand sich der Islam eher in der Defensive, die Muslime mußten Gebietsverluste hinnehmen. Wo kamen seitdem die Sklaven her? Eigentlich konnten es nur noch Muslime sein. Aber hätten dann nicht die geistlichen Autoritäten Protest erheben müssen, die doch sonst stets auf der sorgfältigen Beachtung der Prinzipien des Islam bestanden haben? Irgendwann wird auch diese Frage zu klären sein.

Nach dem plötzlichen Tod ihres Gatten al-Mahdi im Jahre 785 nahm Chaizuran die Zügel in die Hand. Wenn ein

Kalif verstarb, war stets mit politischen Schwierigkeiten zu rechnen. Es kam hinzu, daß beide Söhne des Herrschers sich zu diesem Zeitpunkt fern von Bagdad aufhielten. Chaizuran rief die Wesire zusammen und wies sie an, den Truppen sofort den ausstehenden Sold zu zahlen. Das war nicht wenig, der Armee stand der Lohn aus zwei Jahren zu. Seit die Nachricht vom Tode des Kalifen bekannt geworden war, hatte es Unruhe unter den Soldaten gegeben, man mußte sie beschwichtigen.

Al-Mahdi, der sich mit seinem Sohn Harun auf einem Kriegszug nach Tabaristan befunden hatte, war während dieser Expedition erkrankt und nach wenigen Tagen gestorben. Harun beschloß nach einigen Beratungen, ihn am Ort seines Hinscheidens zu begraben und nach Bagdad zurückzukehren. Dort besprach er mit Chaizuran die Frage der Nachfolge, während der designierte Thronerbe noch abwesend war. Die beiden kamen überein, al-Hadi zum neuen Kalifen zu ernennen, weil die Nobilität deutlich gemacht hatte, daß sie ihn und nicht seinen Bruder Harun wünschte. Es dauerte noch zwanzig Tage, bis al-Hadi in der Hauptstadt eintraf. Inzwischen hatten die Soldaten bereits »Feuer an die Haustür des Wesirs ar-Rabi gelegt und die Gefängnisse gestürmt, um die Gefangenen zu befreien«.[25]

Chaizuran ließ die beiden wichtigsten Minister rufen, ar-Rabi und den berühmten Jahja al-Barmaki. Beiden fanden sich sofort bei ihr ein, doch nun ergab sich eine interessante Situation, die zeigt, wo die Grenzen der Macht Chaizurans lagen. Sie forderte die beiden Wesire auf einzutreten, aber nur einer der beiden folgte der Weisung: »Ar-Rabi fand sich bereit, mit ihr zusammenzutreffen, doch al-Barmaki weigerte sich – er fürchtete den Zorn al-Hadis.«[26] In der Tat: al-Hadi war weniger geneigt als sein Vater, die politische Einmischung seiner Mutter hinzunehmen. Als er von dem

Vorfall hörte, ließ er dem Minister ar-Rabi durch einen Boten bestellen, er werden ihn töten lassen. Ar-Rabi hatte eine unsichtbare Schwelle überschritten, er war in den *haram*, den verbotenen Raum eingetreten.

Als ihr Gatte noch lebte, hielt Chaizuran große Audienzen. Alle, die Rang und Namen hatten, machten ihr die Aufwartung. Nach dem Tode des Kalifen wollte sie an diesem Brauch festhalten: »Sie traf auch weiterhin ihre Entscheidungen, ohne ihn (al-Hadi) zu konsultieren – ganz so, wie zur Zeit, als al-Mahdi herrschte... Immer noch gab es ein Kommen und Gehen der Höflinge vor ihrer Tür...«[27] Al-Hadi war unsicher, er fand die politischen Ambitionen seiner Mutter bedrohlich, und außerdem war er krankhaft eifersüchtig auf seinen Bruder Harun, der einen guten Ruf als Heerführer hatte und beim Volk wie bei der Aristokratie beliebt war. Nach einigen Anstrengungen gelang es ihm, seinem Bruder den Anspruch auf die Erbfolge zu bestreiten, und dieses Anrecht auf seinen eigenen Sohn Dscha'far zu übertragen.[28] Harun ar-Raschid verhielt sich ausweichend und zog es vor, mit seinem Bruder möglichst selten zusammenzutreffen. Chaizuran war nicht so zurückhaltend, sie verstand es als ihre Aufgabe, die Angelegenheiten des muslimischen Reiches zu bestimmen. Al-Hadi hielt ihr immer wieder vor: »In Fragen der Herrschaft haben die Frauen nichts zu sagen. Bleib bei deinen Gebeten und deinem Rosenkranz!«[29] Aber »Chaizuran versuchte, auf ihren Sohn den gleichen bestimmenden Einfluß auszüben, den sie zuvor auf seinen Vater al-Mahdi gehabt hatte«.[30] Sie war entschlossen, die politische Rolle weiterzuspielen, die ihr zur Lebzeiten ihres Gatten zugestanden hatte. Als al-Hadi ihr das verbieten wollte, mußte es zum offenen Konflikt kommen. Chaizurans intellektuelle und politische Fähigkeiten standen dabei gar nicht zur Debatte. Sie muß wohl eine außergewöhnliche und charismatische Persönlichkeit gewesen sein. Immerhin war es ihr gelungen, die übrigen Lieblingssklavinnen al-Mahdis auszustechen und auch seine vornehme Ehefrau Rajta kaltzustellen.

Al-Hadi starb früh, im Alter von vierundzwanzig Jahren. Seine Herrschaft war nur ein kurzes Zwischenspiel von vierzehn Monaten. Viele Historiker sind überzeugt, daß Chaizuran für sein Ableben gesorgt hat, weil sie ihren politischen Einfluß schwinden sah.[31] Andere sind der Meinung, sie habe handeln müssen, weil sie erfahren hatte, daß al-Hadi die Ermordung Harun ar-Raschids plante. Es gibt unterschiedliche Darstellungen vom Ende des Kalifen al-Hadi. Die schlimmste Version behauptet, Chaizuran habe die schönsten Sklavinnen dazu gebracht, sich in al-Hadis Schlafzimmer einzuschleichen und ihn unter seinen Kissen zu ersticken, und zwar indem sie wie zum Spaß die Kissen um den Kopf des Herrschers aufhäuften und sich dann darauf setzten.[32] Tabari, der in seinen Berichten sehr selten Partei ergreift, sieht sich sogar veranlaßt ein gewisses Verständnis für die abscheuliche Tat zu wecken, indem er anführt, mindestens einmal habe auch al-Hadi versucht, seine Mutter zu töten. Er habe ihr eine Speise geschickt, mit der Empfehlung von dieser Köstlichkeit zu probieren. Chaizuran, ganz die liebende Mutter, gab zuvor einen Happen des Gerichts einem Hund, der daraufhin sofort verendete.[33]

Chaizuran war mächtig, aber sie dachte nie daran, offen die Macht zu ergreifen. Sie hielt sich an die Spielregeln und akzeptierte die Aufteilung der Welt: der Harem für die Frauen, die Öffentlichkeit für die Männer. Ihr ging es nur darum, aus dem privaten auf den öffentlichen Raum einzuwirken. Die Schwelle zu überschreiten und auf die andere Seite zu wechseln lag nicht in ihrer Absicht, sie wollte nicht in die öffentliche Arena, wo die Macht ihren Ort hatte, wo man Staatsoberhaupt werden konnte.

Nach den Prinzipien des Islam gehören Initiative und Entscheidung in allen Angelegenheiten, vor allem aber in politischen Fragen in einen Bereich, der Chaizuran versperrt war: den öffentlichen Raum. Wer Politik macht, ist damit auch für den Krieg zuständig, übernimmt die Verantwortung für den Akt des Tötens. Das Wohnhaus dagegen, der Ort der Frauen, ist der Bereich des Lebens, des Geschlechts und der Fortpflanzung. Mit anderen Worten: Leben schenken ist Frauensache, Jagd und Krieg sind Männersache.

Der Begriff ›Harem‹ geht zurück auf die Bezeichnung für den heiligen Bezirk um das Heiligtum in Mekka, dort galten schon in vorislamischer Zeit besondere Rechte und Verbote, die der Islam, mit einigen Änderungen, übernommen hat. So ist zum Beispiel in der Zeit der Pilgerschaft Jagd und Krieg verboten, weder Tiere noch Menschen dürfen getötet werden. Im Zusammenhang mit den vorislamischen Bräuchen der Pilger galten als *haram* die Kleider, die während der Prozession abgelegt wurden. Männer wie Frauen unterzogen sich dem Ritual unbekleidet. Da die Kleider als Symbol für die Sünden begriffen wurden, derer man sich entledigt hatte, durften sie nicht mehr berührt werden.[34] Der ›Harem‹ ist also nicht nur das Heim eines Mannes in dem seine Frauen und Kinder leben, sondern auch der heilige Ort, in jedem Fall ein geschützter Bereich, in dem besondere Regeln gelten und zu dem nicht jeder Zutritt hat.

Al-Hadi wünschte, daß seine Mutter ihren angestammten Platz wieder einnehme und sich auf ihre häusliche Rolle beschränke. Für ihn war es eine Verletzung der Grenzen des Harems, wenn sich die großen Persönlichkeiten des Reiches bei ihren Audienzen einfanden. Vier Monate nach dem Tod seines Vates beschloß er einzuschreiten. Was er seiner Mutter vorhielt, war nicht etwa irgendein Beweis ihrer politischen Unfähigkeit, sondern es ging um die Zuständigkeit, um Teilung der Aufgaben und Räume: »Die Frauen haben nicht das Recht, sich in Fragen der Macht einzumischen.«

Al-Hadi erinnerte seine Mutter daran, daß ihr Platz im Harem sei. Dann nahm er sich die Persönlichkeiten vor, die stets bei ihr um Audienzen baten, und machte auch ihnen deutlich, daß sie Grenzen verletzten – die Grenzen des Anstands. Er war es leid, zuzusehen, wie seine Höflinge und Generale sich vor der Türe seiner Mutter drängten, und er ließ sie alle zusammenrufen:

›Wer ist der Vornehmste unter uns, ich oder einer von euch?‹ fragte der Kalif al-Hadi seine Zuhörer.

›Selbstverständlich seid ihr der Vornehmste, Herrscher der Gläubigen‹, gaben die Versammelten zur Antwort.

›Und wer ist die Vornehmste unter den Müttern, die meine oder eine der euren?‹ fuhr der Kalif fort.

›Eure Mutter ist die Vornehmste, Herrscher der Gläubigen.‹

›Und wem unter euch‹, fuhr al-Hadi fort, ›wird es gefallen, wenn die Männer sich Geschichten über seine Mutter erzählen?‹

›Keiner mag es, wenn man über seine Mutter spricht‹, antworteten die Anwesenden.

›Nun also, warum gehen die Männer dann zu meiner Mutter, um mit ihr zu reden?‹«[35]

Isoliert im Harem zu leben, hätte für Chaizuran das Ende ihrer Macht bedeutet. Also bediente sie sich eines klassischen Mittels der Politik – des Attentats. Und sie plante den Mord im Harem, der doch als der Ort des Friedens gilt!

Daß der Begriff ›Harem‹ sowohl den Ort als auch die Frauen meint, die dort leben, ist eine Verschränkung von Menschen und Raum, der grundsätzliche Bedeutung im

Gebäude des Islam zukommt. Ein Mann darf töten, um einem anderen den Zugang zum *haram,* dem geschützten Raum, zu verwehren. Aber der Mord hat seinen Platz draußen, nicht drinnen. Und darin besteht auch die Aufgabe der gelehrten Geistlichkeit: den Übertretungen zu wehren. Die *ulama* erinnern uns daran, daß der Islam im wesentlichen die Forderung nach Beachtung der *hudud,* der Grenzen und Gebote, bedeutet. Und sie haben recht, wenn sie davon überzeugt sind, daß es der Anfang vom Ende wäre, wenn die Geschlechtertrennung aufgehoben würde und die Frauen das Haus verließen, um überall die gleichen Rechte wie die Männer zu beanspruchen. Wer glaubhaft machen will, der Islam sei ohne weiteres vereinbar mit der Demokratie nach westlichem Muster, und meint, die Abschaffung der politischen Ungleichheit zwischen Männern und Frauen habe keine schwerwiegenden Folgen für die islamische Welt, der verschließt nur die Augen vor den grundlegenden Problemen. Die traditionelle islamische Vorstellungswelt beruht auf dem Grundsatz: Jeder an seinem Platz. Die Botschaft der modernen Demokratie lautet: Jeder einzelne hat ein Anrecht auf jeden Platz. Das sind unvereinbare Welten.

Der Islam ist eine der wenigen Religionen, die aus der Geschlechtertrennung ein allgemeines soziales Prinzip machen. Die erste Muslime, die lange vor Chaizuran Anspruch auf eine politische Karriere erhoben hatte, war Aischa, die Frau des Propheten. Schon sie war mit dem erwähnten Raumdenken konfrontiert. Auch in ihrem Fall ging es nicht um die Befähigung, ihre Klugheit stand außer Zweifel: »In Fragen der Religion war Aischa gelehrter als alle anderen, und sie besaß auch sonst das größte Wissen.«[36] Aischa führte im Jahre 656 den ersten bewaffneten Aufstand gegen einen Kalifen, gegen Ali Ibn Abi Talib, den vierten orthodoxen Kalifen. In den Moscheen hatte sie das Wort ergriffen und die Menge aufgerufen, zu den Waffen zu greifen. Sie führte schließlich einige tausend Männer in die Schlacht. In Anspielung auf Aischa, die ein Kamel ritt, wird diese Schlacht, die innerhalb weniger Stunden siebentausend Muslime das Leben kostete, ›Waq'at al-dschamal‹ (die Kamelschlacht) genannt.[37] Sie markiert den Beginn der inneren Auseinandersetzungen, die den Islam noch heute erschüttert, der Teilung in Schiiten und Sunniten.

Aischa war die erste, die die *hudud,* die Schranken, mißachtete und in den männlichen Raum eindrang, zu Mord und Krieg aufrief, die Vorrechte der Männer in diesem Bereich verletzte. Eine Frau hat nicht das Recht zu töten. Und den Krieg zu erklären ist Aufgabe und Daseinsbestimmung der Männer. Weil Aischa die erste Frau in der Geschichte des Islam war, die Politik machte, indem sie bewaffnete Männer führte, wird ihr Andenken immer mit dem Beginn der *fitna,* des Umsturzes verknüpft bleiben. Aischa hatte Unterstützung für ihre Sache gesucht, vor allem unter den Gefolgsleuten des Propheten, die inzwischen als Provinzgouverneure einflußreiche Posten bekleideten und ihr bei der Aufstellung einer Armee hätten helfen können. Keiner derjenigen, die es vorzogen, dem Kalifen Ali die Treue zu halten, begründete seine Ablehnung mit Zweifeln an Aischas Fähigkeiten – nein, es ging stets nur um das Prinzip der symbolischen Raumordnung.[38] Das machte auch der Kalif Ali deutlich: Als er Aischa nach ihrer Niederlage leicht verwundet antraf, auf ihrem Kamel sitzend, das von vielen Pfeilen getroffen war, sagte er: »Folgst du so den Weisungen des Gesandten Gottes? Hat er dir nicht befohlen, still in deinem Haus zu bleiben?«[39] Mehr als ein Jahrhundert später, und unter anderen Bedingungen, findet sich Chaizuran an der gleichen symbolischen Schranke.

Die Frauen gehören dem Innenraum an, dem *haram,* dem

geschützten Ort; das Staatsoberhaupt hat seinen Platz in der Außenwelt, dem öffentlichen Raum. Als Staatsoberhaupt kann also eine Frau erst gelten, wenn sie über diese Schwelle tritt, und sich draußen behauptet. Sie muß vor allem im wichtigsten der öffentlichen Räume erscheinen – auf dem *minbar,* der Kanzel der Moschee, wo die göttliche und die weltliche Macht eine enge Verbindung eingehen, wo die eine Macht durch die andere Ausdruck findet und sich in ihr offenbart. Nur auf diese Weise konnten Frauen in der männlichen Sphäre der Macht ihren Platz beanspruchen. Die Formen, die Zeichen und Symbole sind entscheidend. Sie schreiben sich ein in die Räume.

5
Die Zeichen der Herrschaft

Zwei untrügliche Zeichen der Herrschaft in einem islamischen Staatswesen gibt es: Der Name des Souveräns wird
beim Freitagsgebet genannt, und er erscheint auf den Geldmünzen. Wenn man jedoch die Geschichte seit dem Jahr
622, dem Jahr eins nach der Hidschra, als der Prophet in
Medina die erste Moschee errichtete, genauer betrachtet,
dann erweist sich als das einzig dauerhafte und sichere
Kriterium der Macht das Freitagsgebet. Die Titel der Staatslenker in den islamischen Reichen hingen ab von der Art der
Machtausübung. Es gab das Kalifat, mit seiner engen Verknüpfung von weltlicher und geistlicher Autorität, es gab
den *mulk,* die rein weltliche Macht, wie Ibn Chaldun sie
definiert. Letztlich war die Herrschaft immer an die militärische Macht gebunden, aber dennoch: Als offizielles Staatsoberhaupt galt stets nur derjenige, dessen Name beim Freitagsgebet genannt wurde.

Die Predigt beim Freitagsgebet war Ausdruck der aktuel-
len politischen Situation. In Kriegszeiten konnte man sich
freitags über die Lage an der Front informieren. Wer in der
Schlacht die Oberhand behielt, wurde in der *chutba* als
Herrscher genannt. Je nach den Umständen wechselten die
Namen recht häufig. Das waren bewegte Zeiten, und allein
die *chutba* diente als verläßlicher Maßstab, auch für das
heikle Verhältnis zwischen geistlicher und weltlicher Macht
– zwischen den Kalifen und den Heerführern, die Anspruch
auf die Macht im Staat erhoben. Im Jahr 1038 zum Beispiel
war der abbasidische Kalif militärisch ganz und gar in die
Defensive geraten. Er mußte zulassen, daß die *chutba* im

Namen eines bujidischen Herrschers gesprochen wurde, der sich den persischen Herrschertitel Schah-in-Schah (Herrscher der Herrscher) zugelegt hatte. Das führte fast zu einem Volksaufstand. In den Augen der Rechtgläubigen war dieser Titel (arabisch: *malik al-muluk*) eine Gotteslästerung – Gott allein hat Anspruch auf diese Herrscherwürde. Im 25. Vers der dritten Koransure (›Al-Imran‹) wird Allah nämlich als ›Herr der Herrschaft‹, oder ›König des Königtums‹ bezeichnet.[1] Der Kalif sah sich gezwungen, die Angelegenheit durch eine *fatwa* der Korangelehrten bereinigen zu lassen. Natürlich zeigte sich die Versammlung der *ulama* gespalten; politische Interessen, persönlicher Mut und Glaubenstreue spielten eine Rolle. Die Mehrheit der *qudat* sprach dem bujidischen Herrscher das Recht zu, diesen Titel zu führen. Nur einer, Hassan al-Mawardi, blieb bei der Auffassung, es handle sich um ein Vergehen gegen den Glauben, und sein Urteil wog nicht gering, denn er bekleidete das Amt des *qadi al-qudat,* des obersten Richters, und galt damit als die höchste Instanz in Glaubensfragen. Doch durch sein Beharren auf der Wahrheit gegen die Mehrheitsmeinung isolierte er sich – er sprach als die Stimme des Gewissens, aber das konnte ihn den Kopf kosten: »Als er diese *fatwa* erlassen hatte, blieb er zu Hause und lebte in Angst...«[2]

Die politischen Auseinandersetzungen hatten und haben fast immer einen religiösen Hintergrund, und jeder Abtrünnige, der Anspruch auf die Macht erheben wollte, ließ erst einmal die *chutba* in seinem Namen sprechen. So vernahmen die sunnitischen Gläubigen 1052 in Bagdad voller Entsetzen, daß das Freitagsgebet im Namen eines schiitischen Herrschers gesprochen wurde. Die Stadt war damals in der Hand eines türkischen Heerführers, al-Basasiri, der mit einer Gruppe von Aufständischen im Bunde stand.

Diese *chutba* fand inmitten eines Blutbades statt, die *fitna,* das Chaos, war auf dem Höhepunkt.[3]

Das alles zeigt, daß die *chutba* auch das wichtigste Kriterium ist, um zu unterscheiden zwischen jenen Frauen, die offiziell die Macht im Staate besaßen, und den anderen, die sie, wie Chaizuran, inoffiziell ausübten, als Favoritin, Gattin oder Mutter eines Herrschers. Es hätte als schwere Blasphemie gegolten, wäre in den Moscheen das Freitagsgebet im Namen Chaizurans gesprochen worden. Aber im 15. Jahrhundert hörten die Iraker in frommer Demut, wie die *chutba* im Namen von al-Malika Tindu, der damaligen Königin aus der mongolischen Dynastie der Dschalairiden gesprochen wurde.[4]

Das Freitagsgebet besitzt also hohen Symbolwert. Seine geistliche und weltliche Bedeutung kommt darin zum Ausdruck, daß sich zu diesem Anlaß eine Versammlung von Gläubigen – und letztlich die gesamte Gemeinschaft der Gläubigen, die *umma* – einfindet, um unter der Anleitung eines Imam öffentlich zu beten. Im Hinblick auf die Frauen, für die in der politischen Öffentlichkeit eigentlich kein Platz ist, muß die *chutba* erst recht als der entscheidende Prüfstein gelten. Es hat in der politischen Geschichte des Islam nur sehr wenige Frauen gegeben, in deren Namen von den Kanzeln der Moscheen die Predigt beim Freitagsgebet gesprochen wurde. Ihnen war es gelungen, die öffentliche Anerkennung eines Verstoßes gegen die Regeln zu erreichen.

Das andere Zeichen der Herrschaft, die Münze, war keine Besonderheit der muslimischen Reiche. In vielen Kulturen, gleich welcher Religion, trug das Geld den Namen des Souveräns. Die Araber benutzten zunächst kein eigenes Geld. Wenn man bedenkt, daß Mekka in der Zeit des Islam bereits ein wichtiges Handelszentrum war, ist das eigentlich erstaunlich. Man verwendete persische und römische Münzen, auch noch in den ersten Jahrzehnten des Islam. Offenbar erließ erst im Jahre 65 nach der Hidschra ein muslimischer Herrscher ein Verbot ausländischer Währung. Die Historiker schreiben diese Entscheidung dem fünften omaijadischen Kalifen, Abd al-Malik Ibn Marwan zu. Er soll eine neue Währung für das muslimische Reich verfügt haben: Münzen, die in arabischer Schrift auf der einen Seite das Jahr der Prägung und den Namen des Herrschers trugen, auf der anderen Seite die *schahada*.[5] Diese Betonung der Souveränität mißfiel dem römischen Kaiser. Er drohte dem Kalifen an, Münzen in Umlauf zu bringen, auf denen Schmähungen des Propheten zu lesen sein würden. Unzählige Gotteslästerungen in Metall geprägt – aus der Sicht des Kalifen war das eine schwere Drohung. Er beriet sich mit den geistlichen Autoritäten, und sie empfahlen ihm, sich nicht beirren zu lassen und die Künstler und Handwerker mit der Herstellung von Münzen mit arabischer Aufschrift – Dinaren (aus Gold) und Dirhams (aus Silber) – zu beauftragen. Es hatte schon früher solche Versuche gegeben. Auch der berühmte Feldherr Chalid Ibn al-Walid ließ Dinare prägen, allerdings im Kompromiß mit den Römern. Die Münzen trugen seinen Namen in lateinischen Buchstaben, neben den Symbolen von Kreuz und Krone, die dem Islam beide verhaßt waren. In ähnlicher Weise hatte schon Mu'awija, der erste Omaijadenkalif, seinen Namen in persische Dinare schlagen lassen.[6]

Die Einführung einer eigenen Währung als Hoheitszeichen islamischer Herrscher gelang also nicht immer. Dagegen war die *chutba* die kurze Predigt, die der *chatib* hielt, der Imam, der den Gottesdienst leitete, seit der Hidschra fester Bestandteil der muslimischen Bräuche. Die Predigt wurde in der Moschee gehalten, und zwar zu genau geregelten Zeiten und Anlässen: an jedem Freitag, an den großen Feiertagen, und bei besonderen Ereignissen – etwa einer Sonnenfinsternis oder einer Dürreperiode. Normalerweise wird die *chutba* erst nach dem Gebet gesprochen, nur an den Freitagen ist es umgekehrt. Das Gebet vollzieht sich in völlig festgelegten Formen, ein Ritual in Sprache und Bewegungen, das die symbolische Bindung an den Glauben unterstreicht. In der Predigt kommt auch das frei gesprochene Wort zu seinem Recht, sie besteht aus der wiederholten Anrufung Allahs und seiner Propheten, dem Vortrag von Koranversen und schließlich aus den *du'a li-l-mu'minin,* den Gebeten für die Gläubigen. Am Schluß stehen Gebete, die Gott um Beistand für den muslimischen Herrscher anflehen – an dieser Stelle wird stets auch der Name des Herrschers genannt. In Zeiten der Unruhe wird auf diese Weise der Souverän öffentlich bestätigt, und auch in Friedenszeiten bedeutet die wiederholte Fürsprache, die Gebete, die göttlichen Beistand und ein langes Leben für ihn erbitten, eine wichtige Bekräftigung und Erneuerung der Loyalität. Das Ideal der vollkommenen Harmonie von Himmel und Erde, von geistlicher und weltlicher Sphäre, von Herrscher und Beherrschten, spielt in der islamischen Vorstellungswelt eine wichtige Rolle. Genau dieses Ideal wird beschworen, wenn die Gläubigen, deren Sicherheit und Wohlergehen von der weisen Staatsführung abhängt, beim Freitagsgebet für ihren Herrscher um Glück und ein langes Leben bitten. Insofern ist die Freitagspredigt das Herzstück der islamischen Religion, sie bringt in aller Klarheit zum Ausdruck, daß Religion und Politik unauflöslich verknüpft sind.

Grundsätzlich wird die *chutba* auf Arabisch gehalten, es gibt allerdings Ausnahmen in muslimischen Staaten, deren Landessprache nicht Arabisch ist. Die Bedeutung des Freitagsgottesdienstes zeigt sich auch darin, daß sein Ablauf in allen Einzelheiten geregelt ist. Jede religonswissenschaftliche Abhandlung weist einen Abschnitt, ein ›Buch‹ *(kitab)* auf, das sich diesem Thema widmet.[7] Um zu verstehen, wie wichtig dieser Ritus ist, welche Rolle das Gefühl für die Form und die Überlieferung dabei spielt, muß man zurückblicken auf die allerersten Predigten, die der Prophet selbst gesprochen hat, in der allerersten Moschee, die in Medina erbaut wurde. Diese erste Moschee war einfach und schlicht – darin bestand ihre Größe; und bis heute ist es eine faszinierende Vorstellung, daß die Macht des Propheten, des Staatslenkers, gerade in seiner Demut zum Ausdruck kam, in seiner Weigerung, den Eitelkeiten der Herrschaft zu erliegen. Er war kein Despot, sondern er begriff sich nur als *hákam,* als Vermittler der Gemeinschaftsinteressen.

Als Mohammed mit seinen Getreuen aus Mekka nach Medina geflohen war und dort das erste muslimische Gemeinwesen gegründet hatte, ließ er sofort eine Moschee bauen. »Zuvor pflegte der Prophet zumeist in den Viehkoppeln zu beten, oder wo immer er sich in der Stunde des Gebets gerade befand.«[8] Diese erste Moschee war aber weit mehr als ein Ort des Gebets. Man kennt inzwischen die Parlamente und Volksversammlungen nach westlichem Muster und vergißt darüber, daß einst die Moschee der erste und einzige politische Ort war, an dem die Gläubigen ihre Angelegenheiten debattierten.

Die Anfänge des Islam waren bestimmt von einfachen Regeln. Die Gemeinschaft lebte unter der Führung ihres Propheten, der seine Entscheidungen niemals allein traf. Mohammed schenkte allen Betroffenen Gehör, und die Diskussionen fanden stets in der Moschee statt. *Al-masdschid,* das erste Gotteshaus, das der Prophet errichtet hatte, war zugleich Parlament, Gerichtshof, militärisches Hauptquartier und zentraler Ort aller politischen Entscheidungen. Und beim Freitagsgebet kamen alle zusammen, Männer und Frauen, um zu beten, um die letzten Neuigkeiten zu erfahren, um sich belehren und unterweisen zu lassen. »Der Ruf des Muezzin versammelte alle zum Gebet, aber auch, um die neuesten Nachrichten bekannt zu machen, militärische Eroberungen und alles, was die Gemeinde anging. So konnte der Muezzin die Gläubigen auch außerhalb der Gebetszeiten zusammenrufen.«[9]

Die Moschee war der entscheidende Gemeinschaftsraum, an diesem Ort stellte sich der Führer des Gemeinwesens der Auseinandersetzung mit allen seinen Mitgliedern, bevor er eine Entscheidung traf. Dies war die Ausgangssituation, die Grundidee des islamischen Staates, der heute als das Musterbeispiel der Willkürherrschaft gilt. Ursprünglich spielte sich alles in der Moschee ab: *Al-masdschid* war die Schule, in der die neu Bekehrten lernten, zu beten und die Botschaft des Islam zu verstehen, sich im Alltag und in den Fragen der Religion richtig zu verhalten. Durfte man in der Moschee Waffen tragen? Konnte man sich im Gotteshaus treffen um geschäftliche Angelegenheiten zu regeln; war es schicklich, Kriegsgefangene in den Hof der Moschee mitzunehmen, damit sie nicht fliehen konnten?[10] Die einfachen alltäglichen Fragen, die dort besprochen wurden, machen deutlich, daß *al-masdschid* eigentlich nicht als Kultstätte gedacht war, die nur der Religionsausübung dienen sollte, sondern als ein Ort, an dem jeder sich unwissend zeigen und informieren durfte. Damals konnte in der Moschee noch die direkte Auseinandersetzung zwischen dem Herrscher und seinem Volk stattfinden – heute ist das allerdings undenkbar.

Dreißig Jahre nach dem Tod des Propheten nahm der erste omaijadische Kalif, Mu'awija (661–680), diese Tradition wieder auf. Allerdings herrschten inzwischen andere

Umstände. Mu'awija war gewaltsam an die Macht gekommen – ein Verstoß gegen das Gebot, daß der Kalif ernannt werden muß. Und so gab es auch in der Moschee neue Sitten: der Kalif war von Wächtern umgeben. Mas'udi berichtet, daß »Mu'awija sich in die Moschee begab und nach den Waschungen auf seinem Stuhl Platz nahm. Er saß mit dem Rücken zur *maqsura*, umgeben von seinen Wächtern. Nun durften sich alle nähern, die etwas vorzubringen hatten: Arme, Schutzlose, Beduinen, Frauen und Kinder. Der eine klagte über ein Unrecht, und der Kalif befahl Abhilfe zu schaffen; ein zweiter erklärte, er werde bedroht, und der Kalif schickte Männer, die sich darum kümmern sollten; ein dritter gab an, er sei beleidigt worden, und der Kalif ordnete eine Untersuchung an. Wenn die Reihe der Bittsteller zu Ende war, zog er sich zurück; er setzte sich auf den Thron und empfing die Kurtisanen nach ihrem Rang«.[11]

Ein Jahrhundert später erfolgte der endgültige Bruch mit der Tradition des Freitagsgebets als Zeremonie der direkten Verständigung zwischen dem Kalifen und der Gemeinschaft; die *chutba* wurde zur Sache von Spezialisten, den *chutab:* »Harun ar-Raschid soll der erste gewesen sein, der sich die Predigt von anderen machen ließ und sie dann auswendig lernte«, seither gaben die Kalifen »das wöchentliche Predigen auf und überlassen es den berufsmäßigen Kanzelrednern.«[12] Natürlich hatte ein solcher grundlegender institutioneller Wandel verschiedene Gründe. Unter anderem war die direkte Auseinandersetzung mit den Gläubigen wohl eine schwere Belastung für den Kalifen: »Als man dem Kalifen Abdulmelik (Ibn Marwan) bemerkte: ›Du bist früh alt geworden!‹ meinte er: ›Kein Wunder, ich muß jeden Freitag meinen Verstand den Leuten entgegenstemmen!‹ Er soll außerdem bemerkt haben, Regieren wäre ganz schön, ...ohne das harte Holz der Kanzel.«[13] Tatsächlich erwartete man vom Herrscher, daß er vor den Versammelten stets das Wesentliche klar und knapp zusammenfaßte, ohne Meinungsunterschiede zu verschweigen, und dies in einer eleganten Form. Bei al-Dschahiz, dem berühmten Schriftsteller des 9. Jahrhunderts heißt es, die Beredsamkeit sei die Fähigkeit »auf eine Frage sofort zu antworten, und dabei in den eigenen Formulierungen sehr genau zu sein«.[14]

Wenn er beim Freitagsgebet der Gemeinde gegenübertrat, war der Herrscher in der Pflicht; er mußte unmittelbar regieren, sich deutlich äußern, und er trug die politische Verantwortung für das, was er sagte – und das, was er verschwieg. Kein Wunder, daß sich die muslimischen Herrscher bald von diesem Zwang befreien wollten, doch sie nahmen damit der Moschee ihre Bedeutung als Ort der politischen Meinungsbildung. Bald erinnerte nichts mehr an die Moschee Mohammeds, der neben dem Gebetsraum gewohnt und dort seine Regierungsgeschäfte geführt hatte. Die Kalifen errichteten eine Schranke zwischen sich und den Gläubigen: den *hidschab,* den Schleier, den Vorhang, der den Herrscher vom Volk trennt. Von diesem Wort leitete sich auch die Bezeichnung für den Hofbeamten, den ›Kämmerer‹ ab, der nun darüber wachte, wer zur Audienz zugelassen und wer abgewiesen wurde: *al-hadschib,* etwa: ›der (den Kalifen) Verhüllende‹. Anfangs war diese Neuerung sehr umstritten, vor allem die *aschráf,* die Mitglieder der vornehmen Familien, nahmen Anstoß daran, daß der Kalif ihnen die einstige Vertrautheit und Gemeinsamkeit nicht mehr gewährte, sondern ihnen den *hadschib* vorsetzte. Al-Dschahiz hat eine berühmte Epistel über den trennenden Vorhang verfaßt, in der vor allem aufgezählt wird, welche merkwürdigen Situationen sich ergaben, seit der Kalif sich nicht mehr zeigte und nur noch schwer zu erreichen war.[15]

Die Einrichtung des Schleiers zwischen Kalif und Volk

war ein klarer Bruch mit der Tradition, die der Prophet gestiftet hatte, daß nämlich das Staatsoberhaupt persönlich die Freitagspredigt hält. Man kann das als den entscheidenden Schritt in einer Entwicklung ansehen, die vom Kalifat zur Despotie führte. Vielleicht hätte sich im Rahmen des Islam aber auch eine andere politische Tradition herausbilden können, eine Art ›masdschid – Demokratie‹, die, ausgehend von den frühen Formen des Meinungsaustauschs, der Konfliktlösung und des Interessenausgleichs, die in den Moscheen gepflegt wurden, allmählich, mit der Ausweitung der *umma,* der Gemeinschaft der Gläubigen, in allgemeinere parlamentarische Formen übergegangen wäre. Die Moschee hätte dabei eine zentrale Rolle spielen können, als Ort der Volksversammlung, an dem die Gläubigen mit ihrem lokalen, regionalen oder staatlichen Oberhaupt zusammenkommen – überall, wo es eine muslimische Gemeinschaft gibt. Das Vermächtnis des Propheten stand einer solchen Entwicklung nicht im Wege. Vielleicht hätten die Muslime auf diese Weise das Parlament erfunden und müßten heute nicht diskutieren, ob es sich dabei um ein Teufelswerk aus dem Westen handelt. Viel früher als andere Nationen hätte man der Welt eine ideale Regierungsform vorstellen können, die auch der Prophet stets angestrebt hat: eine Gemeinschaft unter der Führung eines obersten Vermittlers, eines *hákam* – diesen Titel hielt Mohammed für den ehrenvollsten. Doch die Geschichte hat einen anderen Verlauf genommen. Mit dem Jahr 41 nach der Hidschra, als Mu'awija die Macht ergriff und die erste Herrscherdynastie, die der Omaijaden, begründete, begann eine politische Entwicklung im Islam, die zur Willkürherrschaft führte. Die Einführung der Leibwache für den Herrscher in der Moschee war das erste Zeichen.

Daß die Tradition verraten wurde, die der Prophet gestiftet hatte, zeigte sich besonders klar im Umgang mit der Frage, ob die Frauen ein Recht auf Anwesenheit in der Moschee haben. Zwei Jahrhunderte nach dem Tod des Propheten verweist der Imam Buchari in seiner ›Abhandlung über den Freitag‹ *(kitab al-dschum'a)* noch auf einen berühmten Ausspruch Mohammeds: »Verwehrt den Frauen Gottes nicht den Zutritt zu den Moscheen Gottes.«[16] Aber schon ein halbes Jahrhundert später, dreihundert Jahre nach dem Tod des Propheten, legt der Imam Nissai in seinem Werk ›As-Sunan‹ großen Wert darauf, in allen Einzelheiten festzulegen, wie sich Männer und Frauen während des Gebetes zu verhalten haben. Im Kapitel über die Moschee wird zum Beispiel die Sitzordnung erörtert: wie viele Reihen Frauen, wie viele Reihen Männer, wie dicht besetzt, wie weit muß der Abstand zwischen beiden sein?

Aber noch geht es nur um die Regelung der gemeinsamen Anwesenheit beider Geschlechter in der Moschee; der Imam Nissai kommt zu dem Schluß, daß ein Mann seiner Frau das Betreten der Moschee nicht verwehren dürfe. »Wer darf die Moschee auf keinen Fall betreten?« fragt er am Ende des Kapitels, und die Antwortet lautet: Alle, die Knoblauch oder Zwiebeln gegessen haben, müssen draußen bleiben, so habe es der Prophet bestimmt, der eine sehr feine Nase besaß.[17] Wie man sieht, geht es hier noch nicht grundsätzlich um die Frage, ob Frauen die Moschee aufsuchen dürfen.

Abermals dreihundert Jahre später erscheint ein Werk des hanbalitischen Imams Ibn Al-Dschawzi, in dessen vierundzwanzigstem Kapitel ›Das Gebet der Frauen am Freitag‹ behandelt wird. Er muß zugeben, daß alle Aussprüche des Propheten zu diesem Thema den Frauen ganz eindeutig den Aufenthalt und das Gebet in der Moschee erlauben. Aber er führt Gegenargumente an: zum Beispiel die Auffassung, daß »die Gebete von Männern, die hinter den Frauen Platz nehmen, nicht erhört werden« – was häufig vorkommen kann, wenn die Männer zu spät kommen, und die Frauen ihre Reihen schon besetzt haben. In einem weiteren Kapitel stellt Al-Dschawzi dann die entscheidende Frage: »Dürfen die Frauen überhaupt die Moschee betreten?« Seine Antwort: »Wenn eine Frau befürchten muß, daß sie die Männer verwirrt, dann verrichtet sie ihre Gebete besser zu Hause.« Außerdem befindet er: »Das Freitagsgebet ist für die Frauen keine Pflicht.« Und dann kommt noch ein ganzes Kapitel unter der Überschrift ›Weshalb die Frauen das Haus nicht verlassen sollten.‹[18]

Ganz offensichtlich ist es nun schon nicht mehr selbstverständlich, daß die Frauen in die Moschee gehen dürfen. Es brauchte aber noch einige Zeit, bis die Sitte, Frauen aus der Moschee fernzuhalten, so verbreitet war, daß sich schließlich Ibn Battuta (der Persien am Beginn des 14. Jahrhunderts bereiste) darüber verwundern konnte, daß er in Schiraz eine große Zahl von Frauen in der Moschee antraf: »Die Bewohner von Schiraz sind rechtschaffene Leute, sittsam und fromm, und in diesen Tugenden zeichnen sich vor allem die Frauen aus. Sie tragen Schnürstiefel, und wenn sie das Haus verlassen, sind sie stets mit Umhang und Schleier bekleidet… Erstaunlich ist allerdings, daß sie sich an den Montagen, Donnerstagen und Freitagen in der großen Moschee versammeln dürfen, um dem Prediger zuzuhören. Oft kann man dort ein- bis zweitausend Frauen antreffen. Sie halten Fächer in den Händen, um sich in der Hitze Linderung zu verschaffen. In keiner anderen Stadt habe ich so viele Frauen versammelt gesehen.«[19]

Bei den modernen Autoren gilt dann der Ausschluß der Frauen aus der Moschee als fraglose Regelung. Der indische Gelehrte Mohammed Sadiq al-Qannudschi nennt ein Kapitel ›Was darüber gesagt wurde, daß das Freitagsgebet für die Frauen nicht Pflicht ist‹ und verweist dort auf einen zweifelhaften *hadith,* einen angeblichen Ausspruch des Propheten: »Das Freitagsgebet ist für alle Muslime Pflicht – mit vier Ausnahmen: Sklaven, Frauen, Kinder und Kranke.«[20]

So entfernte man sich immer weiter vom Ideal der Moschee des Propheten, in der noch alle ihren Platz hatten, die sich zum Islam bekannten – auch die Frauen. Zunächst teilt der politische *hidschab* das Gotteshaus, der Kalif zieht sich hinter seinen Vorhang zurück und distanziert sich von den Gläubigen. Dann erfolgt eine weitere Trennung, und ein weiteres Ideal aus der Zeit des Propheten wird aufgegeben: Die Frauen sind zum Gottesdienst nicht mehr zugelassen. Ein Rückfall in die vorislamische Zeit: Als *sahabija,* als Anhängerin des Propheten, hatte eine Frau das Recht in der Moschee zu beten, aber schon bald galt sie wieder als unrein und böse, wie zuvor. Die uralten Ängste behielten die Oberhand, trotz aller Bemühungen des Propheten, die Frauenfeindlichkeit zu bannen und die Gläubigen anzuweisen, alles mit ihren Frauen zu teilen.

Um die Frauen vom Gottesdienst auszuschließen, wurden nicht nur Begebenheiten aus dem Leben Mohammeds *(hadith)* frei erfunden, man bemühte sich sogar, eine Reihe geschichtlicher Ereignisse so zurechtzustutzen, daß sie als Beleg für die Behauptung dienen konnten, die Frauen spielten stets eine unselige Rolle im Gottesdienst und bewirkten nur Unruhe und Schande. Zum Beispiel die Geschichte der Sklavin Nawar, die von ihrem Herrscher gezwungen wurde, als Imam verkleidet aufzutreten und den Gottesdienst zu leiten. Diese Episode gehört zu den Kabinettstückchen aller Geschichtsschreiber, sie wird bis heute kolportiert.

Nawar, eine Sklavin, die für ihren Gesang berühmt war, wurde von ihrem Herrn, dem elften omaijadischen Kalifen al-Walid Ibn Jazid Ibn Abd al-Malik, der von 743 bis 744 regierte, dazu gebracht, seinen Platz auf dem *mithrab*, der Predigerkanzel in der Moschee, einzunehmen. Bis heute gilt das als ein großer Skandal. Al-Walid II., der an der Trunksucht starb, wird von allen Geschichtsschreibern als der lasterhafteste und verdorbenste aller Kalifen beschrieben.[21] Selbst Ibn Hazm, der kultivierte Andalusier, dem wir das wunderbare Liebesgedicht ›Das Halsband der Taube‹ verdanken, war voller Abscheu gegen diese historische Persönlichkeit. Er belegte Al-Walid mit abschätzigen Beinamen (*al-Fásiq* – ›der Wüstling‹) und nannte ihn »einen der Kalifen, die für ihre Liebe zum Wein bekannt waren« und einen »der dafür berühmt war, sich öffentlich zu versündigen.«[22]

Natürlich war es ein großer Skandal, als bekannt wurde, daß eine *dschária* als Imam verkleidet den Gottesdienst geleitet hatte. Eine Beschreibung dieser gotteslästerlichen Szene findet sich bei einem der großen arabischen Geschichtsschreiber, Ibn Asakir, der in einem Band seiner ›Geschichte von Damaskus‹ die Geschichten von 196 Frauen erzählt, darunter auch die von Nawar: »... sie war die Sklavin von al-Walid ... Die größten Meister ihrer Zeit, Ibn Aischa und Ma'bad, hatten sie in die Kunst des Gesangs eingeführt. Sie war die Favoritin al-Walids. Ihr befahl er, in die Moschee zu gehen und das Gebet zu leiten, als er betrunken war und der Muezzin ihn aufgesucht hatte, damit er seiner Aufgabe (beim Gebet) nachkomme. Verschleiert, und in den Kleidern des Kalifen, trat Narwa vor die Versammlung; sie leitete das Gebet, dann kehrte sie zurück. Weiter wissen wir nichts über sie.«[23]

Eine Frau als Imam in der Moschee und ein besonders verworfener Kalif – diese Skandalgeschichte taucht in den Werken der Geschichtsschreibung immer wieder auf. Wo immer al-Walid II. erwähnt wird, erscheint sogleich auch Nawar, wie sie in Kalifenkleidern die entsetzten Gläubigen anleitet. Im 13. Jahrhundert nimmt Abi al-Hassan al-Maliki Narwa in seine ›Biographien berühmter Frauen aus der Glanzzeit des Islam‹ auf, auch er beschreibt den Vorfall.[24] Selbst im 20. Jahrhundert geht uns Nawar nicht verloren: Omar Kahhala nennt sie in seinem Werk ›Berühmte Frauen im Orient und Okzident‹; natürlich hat auch er nichts Neues zu berichten, sondern er schildert wieder die Szene in der Moschee.[25]

Muß man noch betonen, daß mit al-Walid der Niedergang der Omaijaden begann? Als er 744 gestürzt wurde, war er nur ein Jahr und zwei Monate an der Macht gewesen. Im Jahr 744 gab es drei Kalifen, die Situation verschlimmerte sich, und 750 übernahmen die Abbasiden die Macht. Das Bild ist deutlich genug: Die erste Frau auf der Predigerkanzel ist eine groteske Erscheinung, eine Sklavin als Kalif verkleidet, und sie läutet den Untergang der ersten muslimischen Dynastie ein.

Im Laufe der Jahrhunderte haben sich vielfältige Widerstände verfestigt. Die Frauen galten in der Moschee als unerwünscht, als unvereinbar mit der Ordnung des Gottesdienstes, und man versäumte nicht, alle skandalösen Vorfälle auszuschmücken und zum Beleg anzuführen. Aber das war nicht alles. Um nicht ein schiefes Bild des Islam zu zeichnen, muß man auch die anderen Tendenzen in der Geschichte nennen, die Gegenbewegungen. Der Islam ist nicht grundsätzlich frauenfeindlich. Daß sich die Armen, die Sklaven, die Frauen minderwertig fühlten und sich auch so verhielten, ist ja auch nicht einfach dadurch zu erklären, daß sie den Anweisungen ihrer Herren folgten. Die Entwicklungslogik einer Gesellschaft kann man nur verstehen, wenn man alle Seiten betrachtet: die Absichten der Herrschenden, ihre Gesetze, ihre Ideale, und ebenso die Gegenreaktionen ihrer vermeintlich schwachen und hilflosen Untertanen. Man muß sich abwenden von den Klischeevorstellungen über den Islam, nicht nur die Ideale der machthabenden Schichten in den Blick nehmen, sondern auch die andere Seite, die Widerstände, die Sonderfälle und Randphänomene. Nur so kann die ›Geschichte der Frauen im Islam‹ begriffen werden, die, ebenso wie die Geschichte der Bauern und der Armen, in der offiziellen Überlieferung nicht erscheint. Es muß endlich damit begonnen werden, eine Geschichte der muslimischen Welt zu schreiben, die sich nicht nur für Imame, Kalifen und Präsidenten interessiert, die nicht nur die Paläste und die Geistlichkeit, den Islam als Herrschaftssystem betrachtet, sondern auch die Niederungen und die dunklen Randzonen der Ereignisse. Eine Geschichte der Konflikte also, der Gegenbewegungen, der Verweigerung und des Widerstands, aber auf diese Weise könnte auch eine Wiedergutmachung erfolgen: Wenn man die Muslime, die heute als devote Befehlsempfänger dargestellt werden, aus einem anderen Blickwinkel betrachtet, wird sich ihre menschliche Größe zeigen, ihre Fähigkeit, den Gehorsam zu verweigern, um sich die Träume vom besseren Leben nicht rauben zu lassen.

Die islamische Kultur ist fünfzehn Jahrhunderte alt, sie umfaßt Millionen von Menschen verschiedenen Geschlechts, unterschiedlicher Schichten und Rassen. Natürlich ist ihre Geschichte vielschichtig, von Spannungen und Verweigerungen geprägt. Man kann heute mit Recht behaupten, daß der Islam den Frauen den Zugang zur Politik verwehrt. Aber auch das ist nur eine Wahrheit unter anderen, und man kommt dem Verständnis unserer Geschichte ein ganzes Stück näher, wenn man sich das eingesteht. Je nach Interesse lassen sich auch andere Wahrheiten finden, etwa in der Beschäftigung mit der Geschichte jener Frauen, die sich den Weg zur Macht erzwungen haben. Die heutigen Bemühungen, den Frauen den Schleier zu verordnen, sind auch Versuche, das Widerständige zu verschleiern, auf das man trifft, sobald man sich für die Geschichte der Frauen interessiert. Betrachten wir also das rohe und wirre Material unserer Geschichte, die Schicksale von Herrscherinnen, die in der Geschichtsschreibung keinen Platz gefunden haben. Vielleicht finden wir Zugang zu historischen Ereignissen, die bislang auch hinter einem Schleier verborgen waren. Wie viele Frauen waren es, die man als Staatsoberhäupter bezeichnen kann, deren Namen beim Freitagsgebet genannt wurden und auf den Geldmünzen erschienen? Und hat sich wirklich noch nie ein Forscher für diese Fragen interessiert?

Bahriye Üçok, eine türkische Historikerin hat die seriösen Quellen der muslimischen Überlieferung studiert und ihre Ergebnisse unter dem Titel ›Herrscherinnen in der Geschichte‹ veröffentlicht.[26] Sie nennt sechzehn Frauen, die an der Spitze eines Staatswesens standen – von der Sultanin Radija aus der Mamluken-Dynastie, die 1236 in Delhi die Macht ergriff, bis zu Zaynt ad-Din Kamalat Schah, die von 1688 bis 1699 in Sumatra regierte. Die Kriterien waren eindeutig: »Als Staatsoberhaupt wurden nur jene Frauen betrachtet, deren Name auf den Münzen erschien oder beim Freitagsgebet ausgerufen wurde.«[27] Benazir Bhutto wäre damit die siebzehnte, und die Tatsache, daß sie einen asiatischen Staat regiert hat würde gut zu der Theorie von Bahriye Üçok passen, daß nur die Araber keine Frau auf einem Herrscherthron duldeten. Alle diese sechzehn Frauen regierten in Asien, sie waren türkischer, mongolischer, persischer Abstammung oder gehörten zur islamischen Bevölkerung der Malediven und anderer Inseln im Indischen Ozean – es war keine Araberin unter ihnen. Es scheint, als seien Frauen erst nach dem Sturz des abbasidischen Kalifats an die Macht gekommen, als die arabische Vorherrschaft im Islam zu Ende ging.

Die folgenden Kapitel meines Buches schildern die Geschichten von Frauen, die an die Macht, auf den Thron gekommen sind – aber sie sind mit kritischem und wachsamem Blick zu lesen. Eine ironische und distanzierte Haltung wäre mir lieb, rechtschaffene Befriedigung und Begeisterung wäre mir zuwider. Feministinnen, die vom Matriarchat der frühen Kulturen schwärmen und von der demokratischen Herrschaft mächtiger Frauen in versunkenen Reichen träumen, werde ich wohl enttäuschen müssen.

Es ist nicht meine Absicht, Ahnfrauen ohne Fehl und Tadel vorzuführen, die in jeder Disziplin unschlagbar sind, und in den Machtspielen der Politik und der Liebe stets den Sieg erringen. Trotz all der Schwierigkeiten, in denen wir stecken: Ich denke, eine Frau sollte nicht perfekt und übermenschlich sein müssen, um als gleichberechtigt anerkannt zu werden – damals wie heute. Die Geschichten der Herrscherinnen müssen nüchtern betrachtet werden: Diese Frauen mögen einfältig gewesen sein, oder auch ehrgeizig und gerissen, sie haben sicher Fehler gemacht und manches falsch eingeschätzt, oft fanden sie sich ganz in der Defensive. Was ihre Größe ausmacht, ist die Anstrengung, der Versuch, das Beste aus ihren Möglichkeiten zu machen, gegen die Verhältnisse und die bestehende hierarchische Ordnung anzukämpfen. Darin können wir uns wiedererkennen: Sie haben nur selten gesiegt, aber sie haben gekämpft.

6
Fünfzehn Sultaninnen

Wer waren die Frauen, denen in der muslimischen Geschichte die Ehre und das Anrecht gebührte, ihren Namen in die Münzen schlagen und ihn während der *chutba* nennen zu lassen? Stammten sie aus Herrscherdynastien, oder gelang ihnen der Aufstieg aus dem Volk bis zum Gipfel der Macht? Wollten sie endlich gerechte Verhältnisse einführen und allen Mitgliedern der Gemeinschaft Einfluß gewähren, oder dachten sie nur an ihre Karriere und ihren eigenen Vorteil? Heute werden ja allenthalben feministische Theorien vorgetragen, die uns nahebringen wollen, die Gewalt werde aus der Politik verschwinden, wenn nur erst die Frauen an der Macht seien. Ich meine, das klingt nach den Versprechungen, die aus der Werbung bekannt sind. Wie hielten es also die fünfzehn muslimischen Herrscherinnen mit der Gewalt? Waren sie ›pazifistisch‹ gesinnt oder waren sie grausam? Hatten sie Skrupel, ihre Gegner durch Mordanschläge aus dem Weg zu räumen? Und, nicht zu vergessen: Was erfahren wir über ihre Gefühle? Waren die Herrscherinnen eiskalt, hatten sie Herzen aus Stein, oder zeigten sie sich auch schwach, wie wir, rettungslos verliebt?

Einen Herrscher zu heiraten, war für eine Frau zweifellos der einfachste Weg, einen Anspruch auf den Thron zu erwerben. Nach den Regeln der Polygamie in der Welt des Islam stand den ›einfachen‹ Frauen oft nur ›ein Viertel‹ ihres Gatten zu. Aber den Herrscherinnen ist es meist gelungen, sich einen Ehemann ganz gefügig zu machen, manchmal, nach dem Tode des ersten, noch einen zweiten oder gar einen dritten – als sei das überhaupt kein Problem. Eine

Ausnahme bildet die Sultanin Radija – sie war tatsächlich unverheiratet, als sie den Thron bestieg. Offenbar hatte aber die politische Macht eine eigene erotische Qualität: Herrin zu sein, machte die Frauen anziehender als jedes geheime Schönheitsrezept, als jedes Gewand oder Parfum. So war es jedenfalls bei Radija und Schadscharat ad-Durr, den mamlukischen Sultaninnen.

1. Die mamlukischen Sultaninnen: Radija und Schadscharat ad-Durr

Es gibt merkwürdige Parallelen in den Biographien dieser beiden Sultaninnen: Beide waren türkischer Abstammung, beide sind im Triumph an die Macht gelangt und von ihren Anhängern tapfer gegen die Feinde verteidigt worden. Aber beide mußten auch erleben, daß ihre Truppen sie im Stich ließen. Sie wurden verraten, besiegt und fanden ein gewaltsames Ende – und das hatte nicht zuletzt auch mit ihren Liebesabenteuern zu tun.

Ihr politischer Aufstieg begann fast gleichzeitig. 1236 ergriff Radija in Delhi die Macht, 14 Jahre später, 1250, ließ sich Schadscharat ad-Durr in Kairo inthronisieren. Beide Herrscherinnen verdankten ihre Machtergreifung dem mamlukischen Militär. Die Mamluken, türkische Sklaven, die von den Herrschern ins Land geholt worden waren, hatten jahrhundertelang den Palast verteidigt, doch zuletzt vertrieben sie ihre Herren und setzten sich an ihre Stelle. Radija bestieg den Thron, den zuvor ihr Vater, Iltutmisch Elam Chan, der Sultan von Delhi, innegehabt hatte. Schadscharat ad-Durr übernahm die Herrschaft von ihrem Gatten al-Malik as-Salih, dem letzten Herrscher jener aijubidischen Dynastie, die hundert Jahre zuvor von Salah ad-Din Ibn Aijub (›Saladin‹ [1169–1193], dem berühmten Heerführer in der Zeit der Kreuzzüge) begründet worden war. Radija ließ als erstes Zeichen ihrer neuerworbenen Souveränität Münzen prägen, die ihren Namen trugen. Die Aufschrift lautete:

»Säule der Frauen, Herrscherin der Zeit,
Sultanin Radija, Tochter des Schams ad-Din Iltutmisch«[1]

Sie legte sich zwei Herrschertitel zu. Der erste enthielt ein Wortspiel: ›Radija‹ kommt von *rida* (Wohlgefallen), der Titel ›Radijatu ad-Dunja wa-Din‹ bedeutete also etwa ›Dem Glauben und der Welt wohlgefällig‹. Der zweite Titel lautete ›Bilqis Dschihan‹ – ›Dschihan‹ ist ein Adelstitel, ›Bilqis‹ war der Name der »Königin von Saba«.[2] Auf einer anderen Münze huldigte Radija dem abbasidischen Herrschergeschlecht:

»In der Zeit des Imam al-Mustansir, Führer der Gläubigen,
Herrscher der Welt, ... des Diesseits und des Jenseits –
Herrscherin Iltutmisch, Tochter des Sultans,
Die den Ruhm des Herrschers der Gläubigen vermehrt.«[3]

Al-Mustansir (1226–1242), dem sechsunddreißigsten abbasidischen Kalifen war es gelungen, sich das Privileg zu sichern, all jenen Sultanen die geistliche Legitimität zu verleihen, die mit militärischen Mitteln die weltliche Macht übernommen hatten. Zu diesen Machthabern hatte auch der Vater von ›Radija Iltutmisch‹ gehört, ein ehemaliger türkischer Sklave, Oberbefehlshaber der Truppen, der 1229 durch einen Militärputsch an die Macht gekommen war und den ersten muslimischen Staat in Indien begründet hatte.

Schadscharat ad-Durr mußte bei der Wahl ihrer Titel eigentlich keine Rücksichten nehmen. Während ihrer kurzen Herrschaft über Ägypten – sie dauerte nur wenige Monate – durften die Gläubigen die folgende Gebetsformel nachsprechen:

» Allah schütze die Wohltäterin,
Die Königin der Muslime,
Die Gesegnete in der Welt und im Glauben,
Mutter des Khalil,
Dienerin des al-Musta'sim,
Gefährtin des Sultans al-Malik as-Salih. « [4]

Daß Schadscharat ad-Durr in die Formel, die ihre Titel nennt, den Namen des Kalifen al-Musta'sim einfügte, war nicht einfach eine Huldigung an den 37. Abbasiden-Kalifen, sondern ein trauriges Eingeständnis ihrer Schwäche, ein verzweifelter Versuch, seine Gunst zu gewinnen, denn al-Musta'sim hatte ihr die Anerkennung verweigert. Für viele der Chronisten war das Auftreten von Frauen in der Politik ein schlimmes Zeichen, das schreckliche Umwälzungen in der muslimischen Welt ankündigte. Tatsächlich markiert die Herrschaft von Schadscharat ad-Durr den Beginn des Niedergangs der Abbasiden. Mit der Zerstörung Bagdads durch die Mongolen (1258) begann eine Periode, in der die Macht im Reich des Islam neu verteilt wurde. Die angestammten Herrschergeschlechter wurden gestürzt, auch al-Musta'sim verlor bald die Macht. Er war der letzte Kalif seiner Dynastie. Nun bekam die Militärkaste der Mamluken ihre Chance: Die Sklaven, die Allah verteidigt hatten, ergriffen in einer Reihe von Ländern die Macht, in Ägypten und Syrien regierten sie über zwei Jahrhunderte lang. Die Throne, die sie besetzten, hatten sie redlich verdient: Überall fielen Festungen und Paläste, ergaben sich die Herrscher und Armeen vor dem Ansturm der mongolischen Truppen, die von den Söhnen und Enkeln Dschingis-Chans geführt wurden. Allein die mamlukischen Elitetruppen, die zuvor schon den Kampf gegen die Kreuzritter geführt hatten, widerstanden den Angriffen der Mongolen. Aus den Militärschulen, in denen sie erzogen wurden, gingen die mamlukischen Sklaven als perfekte Krieger hervor. Sie waren in den Schlachten nicht zu besiegen. Auf diese türkische Militärkaste gründete der Islam im 13. Jahrhundert seine Macht und seinen Ruhm, in Kairo wie in Dehli.[5] Iltutmisch, der Vater Radijas, hatte als Sklave im Militär begonnen, er diente unter dem General Qutb ad-Din, der im Sold der Herrscher von Ghur und Ghaznah dem Islam in Asien eine Reihe neuer Gebiete eroberte. In Nordafrika gab es die mamlukischen *bahrije,* Elitetruppen im Sold der aijubidischen Sultane, die den Kreuzrittern das Leben schwer machten.[6] Die Mamluken hatten sich nie mit dem Gedanken getragen, die Macht zu ergreifen, aber als der Sultan as-Salih Aijub starb, ergab sich eine besondere Situation. Seine Witwe, Schadscharat ad-Durr, war türkischer Abstammung wie die Mamluken, und sie besaß einige Erfahrung im Umgang mit der Macht. Schon als ihr Gatte noch lebte, war sie sehr genau im Bilde über die Politik auf höchster Ebene, vor allem in Militärfragen bewies sie bemerkenswerte Kompetenz. Unmittelbar nach dem Tod des Sultans traf Schadscharat ad-Durr eine Reihe von Entscheidungen, die auf die mamlukische Armee großen Eindruck machten, weil sie ihr zu einem weiteren Sieg verhalfen.

Schadscharat verhandelte zunächst mit der Armeeführung. Der Tod ihres Gatten sollte geheim gehalten werden, um Unruhen zu vermeiden. Zusammen mit den Heerführern plante sie dann die nächsten Schritte im Vorgehen gegen die französischen Kreuzritter, die 1249 unter der Führung Ludwigs des Heiligen in Ägypten gelandet waren. Es gelang, die Franzosen in der Schlacht um Mansurah entscheidend zu schlagen, 1250 wurde König Louis IX. gefangengenommen. Nun konnte sich Schadscharat dem Problem der Thronfolge zuwenden. Turan Schah, der Sohn ihres verstorbenen Gatten, war nicht in Kairo, als sein Vater starb. Schadscharat ad-Durr ließ ihn durch Boten über die Ereignisse im Palast und auf dem Kriegsschauplatz informieren, und riet ihm, nach Kairo zurückzukehren. Als er eingetroffen war, übergab sie ihm die Regierungsgeschäfte. Doch es zeigte sich, daß der neue aijubidische Herrscher mit dem Militär nicht gut zurechtkam. Sein Vater war bei den Truppen hoch geachtet gewesen, aber Turan Schah geriet mit den Heerführern aneinander und konnte sich nicht durchsetzen. Der Konflikt zwischen Turan Schah und den türkischen Generälen verschärfte sich und führte schließlich im Mai 1250 zur Ermordung des Sultans. In dieser Situation beschlossen die mamlukischen Militärs, Schadscharat ad-Durr zur Herrscherin zu machen.

So bestieg sie in Kairo den Thron, aber sofort zeigte sich der abbasidische Kalif al-Musta'sim als ihr Gegner: er verweigerte ihr die Legitimation. Das änderte die Lage. Die Armeeführung begann zu zweifeln und entzog der Herrscherin schließlich das Vertrauen. Nachdem sich die ägyptischen Mamluken entschlossen hatten, nicht länger in fremden Diensten zu kämpfen, sondern die Macht zu ergreifen und eine eigene Dynastie zu begründen, war ihnen der Segen des Kalifen in Bagdad natürlich sehr wichtig. Obwohl sie Schadscharat ad-Durr sehr schätzten, beschlossen sie also nach einigen Monaten, die neue Sultanin wieder abzusetzen. Aber so leicht war die ehemalige Sklavin nicht auszuschalten. Sie hatte sich in der Konkurrenz des Harems durchgesetzt und ihren Platz als Lieblingssklavin des aijubidischen Herrschers erkämpft. Nun hielt sie sich an den neuen ›starken Mann‹, Al-Mu'iz Aibak at-Turkoman, den mächtigsten der mamlukischen Generäle. Ihn bestimmte das Militär zum neuen Anwärter auf den Sultantsthron, und er erhielt denn auch den Segen des Kalifen. Schadscharat ad-Durr gelang es, seine Ehefrau zu werden und abermals eine wichtige Rolle auf der politischen Bühne zu spielen, auf der sie eigentlich nicht hätte auftreten dürfen.[7] Nichts fürchtete sie mehr, als zurückkehren zu müssen in den kalten Schatten des Harems; und um der Anonymität des weiblichen Raums zu entrinnen, sorgte sie dafür, daß beim Freitagsgebet in allen Moscheen Kairos ihr Name zusammen mit dem ihres Mannes genannt wurde und daß auch auf den Geldmünzen beide Namen erschienen. Kein offizielles Schriftstück durfte den Palast verlassen, wenn es nicht beide Unterschriften trug.[8]

Die Bezeichnung ›Mamluk‹ kommt von *malaka* (›besitzen‹) und weist darauf hin, daß die Mamluken eigentlich Sklaven waren, Teil des ›Besitzstandes‹ – allerdings weiße Sklaven, im Unterschied zu den Schwarzen, die gewöhnlich als *'abd* bezeichnet wurden. Die Mamluken stammten von den Turkvölkern der asiatischen Steppen ab, sie waren von Sklavenhändlern an die Sultane verkauft worden. Jeder Mamluk erhielt eine gründliche Ausbildung im Kriegshandwerk. Kairo war berühmt für seine Militärschulen, es gab allein zwölf Kasernen in der Festung, und die Offiziere pflegten die Bezeichnung der Kaserne, in der sie ausgebildet worden waren, ihrem Namen anzufügen. Zusammen mit der militärischen Unterweisung erhielten sie eine strenge religiöse Erziehung in der Absicht, die Verteidigung des Islam zum höchsten Prinzip einer Soldatenkarriere zu erklären. Bei der Grundausbildung spielten auch Eunuchen eine wichtige Rolle, ihre Aufgabe bestand unter anderem darin, »zwischen den Jungen und den Alten zu vermitteln und die Päderastie zu verhindern«.[9] Am Ende der Ausbildung wurden die Mamluken dem Sultan vorgestellt, eine Zeremonie, die ihre Zugehörigkeit zu einem der mächtigsten Stände in der Welt des Islam besiegelte – der Militäraristokratie. Damit waren sie frei und erhielten nun ihre Posten und Aufgaben innerhalb der Hierarchie.[10]

Diese türkischen Sklaven waren es, die schließlich den Islam beim Wort nahmen und den Grundsatz der ›Gleichheit aller vor Gott‹ zur Anwendung brachten. Sie hatten den Glauben gegen die Feinde verteidigt, gegen Kreuzfahrer und Mongolen, nun nahmen sie auf den Thronen Platz und legten sich die Titel zu, die den Großen und Mächtigen gebührten. Die Karriere des zweiten Ehegatten Schadscharat ad-Durrs, des Mamlukengenerals Aibak, ist ein Beispiel für diese politische Umwälzung, die an vielen Orten im muslimischen Reich stattfand.

Auch Radija hatte einige Jahrzehnte zuvor ihre Machtergreifung in Delhi den Erfolgen der mamlukischen Truppen zu verdanken. Aber sie erklomm die Stufenleiter der Macht unter ganz anderen Voraussetzungen, denn sie war keine Sklavin, wie Schadscharat ad-Durr, sondern die Tochter des Sultans Iltutmisch. Ihr Vater war allerdings noch als Sklave nach Indien gekommen. In dieser Welt, mit ihrer strengen Trennung der Kasten, mußte sein Aufstieg vom Sklaven zum Sultan wie ein leuchtendes Beispiel für die Vorzüge des Islam erscheinen. Die Religion der Muslime schien ›demokratisch‹ zu sein: Sie erschütterte das traditionelle Machtgefüge und bot den fähigsten Sklaven die Chance, den Platz ihrer Herren einzunehmen.

Als Sklave im Dienst des Feldherrn Qutb ad-Din Aibak, der damals für die Sultane von Ghazna in Indien das Banner des Islam führte, kam Iltutmisch nach Delhi, und er machte durch seine Leistungen auf sich aufmerksam. Qutb ad-Din, der sich bald als der erste mamlukische Sultan in Indien etablierte, war von der Kühnheit und den Erfolgen Iltutmischs in den Eroberungsfeldzügen so beeindruckt, daß er ihm seine Tochter zur Frau gab. Als Qutb ad-Din 1211 starb, übernahm Iltutmisch die Macht. Er ist als einer der mächtigsten mamlukischen Herrscher in die Geschichte eingegangen, als ein Begründer der muslimischen Herrschaft in Indien. Aber auch er stand vor dem Problem, die geistliche Legitimation der eroberten weltlichen Macht zu erlangen – hier fand die muslimische ›Demokratie‹ ihre Grenze. Ein Sklave konnte Sultan werden, wenn es ihm gelang sich durchzusetzen, aber um sich aus der Macht der Herren ganz zu befreien, brauchte er die Zustimmung der Geistlichkeit. Ibn Battuta beschreibt, wie Iltutmisch nach dem Tod seines Herrn vor die *ulama,* die geistlichen Würdenträger von Delhi, tritt und ihnen die Freilassungsurkunde vorlegt, ohne die er keinen offiziellen Anspruch auf die Macht erheben kann.[11] »Die Rechtsgelehrten kamen zu ihm unter dem Vortritte des Oberrichters, der damals Wadschih ad-Din aus Kasan war. Sie traten ein und nahmen vor ihm Platz. Der Oberrichter setzte sich an seiner Seite nieder, wie gewöhnlich. Der Sultan wußte, worüber sie mit ihm sprechen wollten, hob einen Zipfel des Teppichs, auf dem er saß, auf und zog eine Urkunde hervor, die seine Freilassung enthielt. Der Oberrichter und die Doktoren lasen sie und leisteten ihm alle die Huldigung. Er wurde Alleinherrscher, regierte zwanzig Jahre, war gerecht, fromm und gebildet.«[12] Aber Iltutmisch brauchte auch noch die Einsetzung durch den abbasidischen Kalifen – alle Mamluken waren ja Sunniten. Im Jahre 1229 schickte er daher eine offizielle Bitte um Anerkennung nach Bagdad an den Kalifen al-Mustansir. Der Kalif entsandte daraufhin eine Delegation nach Delhi, die man dort mit großen Würden empfing. Iltutmisch wurde nun offiziell zum Sultan von Indien ernannt. Er brachte seine Verbundenheit mit dem sunnitischen Kalifen in Bagdad zum Ausdruck, indem er Münzen prägen ließ, auf denen zu lesen war: »*nasir amir al-mu'minin*« (Der den Ruhm des Herrschers der Gläubigen vermehrt). Diese Huldigung brachte Iltutmisch sogar einen Mordanschlag ein. Damals war bereits die schiitische Sekte der ›Ismailiten‹ in Indien berühmt und berüchtigt. Sie versuchten, den Sultan beim Freitagsgebet in der Moschee zu töten. Der Anschlag scheiterte, und Iltutmisch beharrte mehr denn je auf seiner sunnitischen Loyalität. Er erwies sich als großer Feldherr und Eroberer, er umgab sich mit *fuqaha* und *ulama* (Korangelehrten und Wissenschaftlern), und als er 1236 in Delhi an einer Allerweltskrankheit starb, hatte er sechsundzwanzig Jahre lang ruhmreich und unangefochten regiert.

Iltutmisch hatte drei Söhne, doch als Erbprinzessin bestimmte er seine Tochter Radija. Daß die Kinder von verschiedenen Müttern stammten, führte zu Auseinandersetzungen um die Macht. Vor allem Rukn ad-Din, einer der Halbbrüder Radijas, versuchte, ihr den Erbanspruch auf die Herrschaftsnachfolge streitig zu machen.

Für Iltutmisch, der den Aufstieg vom Sklaven zum Herrscher seinen Leistungen verdankte, war es offenbar kein Problem, auch die Fähigkeiten einer Frau anzuerkennen. Nach seinem Verständnis des Islam – und er war ein sehr frommer Herrscher – galt es, die Verdienste zu würdigen, alles andere, auch die Frage des Geschlechts, erschien ihm als nebensächlich. So betrachtet, konnte nur die begabte Radija zur Nachfolgerin bestimmt werden, nicht ihr charakterschwacher Halbbruder Rukn ad-Din. Die Vornehmen bei Hofe zeigten sich überrascht von dieser Entscheidung und verlangten eine Erklärung, Iltutmisch gab ihnen eine erstaunlich einfache Antwort: »Meine Söhne sind unfähig, zu herrschen, darum habe ich meine Tochter zur Nachfolgerin bestimmt.«[13]

Dennoch versuchten die Wesire und Mächtigen des Reiches nach dem Tod des Herrschers Radija auszuschalten und ihren Halbbruder Rukn ad-Din einzusetzen. Dessen erste Herrschergeste bestand darin, einen anderen Halbbruder Radijas ermorden zu lassen; er hoffte wohl, sie auf diese Weise einzuschüchtern und in den Harem zu verbannen. Aber zur allgemeinen Überraschung suchte sie nicht Schutz hinter dem Schleier. Im Gegenteil: Radija wandte sich direkt an das Volk von Delhi, sie eroberte sich die Macht, indem sie auf eine Einrichtung zurückgriff, die ihr Vater geschaffen hatte, eine Art öffentlicher Berufungsinstanz gegen Ungerechtigkeiten: »(Iltutmisch) befahl, daß jeder, dem Unrecht geschehen sei, ein farbiges Kleid anziehe, während sich sonst die Inder alle weiß kleiden. Sooft er nun dem Volke Audienz gab oder ausritt und einen sah, der ein buntes Kleid trug, beschäftigte er sich mit seinem Streitfall in der Absicht, ihm gegen seinen Bedrücker Recht zu schaffen.«[14] Doch dann erschien ihm das zu langwierig, und er beschloß: »›Über manchen kommt das Unrecht über Nacht, ich will eilen, auch diesen Leuten zu ihrem Recht zu verhelfen‹. Er stellte also an der Tür seines Schlosses zwei Löwen aus Marmor auf, die auf Postamenten standen. An ihrem Halse hing eine eiserne Kette und daran eine große Glocke. Der, dem Unrecht geschehen, kam des Nachts und zog an der Glocke; der Sultan hörte ihn dann, untersuchte augenblicklich seinen Fall und sprach Recht.«[15]

Auf diese Gepflogenheiten berief sich Radija. Sie legte das rote Kleid der unrecht Behandelten an und forderte öffentlich Aufmerksamkeit für ihren Fall: Das Volk sollte von ihrem Unglück hören, ihr helfen, den Mord an ihrem Halbbruder zu rächen und ihr beistehen gegen Rukn ad-Din, von dem auch sie den Tod zu fürchten hatte. Ibn Battuta schildert die Szene: »Als es wieder einmal Freitag geworden war, verließ Rukn ad-Din das Schloß, um am öffentlichen Gebete teilzunehmen. Da bestieg Radija die Dachterrasse des alten Schlosses, das an die Hauptmoschee anstieß (...), angetan mit den Kleidern, wie sie die Opfer der Ungerechtigkeit tragen. Sie zeigte sich dem Volke und redete es von der Dachterrasse herab mit folgenden Worten an: ›Meinen Bruder hat sein Bruder erschlagen, und wie ihn will er auch mich ermorden.‹ Sie erinnerte die Leute an die Tage ihres Vaters, wie er Gutes getan und ihnen Wohltaten erwiesen. Auf diese Worte hin empörte sich die Menge gegen den Sultan Rukn ad-Din, der sich gerade in der Moschee befand. Man faßte ihn und brachte ihn zur Fürstin. Diese sprach: ›Der Mörder soll sterben!‹ Daraufhin töteten sie ihn zur Vergeltung für den Mord seines Bruders. Der Bruder der beiden Prinzen, Nasir ad-Din, war ein Kind, und so war das Volk damit einverstanden, daß Radija herrschen solle.«[16]

Damit war Radija an der Macht, und wenn wir Ibn Battuta glauben wollen, bestand ihr erster Akt der Souveränität darin, den Schleier abzulegen: »(Radija) herrschte unbeschränkt vier Jahre lang. Sie ritt in Wehr und Waffen und mit Gefolge aus, wie es die Männer tun, ohne sich zu verschleiern.«[17] Nach anderen Quellen hat sie sich sogar »die Haare schneiden lassen und Männerkleider angelegt, um den Thron zu besteigen«.[18] Es heißt auch, sie habe sich wie ein Mann gekleidet, um an die Spitze der Truppen treten zu können, aber auch, um sich unter das Volk zu mischen: »Sie ging in Männerkleidern auf den Märkten umher, und setzte sich überall nieder, um die Klage der Menschen anzuhören.«[19] Offensichtlich war Radija ihrer Aufgabe gewachsen, alle Chronisten würdigen sie als fähige Staatslenkerin; nur einen Vorwurf macht man ihr: daß sie sich mit einem Mann von niedriger Herkunft eingelassen habe.

Es war ein Drama wie aus einem der wunderbaren indischen Liebesfilme, allerdings mit tragischem Ausgang. Radija war unverheiratet, als sie an die Macht kam. Doch sie war vernarrt in einen der Verwalter des Reitstalls, einen äthiopischen Sklaven namens Dschamal ad-Din Jaqut. Sie begünstigte ihn und verhalf ihm zu einer Karriere, die den Militärs mißfiel. Man begann zu munkeln, sie sei in diesen Sklaven verliebt. Jaqut war zunächst nur ein ›*amir al-cháil*‹, ein Offizier, der für die Pferde verantwortlich war. Radija ernannte ihn aber bald zum ›*amir al-umará*‹ zum Oberbefehlshaber der Truppen. Das Militär fand es nicht sehr amüsant, daß ein Sklave statt der Pferde nun die Feldherren führen durfte. In ihrem Zorn beschlossen die Generäle, »dem Aufsteiger nachzuspionieren und herauszufinden, was ihm zu diesem ungewöhnlichen Erfolg verholfen hatte. Sie stellten fest, daß Radija offenbar die Gesellschaft des Sklaven Dschamal ad-Din suchte und ihn oft von den Aufgaben entband, die er zu erfüllen hatte«.[20]

Nun ließen sie natürlich alle Zusammenkünfte zwischen der Sultanin und ihrem ›Reitknecht‹ genau überwachen, und eines Tages wurde eine unerhört vertraute Geste beobachtet: »Er faßte sie in den Achselhöhlen, um sie aufs Pferd zu heben.«[21] In der Stadt begannen Gerüchte umzugehen, daß die Sultanin gegen die guten Sitten verstoße und sich von einem Sklaven anfassen lasse. Radijas Gegner waren am Ziel: »Dann aber zog man sie in Verdacht, zu einem abessinischen Sklaven, den sie besaß, Neigung zu haben, beschloß, sie zu entthronen und zu verheiraten.«[22] In der Folge stellten die geistlichen Würdenträger und andere Mächtige eine Armee gegen sie auf, unter der Führung eines Provinzgouverneurs namens Ichtijar ad-Din Altunija. Radija verließ mit ihren Truppen Delhi, um nicht in der Stadt eingeschlossen zu werden. Sie stellte sich dem Kampf, aber sie verlor die Schlacht und wurde gefangengenommen.

Doch nun geschah etwas Unerwartetes: Altunija verliebte sich in seine Gefangene. Er gab ihr die Freiheit, heiratete sie und zog mit ihr zusammen an der Spitze einer großen Armee nach Delhi, um ihr den Thron zurückzuerobern.[23] Doch das Schicksal war Radija nicht mehr gewogen. Ibn Battuta schildert ihr Ende, eine Szene wie in den ›Geschichten aus Tausendundeiner Nacht‹: »Es kam zum Gefecht, das Heer der Radija wurde in die Flucht geschlagen und sie selbst entfloh. Hunger quälte sie und Erschöpfung setzte ihr hart zu. Da ging sie auf einen Landmann zu, der wie sie sah, den Boden bestellte und verlangte von ihm etwas zu essen. Er gab ihr ein Stück Brot, sie verzehrte es, und nun übermannte sie der Schlaf. Sie trug Männertracht. Wie sie aber in tiefem Schlafe lag, sah der Bauer sie an und erblickte unter ihren Oberkleidern eine gold- und juwelenbestickte Tunika. Da erkannte er, daß es ein Weib sei, erschlug und beraubte sie, verjagte ihr Roß und begrub sie auf seiner Hufe. Er nahm einige ihrer Kleider und ging dann auf den Markt, sie zu verkaufen. Den Kaufleuten aber mißfiel sein Wesen und sie brachten ihn zum *schihnah,* dem Polizeikommissär, der ihn prügeln ließ, worauf der Mörder gestand, die Fürstin erschlagen zu haben. Er zeigte ihnen, wo er sie verscharrt; man grub sie aus, wusch sie und bekleidete sie mit dem Leichengewande. Sie wurde am gleichen Orte neuerdings bestattet und über ihrem Grabe eine Grabkapelle erbaut.« Im vierzehnten Jahrhundert, als Ibn Battuta diese Gegend bereiste, hatte man sie bereits zu einer Heiligen erhoben: »Ihre Grabstätte wird jetzt viel besucht, und man hofft, Glück dadurch zu haben. Sie liegt am Ufer des großen Flusses namens Jun, in der Entfernung von einer Parasange von der Hauptstadt.«[24]

Etwas über ein Jahrzehnt später nahm auch Schadscharat ad-Durr ein tragisches Ende, doch sie hatte, viel mehr als

Radija, dazu selbst beigetragen. Aus Leidenschaft und Eifersucht war sie zur Mörderin geworden. Indem sie den ›starken Mann‹ der Mamlukenarmee, Mu'izz ad-Din Aibak heiratete, hatte sie ihm gewissermaßen ein Königreich zu Füßen gelegt. Aibak trennte sich von seiner früheren Gattin Umm Ali.[25] Die Verbindung mit Schadscharat ad-Durr war jedoch mehr als eine politische Allianz: Die Liebe spielte eine große Rolle. Für Schadscharat ad-Durr bedeutete Liebe auch Treue; selbst von ihrem ersten Gatten, dem Sultan as-Salih, hatte sie Treue gefordert, sobald sie seine Lieblingssklavin geworden war. Schadscharat ad-Durr muß von großer Schönheit und außerdem sehr klug gewesen sein. Es heißt, sie habe viel gelesen und »ihren Kopf benutzt, um alle Machtangelegenheiten genau zu verstehen«.[26]

Mit großem Erstaunen mußte sie zur Kenntnis nehmen, daß ihr neuer Ehemann offenbar beabsichtigte, sich mit der Tochter des *atabeg* von Mossul, Badr ad-Din Lu'lu, zu vermählen. Beleidigt und rasend vor Eifersucht sann Schadscharat ad-Durr auf Rache und Mord, und sie wählte für den Anschlag einen Ort der Lust: den *hammam,* das Badehaus. Am 12. April 1257, »als 'Izz ad-Din Aibak den *hammam* betrat, hatte Schadscharat ad-Durr bereits alles vorbereitet: Domestiken und Sklavinnen waren instruiert, sie umringten ihn und töteten ihn, während er im Bade saß«.[27] Die Ermordung Aibaks führte zu einer Erhebung der Truppen, und obwohl ein Teil der Armee auf ihrer Seite stand, wurde Schadscharat ad-Durr gefangengenommen und in die ›Rote Festung‹ *(bordsch al-ahmar)* gebracht. Noch im gleichen Jahr tötete man sie, ihr Leichnam wurde in den Festungsgraben geworfen und »blieb tagelang liegen, bevor man sie beerdigte«.[28] Ihre Grabstätte ist in Kairo noch zu sehen, im Hof einer Schule, die sie gestiftet hatte. Heute befindet sich dort eine Moschee, die nach ihr benannt ist:

Dschami'a Schadscharat ad-Durr. In der Kuppel berichtet eine lange Formel von ihrem Ruhm und ihrer Regierung. Dort kann man auch jene Formel finden, die ihr soviel bedeutet haben muß: »'Ismat ad-dunja wa ad-Din«.[29]

So endete die politische Laufbahn Schadscharat ad-Durrs, einer Frau der es gelungen war, von ihrem vornehmen ersten Gatten, dem Sultan as-Salih, die Teilhabe an der Macht zu erwirken, die 80 Tage lang ohne ihren Gatten und gegen den Willen des Kalifen offiziell regierte, die dann einen Weg fand, Neigung und Machtanspruch zu verbinden, und sich mit einem Mann ihres Standes und ihrer Abkunft die Souveränität und deren symbolischen Ausdruck, die Freitagspredigt, teilte – bis sie zuletzt dem Dämon Eifersucht verfiel. Sieben Jahre lang hielt die glückliche private und politische Verbindung von Aibak und Schadscharat ad-Durr, sie hätte weiter bestehen können, wenn der Sultan nicht zu dem Beschluß gelangt wäre, sich abermals zu verheiraten.[30]

Diese Geschichte verweist auf einen Zusammenhang von Despotie und Polygamie. Offenbar erforderte eine gleichberechtigte Teilung der Macht zwischen einem Mann und einer Frau, daß der Mann die Monogamie als neue Spielregel akzeptierte. Wie man sich auch bemühen mag, beides auseinanderzuhalten: in Liebesdingen und in politischen Angelegenheiten gelten letztlich die gleichen Prinzipien.

2. Die mongolischen ›Chatun‹

Bahriye Üçok, eine türkische Historikerin mongolischer Abstammung, hat in ihrer Arbeit über die Frauen in der muslimischen Geschichte sehr deutlich vorgeführt, daß nach dem Einfall der Mongolen überraschend viele Frauen in den muslimischen Ländern an die Macht kamen und die Zeichen der Herrschaft, die Münze und das Freitagsgebet, für sich in Anspruch nahmen. Fast in allen Fällen waren die neuen Herren, die mongolischen Machthaber, damit einverstanden. Im Unterschied zu den abbasidischen Kalifen machte es ihnen offenbar keine Probleme, Frauen an der Spitze eines Reiches zu akzeptieren.

Die ersten dieser Herrscherinnen gehörten zur persischen Dynastie der Qutlugh-Chaniden: Qutlugh Chatun, auch Turkan Chatun genannt, und ihre Tochter Padeschah Chatun, auch Safwat ad-Din Chatun genannt.[31] Die Qutlugh-Chaniden regierten im 13. und 14. Jahrhundert in der persischen Provinz Kerman, im Südosten der großen Wüste Dasch-i Lùt. Als die Mongolen Kerman eroberten und der seldschukischen Dynastie ein Ende bereiteten, setzte der neue mongolische Herrscher Hülagü, Nachfahre des Dschingis-Chan, den Feldherrn Barak Hadschib als Statthalter ein. Hülagü hatte bei der Aufteilung des Mongolenreiches Persien und Mesopotamien erhalten, eigentlich auch Syrien und Ägypten – doch diese beiden Ländern wurden von den mamlukischen Truppen erbittert verteidigt. Bagdad war leicht zu erobern gewesen, aber in Syrien erlitten Hülagüs Armeen eine Niederlage, die ihren Vormarsch beendete. Die Schlacht von Aïn Dschallut (1260) zog die Grenze zwischen den Machtbereichen.

Das Kalifat in Bagdad war von nun an abhängig von den Ilchanen, der neuen Dynastie, die Hülagü begründet hatte. Einer Reihe von regionalen Machthabern bot die Invasion der Mongolen die Gelegenheit, ihre Herrschaft zu festigen. Auch Barak Hadschib nutzte die Gunst der Stunde, er verbündete sich mit den Eroberern und zahlte einen jährlichen Tribut. Damit hatte er sich zum Herrn von Kerman gemacht. Nun stand ihm auch ein Titel zu: die Mongolen ernannten ihn zum Qutlugh Chan. Sobald er seine Macht militärisch gefestigt hatte, verschaffte er sich weitere Herrschertitel. Und obwohl er einen großen Teil seines Lebens im Unglauben verbracht hatte, und sich erst gegen Ende seines Lebens zum Islam bekannte, erhielt er sogar vom Kalifen von Bagdad die Sultanswürde. Als Barak Hadschib starb, hinterließ er seinen Nachfolgern eine beachtliche Zahl von Titeln, natürlich eine Mischung von arabischen und mongolischen Würden: ›Nasr ad-Dunja wa ad-Din‹ (Triumph der Herrschaft und des Glaubens), ›Qutlugh Sultan‹ usw. Die Beziehungen zu den Mongolen wurden durch wiederholte Besuche bei Hof und durch Heiraten gepflegt. Barak Hadschib hatte einen Sohn, Rukn ad-Din, und vier Töchter, darunter Qutlugh Turkan, die mit seinem Vetter Qutb ad-Din verheiratet wurde. Als der Herrscher 1234 starb, übernahm zunächst sein Sohn die Macht; 1252 bestieg dann Qutb ad-Din den Thron. Bei dessen Tod, 1257, war der Thronerbe, sein Sohn Chadschdschadsch, noch ein Kind. Die vornehmen Familien von Kerman erwirkten am mongolischen Hof, daß die Regierungsgewalt der Witwe, Qutlugh Chatun, übertragen wurde – sie herrschte bis 1282, sechsundzwanzig Jahre lang. Die Gunst des Hofes wußte sie sich zu erhalten; sie ließ ihren Sohn Chadschdschadsch in Hülagüs Armee kämpfen, und sie verheiratete ihre Tochter Padeschah Chatun mit Hülagüs Sohn Abagha Chan. Diese Heirat war in doppelter Hinsicht bemerkenswert: Ein Buddhist heiratete eine Muslime, die überdies unter Knaben aufgewachsen und zum Knaben erzogen worden war, um die Mongolen zu täuschen, die sich das Recht vorbehielten, alle Prinzessinnen in ihren ›Kolonien‹ gemäß ihren Interessen zu verheiraten.[32] Offenbar hatten die Machthaber von Kerman kein Interesse daran gehabt, sich durch eine Heirat an das Herrscherhaus Hülagüs zu binden, doch schließlich siegte das politische Kalkül. Sieben Jahre nach ihrer Regierungsübernahme wurde Qutlugh Turkan von Hülagü offiziell bestätigt. Sie trug nun den Titel ›Ismat ad-Dunja wa ad-Din‹ und durfte in den Moscheen die *chutba* in ihrem Namen sprechen lassen.[33] Turkan konnte ihren Triumph nicht lange auskosten. Als sie sich auf dem Höhepunkt ihrer Macht befand, trat – wie so oft, ein neuer Thronanwärter auf: ihr Stiefsohn Sojurghtamisch, Sohn ihres verstorbenen Gatten. Sojurghtamisch hatte sich mit der Thronbesteigung seiner Stiefmutter nie abgefunden, er sorgte für Unruhen im Reich, und Turkan sah sich schließlich gezwungen, beim Freitagsgebet auch seinen Namen ausrufen zu lassen. Doch sie ließ ihre Beziehungen zum ilchanischen Hof spielen, »sie beklagte sich bei ihrer Tochter Padeschah Chan und erlangte einen *yarligh* (eine Weisung) die ihrem Stiefsohn untersagte, sich in die politischen Angelegenheiten Kermans einzumischen«.[34]

Erst am Ende ihrer Regierungszeit wurde das gute Verhältnis Turkans zum Hof der Ilchane gestört: Abagha, ihr Schwiegersohn, war gestorben und sein Bruder hatte den Thron bestiegen. Er war zum Islam übergetreten und nannte sich seither Ahmad Teguder, eine Entscheidung, die für erhebliche Aufregung am Hof und bei den Mächtigen sorgte. Sofern sie nicht Naturreligionen anhingen (dem ›Schamanismus‹), waren die Mongolen Buddhisten oder nestorianische Christen. Und obwohl sie sich nach der Eroberung Persiens bald an die Kultur der Besiegten anpaßten und ihre Errungenschaften zu schätzen wußten, bekannten sie sich nicht zum Islam. Ahmad Teguder war der erste ilchanische Herrscher, der konvertierte. Er konnte sich nicht lange behaupten; nach zwei Jahren wurde er von Abaghas Sohn Arghun gestürzt (1284), dessen buddhistische Frömmigkeit außer Zweifel stand.

Turkan Chatun geriet während der kurzen Regierungszeit Ahmad Teguders in große Schwierigkeiten. Der Ilchan erklärte ihren Rivalen Sojurghtamisch zum Herrscher von Kerman. Turkan reiste zum Hof in Täbris, um Klage zu führen, aber vergeblich – ein Jahr später starb sie, ohne die Herrschaft wiedergewonnen zu haben. Doch einige Jahre später gelang es ihrer Tochter Padeschah Chatun durch eine erneute Heirat wieder Einfluß bei Hof zu gewinnen und auch den Thron zurückzuerobern, den ihre Mutter verloren hatte.[35]

Padeschah Chatun bezauberte die Mächtigen durch ihre Schönheit und ihre dichterische Begabung. Man war nicht überrascht, daß es der jungen Witwe gelang, Gaichatu zu heiraten, den fünften Herrscher in der Dynastie der Ilchane, der 1291 an die Macht kam. Nach der Schari'a wäre diese Heirat ein Skandal gewesen, denn Gaichatu war ein Sohn ihres verstorbenen Mannes, doch die Gebräuche der Mongolen erlaubten solche Verbindungen. Sogleich nach der Heirat verlangte Padeschah Chatun von ihrem Gatten den Thron von Kerman, als Beweis seiner Zuneigung. Sie bekam ihren Willen, reiste 1292 als neue Herrscherin nach Kerman und ließ sogleich ihren Halbbruder Sojurghtamisch ins Gefängnis werfen und kurz darauf erdrosseln, nachdem er versucht hatte zu fliehen. Nach dieser Geste geschwisterlicher Verbundenheit legte sie sich den Titel ›Safwat ad-Dunja wa ad-Din‹ zu (Lauterkeit in der Welt und im Glauben). Ihre Herrschaft blieb unangefochten, sie nahm offiziell ihren Platz in der Dynastie der Qutlugh-Chaniden ein und ließ Gold -und Silbermünzen schlagen, die ihren Namen trugen. Auf einigen Münzen findet sich die Aufschrift: »Kichanu Padeschah Dschihan Chadawand Alam Padeschah Chatun«[36] – der Titel ›Chadawand Alam‹ (Herrscherin der Welt) setzt sich aus einem turkmenischen und einem arabischen Wort zusammen. Bemerkenswert erscheint auch, daß in dieser Münzinschrift die Religion, das Jenseits nicht erwähnt wird. Padeschah Chatun beansprucht hier nur die weltliche Herrschaft. Bei den arabischen Herrschern, ob Männer oder Frauen, war das zumeist anders. Padeschah regierte in Kerman bis zum Tod ihres Gatten, der 1295 starb. Sein Nachfolger Baidu schenkte ihren Gegnern Gehör, er unterstützte die Anhänger des getöteten Sojurghtamisch, die noch immer Rache forderten. Dieser Clan wurde von einer Frau geführt, von Churdudschin, der Witwe Sojurghtamischs, einer mongolischen Prinzessin aus der Familie Hülagüs. Untröstlich und unversöhnlich forderte sie von Baidu, dem neuen Herrscher, daß Padeschah Chatun sterben müsse.[37]

Gestützt von den Mongolen waren also einige Frauen auf den Thron von Kerman gelangt. Ibn Battuta, der in der ersten Hälfte des 14. Jahrhunderts das Mongolenreich bereiste, zu einer Zeit, als Abu Sa'id Behadur Chan, der neunte Herrscher der ilchanischen Dynastie in Bagdad regierte (1316–1335), zeigte sich sehr erstaunt, welche Achtung man dort den Frauen entgegenbrachte. Aus seinen Aufzeichnungen kann man schließen, daß die Frauen in seiner Heimatstadt Tanger anders behandelt wurden. Ibn Battuta kannte sich in diesen Fragen aus, er war nicht nur ein rechtdenkender konservativer Marokkaner sondern auch ein *qadi,* ein Richter, der das Religionsgesetz vertrat. »Die Frauen erfreuen sich bei den Türken und Tataren eines glücklichen Schicksals. Die höchsten Anordnungen werden dort mit den Worten unterzeichnet: ›Auf Befehl des Sultans und der Chatun.‹ Jede der Chatun besitzt einige Städte und Ländereien und verfügt über beträchtliche Einnahmen.«[38] Daß der Herrscher die Frauen bei ihren Auftritten im Rahmen des höfischen Protokolls mit großer Aufmerksamkeit und Ehrerbietung behandelte, faszinierte Ibn Battuta ganz besonders. Er konnte sich davon ein genaues Bild machen, als er seinen Gastgeber Behadur Chan auf einer Landpartie begleitete: »Ich wollte... beobachten, wie der König des Irak zu reisen pflegte, welche Ordnung unterwegs und in den Feldlagern befolgt wurde.« Er bemerkte, daß die Frauen sich durchaus nicht am Ende des Zuges hielten, sondern stets an der Spitze zu sehen waren: »Jede *chatun* oder Ehefrau des Sultans bezog ihre eigene Unterkunft, sie war von ihrem Imam, ihren *muazzinin* und Koranlesern begleitet und ließ die Verpflegung ihres Quartiers selbst besorgen.« Auch ihre Musikinstrumente waren nicht zu überhören: »Beim Aufbruch schlug man zuerst die große Pauke, dann die Pauke der ersten *chatun,* die im Rang einer Königin stand. Es folgten die Pauken der übrigen *chatun,* dann die Pauke des *wazir* und schließlich alle Pauken der Emire gleichzeitig.«[39]

Ähnlich beeindruckt vom höfischen Protokoll zeigte sich Ibn Battuta als er die Residenz des mongolischen Sultans Mohammed Özbeg Chan besuchte, des Führers der ›Goldenen Horde‹ (1312–1341). »Bei seinen Sitzungen, auf den Reisen und in seinen Angelegenheiten hat er eine erstaunlich vorzügliche Ordnung. Freitags nach dem Gebete pflegt er in einem goldenen Kuppelzelte zu sitzen, das reich geschmückt und aus Holzstäben aufgebaut ist, die mit goldenen Blättern geschmückt sind. In seiner Mitte steht ein Thron aus Holz, mit vergoldeten Silberblättern beschlagen; seine Füße sind aus reinem Silber deren Oberteil mit Edelsteinen besetzt ist. Der Sultan sitzt auf dem Throne, zu seiner Rechten sitzt die Chanin Taidoghly und daneben Kebek Chatun. Zu seiner Linken sitzt Bajalun Chatun und neben ihr Ordudschy Chatun. Rechts unterhalb des Throns steht des Chans Sohn Tinibeg, links sein zweiter Sohn Dschanibeg, vor ihm sitzt seine Tochter It Kütschüdschük.« Daß die Prinzessinnen während der Freitagszeremonie so bevorzugte Plätze einnahmen, war für den Sunniten Ibn Battuta bereits höchst überraschend, noch erstaunlicher aber schien ihm, daß sich der Sultan, einer der mächtigsten Herrscher der Welt, bei ihrem Eintritt erhob. »Wenn eine dieser Fürstinnen kommt, so erhebt er sich vor ihr und führt sie an der Hand auf den Thron. Taidoghly ist die eigentliche Königin und bei Özbeg am angesehensten. Er geht ihr bis zur Tür des Zeltes entgegen, begrüßt sie dort und führt sie zum Thron, wo sie sich setzt. Erst dann setzt er sich selbst. Das alles geschieht vor den Augen der Öffentlichkeit, ohne jegliche Verschleierung.«[40]

Ibn Battuta war so beeindruckt, daß er mehrere Kapitel über die Stellung der Frauen bei den Mongolen verfaßte[41] – kein Wunder, denn die Beziehungen zwischen Männern und Frauen unterschieden sich doch sehr von den traditionellen Sitten im sunnitischen Islam, wie er ihn kannte. Zwar waren die Mongolen inzwischen islamisiert, aber in bezug auf die Stellung der Frauen hatten sie keine Konzessionen gemacht. Was einst undenkbar schien und Ahmad Teguder noch den Thron gekostet hatte, war für Ghazan, den siebten Herrscher in der Linie der Ilchane (1295–1304), ein eher beiläufiger Akt: Der Herrscher konvertierte zum sunnitischen Isalm. Doch »dies führte nicht zur Abschaffung der alten mongolischen Sitten, wie etwa der Achtung der Rechte der Frauen im Leben der Gemeinschaft«.[42] Diese günstigen Bedingungen, an die im politischen Leben des Islam unter der arabischen Vorherrschaft damals nicht zu denken war, wußten offenbar viele Frauen aus den Fürstengeschlechtern zu nutzen.

Abesch Chatun war die dritte Königin, die, wie Padeschah Chatun, durch die Heirat mit einem ilchanischen Herrscher an die Macht kam. Sie regierte das persische Reich ein Vierteljahrhundert lang, von 1263 bis 1287. Sie stammte aus dem persischen Herrschergeschlecht der Atabek (Atabegen), die auch als Selghuriden bezeichnet werden, nach Selghur, dem Begründer der Dynastie, der seinen turkmenischen Stamm nach Iran geführt hatte. Abesch Chatun war die neunte und letzte in der Reihe der selghuridischen Herrscher, die fast ein Jahrhundert lang in Schiraz geherrscht hatten. Genau wie Padeschah Chatun, die möglicherweise ihre Tante war[43], wurde sie jung verheiratet – mit Manku Timur einem Sohn Hülegüs. Weil ihm die Verhältnisse im persischen Reich, das ihm unterstand, mißfielen, hatte Hülagü eine Armee gegen den persischen Machthaber Seldschuk Schah aufgeboten. Nach dem Sieg seiner Truppen und dem Tod Seldschuk Schahs entsandte er seine Schwiegertochter Abesch Chatun aus Urdu, der Hauptstadt der Ilchane, wo sie mit ihrem Gatten lebte, nach Schiraz, in die Provinz, aus der sie stammte. Hülagü sorgte auch dafür, daß sie dort mit großen Ehren empfangen wurde. Wie einst Padeschah Chatun, ließ Abesch Chatun Münzen prägen und das Freitagsgebet in ihrem Namen sprechen.[44]

Die Mongolen sicherten häufig ihre Macht durch Bündnisse, und Schwiegertöchter aus ›Vasallenstaaten‹ spielten dabei eine wichtige Rolle. In der Genealogie der Herrscherfamilien solcher Staaten, die mit den Ilchanen verschwägert waren, tauchen daher immer wieder auch Frauen auf. Unter den Abbasiden wäre so etwas undenkbar gewesen. Dies waren auch die Bedingungen, unter denen Dawlat Chatun an die Macht kam. Sie war die vierzehnte in der Herrscherdynastie der Bani Churschid, die seit 1195 fast vier Jahrhunderte lang in Luristan, im Südwesten Persiens regierte. Wie überall in dieser Region hatten auch in Luristan die Mongolen die Oberherrschaft. Dawlat Chatun bestieg den Thron im Jahre 1316 nach dem Tod ihres Gatten 'Azz ed-Din Mohammed. Aber sie erwies sich als unfähig – »es gelang ihr nicht, die Staatsgeschäfte zu führen« –, und so trat sie freiwillig ab und übergab die Macht an ihren Bruder 'Azz ed-Din Hassan.[45]

Ganz anders die mongolische Herrscherin Sati Beg: Sie liebte die Macht so sehr, daß sie sich dreier Ehemänner bediente, um regieren zu können. Als Sati Beg 1339 den Thron bestieg, hatte sich die politische Situation im Reich der Ilchane sehr gewandelt. Die Zeit der Gründung der Dynastie durch Hülagü lag lange zurück, die alte Größe war dahin. Nun bekämpften sich Fraktionen des Herrscherhauses, unzählige Palastintrigen und Attentate bestimmten die Politik.

In den drei Ehen Sati Begs spielte das politische Kalkül die entscheidende Rolle. Ihr erster Gatte, der Amir Tschoban, war Oberbefehlshaber der Truppen gewesen. Nach seinem Tode wählte Sati Beg Arpa Chan zum Mann, einen ilchanischen Fürsten, der 1335 für kurze Zeit die Macht übernahm. Im Jahre 1339 bestieg sie dann selbst den Thron: Sie war offizielles Staatsoberhaupt, hatte das Anrecht auf die Nennung ihres Namens bei der *chutba* und sie beeilte sich, Münzen prägen zu lassen, die folgende Inschrift trugen: »As-Sultana al-'adila Sati Beg Chan Challada Allah Mulkaha« (Die gerechte Sultanin Sati Beg Chan, Allah möge ihrer Herrschaft Dauer verleihen).[46] Allah zeigte sich nicht geneigt, ihrem Wunsch zu entsprechen: Schon nach neun Monaten mußte Sati Beg die Macht an Suleiman Amin Jussef Schah abtreten. Doch ihr Machthunger war nicht gestillt, was lag näher, als sich den neuen starken Mann gefügig zu machen? Suleiman Amin konnte der Verführung nicht widerstehen und wurde ihr dritter Ehemann.

Eine weitere mongolische Königin regierte in Bagdad: Tindu aus der Dynastie der Dschalairiden, einem ilchanischen Herrschergeschlecht, das von 1336 bis 1411 im Süden des Irak regierte. Tindu war die Tochter des Königs Awis, eines bedeutenden Mongolenherrschers. Doch die Zeiten hatten sich geändert. Die Mongolen, einst unbesiegbare Eroberer, hatten sich als Machthaber etabliert und das Schlachtenglück war nicht mehr auf ihrer Seite. Der neue Gegner hieß Timur Lang (Tamerlan), wie einst Dschingis-Chan kam er aus den Steppen Asiens. Gegen diesen Ansturm konnte Awis den Irak nur verteidigen, indem er sich Bündnisgenossen suchte. Und seine wichtigsten Verbündeten waren die Feinde von gestern – die ägyptischen Mamluken. Im Rahmen dieser Allianz wurde Tindu mit az-Zahir Barquq, dem vorletzten mamlukischen Sultan in Kairo (1382–1389) verheiratet. Die Prinzessin hatte ihren Onkel auf einer Reise nach Ägypten begleitet; Barquq lernte sie kennen und war von ihrer Schönheit so entzückt, daß er um ihre Hand anhielt. In Bagdad war man rasch bereit, diesem Ansinnen zu entsprechen, denn der Irak konnte den wiederholten Angriffen der Armeen Timurs kaum noch standhalten. So blieb Tindu in Kairo, und das irakische Herrscherhaus erhielt Verstärkung aus Ägypten. Aber die Prinzessin ertrug es nicht, fern von ihrer Heimat zu leben. Der Sultan gab sie schließlich frei und sie kehrte in den Irak zurück. Sie heiratete ihren Vetter Schah Walad, nach dessen Tod bestieg sie 1411 den Thron, den sie acht Jahre lang, bis zu ihrem Tod, innehatte. Ibn al-Imad al-Hanbali berichtet: »Von den Predigtkanzeln wurde die *chutba* in ihrem Namen gesprochen, und auch die Münzen trugen ihren Namen; so war es bis zu ihrem Tod im Jahr 1419. Nach ihr kam ihr Sohn an die Macht.«[47]

Bahriye Üçok führt noch eine weitere mongolische Herrscherin an: die Sultanin Fatema Begum, die im Russischen Sultana Sedschidowna genannt wird. Sie soll von 1679 bis 1681 über das ilchanische Reich Qasem, in Zentralasien, geherrscht haben. Bekanntlich hat Batu, einer der Enkel des Dschingis-Chan, in den Jahren von 1236 bis 1241 »große Teile Rußlands unter seine Macht gebracht. Nur der Nordwesten mit der Hauptstadt Nowgorod blieb verschont. Das so entstandene Reich nannte man bei den Russen und später in ganz Europa die ›Goldene Horde‹«. Zweieinhalb Jahrhunderte dauerte die Tatarenherrschaft, sie hatte unter anderem zur Folge, daß weite Gebiete des ehemaligen russischen Reiches islamisiert wurden.[48]

Bahirye Üçok berichtet, die Sultanin Fatema Begum sei die letzte Herrscherin der Dynastie von Qasem gewesen. Allerdings habe ich in keiner der arabischen Chroniken einen Hinweis auf diese Sultanin finden können, nirgendwo wird erwähnt, daß ihr Name beim Freitagsgebet genannt oder in die Münzen geschlagen worden sei. Ich begnüge mich also damit, auf ihre Biographie bei Bahirye Üçok hinzuweisen, rechne sie aber nicht zu den weiblichen Staatslenkerinnen; es bleibt bei sechs mongolischen Königinnen, von denen wir genauere Kenntnis haben.

3. Die Königinnen der Inseln

Sieben Sultaninnen haben auf den Inseln geherrscht: drei auf den Malediven, vier in Indonesien. Die erste war Chadija, die Enkelin des Sultans Salah ed-Din Salih al-Bendschalij. Sie regierte auf den Malediven von 1347 bis 1379. Zum Glück für die Nachwelt hat Ibn Battuta zu jener Zeit das Inselreich bereist. Er war fasziniert: »Eine der Merkwürdigkeiten dieses Archipels ist, daß ihr Herrscher eine Frau ist, nämlich Chadija, die Tochter des Sultans Dschelal ed-Din Omar, Sohn des Sultans Salah ed-Din Salih, des ›Bengalen‹. Die Herrschaft gehörte zuerst ihrem Großvater, dann ihrem Vater. Als dieser starb, wurde ihr Bruder Schihab ed-Din König. Er war noch jung, und der Wesir Abdallah, Sohn des Mohammed el-Hadrami, heiratete seine Mutter und entriß ihm die Herrschaft. Er war es auch, der die Sultanin Chadija nach dem Tode ihres Gemahls, des Wesirs Dschemal ed-Din, heiratete, wie wir noch erzählen werden.«[49] Ibn Battuta schildert die nachfolgenden Machtkämpfe und die Ermordung Schihab ed-Dins und kommt dann zur Machtübernahme Chadijas: »Von dem Herrscherhause blieben nunmehr die Schwestern des Ermordeten, Chadija, die Älteste, Miryam und Fatima übrig. Die Einwohner der Malediven machten Chadija zur Sultanin. Sie war mit Dschemal ed-Din, dem Prediger (chatib) des Landes verheiratet, der nun Wesir wurde. Er übernahm die Herrschaft und verschaffte seinem Sohn Mohammed an seiner Statt die Predigerstelle; aber die Befehle werden nur im Namen der Chadija erlassen. Man schreibt die Erlasse mit einem krummen Eisen, das einem Messer gleicht, auf Palmblätter. Auf Papier schreibt man nur Korane und wissenschaftliche Bücher.«[50] Von Ibn Battuta erfahren wir auch den genauen Wortlaut der Formel, in der Chadijas Name beim Freitagsgebet genannt wurde: »Der Prediger nennt die Sultanin im Freitagsgebete und auch sonst. ›Mein Gott‹ sagt er, ›hilf deiner Sklavin, welche du in deiner Weisheit vor allen Geschöpfen auserwählt und zum Werkzeuge deiner Gnade für alle Muslime gemacht hast – hört! – nämlich die Sultanin Chadija, die Tochter des Sultans Dschelal ed-Din, Sohn des Sultans Salah ed-Din.‹«[51]

Chadija regierte dreiunddreißig Jahre lang. Nach ihrem

Tod bestieg ihre Schwester Myriam den Thron, den sie bis zum Jahre 1383 innehatte; auch sie ließ ihrem Gatten das Amt des Wesirs. Und auf Myriam folgte ihre Tochter, die als Sultanin Fatema bis zu ihrem Tode (1388) herrschte. Vierzig Jahre lang waren die Muslime auf den Malediven von Frauen regiert worden.

In der zweiten Hälfte des 17. Jahrhunderts, von 1671 bis 1699 bestiegen auch in Indonesien nacheinander vier Herrscherinnen den Thron: in Atjeh, im Norden der Insel Sumatra. Atjeh war das erste muslimische Königreich im indonesischen Archipel; schon Marco Polo, der sich 1292 dort aufhielt, erwähnt, daß es einen muslimischen Herrscher gab.[52] Die vier Königinnen gehörten einer Dynastie an, die vom 16. bis zum frühen 20. Jahrhundert vierunddreißig Herrscher über Atjeh hervorbrachte. Als vierzehnte in dieser Reihe kam die Sultanin Tadsch al-Alam Safijat ed-Din Schah an die Macht (1641–1675), gefolgt von der Sultanin Nur al-Alam Nakijaat ed-Din Schah (1675–1678); Inajat Schah Zakijat ed-Din Schah (1678–1688) war die sechzehnte, und Kamalat Schah, die von 1688 bis 1699 regierte, beschloß die Reihe als die siebzehnte Herrscherin in der Dynastie. Es tat der Souvernität dieser Königinnen keinen Abbruch, daß ihre politischen Gegner sich eine *fatwa* aus Mekka besorgt hatten, die besagte, daß »nach dem Gesetz eine Muslime nicht regieren darf.«[53]

Die religiösen Dekrete, der Widerstand der Kalifen und das Machtkalkül der Politiker haben nicht verhindern können, daß vom 13. bis zum 17. Jahrhundert fünfzehn Herrscherinnen in muslimischen Reichen den Thron bestiegen und die offiziellen Zeichen der Herrscherwürde für sich in Anspruch nahmen. Die ersten beiden, Radija und Schadscharat ad-Durr, waren türkischer Abstammung und gehörten der Dynastie der Mamluken an. Nachdem die mongolischen Fürsten die arabischen Abbasiden-Kalifen entmachtet und die Führung in der muslimischen Welt an sich gebracht hatten, kamen weitere sechs Sultaninnen an die Macht. Abermals sieben Herrscherinnen bestiegen den Thron in den islamischen Ländern Indonesiens und der Malediven.

Aber eine arabische Sultanin hat es nie gegeben – so sieht es jedenfalls die Historikerin Bahriye Üçok: »Solange das Reich der Abbasiden bestand, war den Frauen der Aufstieg an die Spitze der Macht verwehrt. Erst als dieses Reich zugrunde ging, konnten sie den Thron gewinnen...«[54]

Auf den ersten Blick mag das eine umfassende und schlüssige Erklärung scheinen, sie hat aber den Fehler, sich auf den fragwürdigen Begriff der ›Rasse‹ zu stützen. ›Die Araber‹ gelten als so erz-frauenfeindlich, daß ›die Türken‹, ›die Mongolen‹ und ›die Asiaten‹ geradezu feministisch eingestellt scheinen. Daß alle Frauen auf dem Thron »mit Ausnahme (der Herrscherinnen) der indischen Inseln, Türkinnen oder Mongolinnen waren«, zeigt nach Ansicht von Bahriye Üçok »eindeutig, wie bedeutend die gesellschaftliche Stellung der Frau in diesen Kulturen war«.[55]

Das Buch von Bahriye Üçok ist in den vierziger Jahren erschienen, zu einem Zeitpunkt, als die arabische Welt gerade begonnen hatte, sich aus der alten Herrschaft des Osmanischen Reiches zu befreien. Vielleicht erklärt das den Wunsch, die osmanischen Kolonisatoren in einem günstigen Licht erscheinen zu lassen. Solche Generalisierungen auf der Grundlage des Begriffs der Rasse haben aber auch den Nachteil, daß die ganze Theorie zerplatzt wie eine Seifenblase, sobald sich eine Ausnahme nachweisen läßt. Man müßte also nur den einen Fall in der Geschichte belegen, daß eine Frau an der Spitze eines arabischen Staatswesens stand.

Es hat sie tatsächlich gegeben, die arabischen Königinnen. Und es ist kaum zu glauben, wie man sie vergessen und verdrängt hat – als sei die Erinnerung an sie beunruhigend und gefährlich.

7
Die schiitische Dynastie im Jemen

Im Jemen haben eine Reihe von Frauen politische Macht ausgeübt, aber das unterscheidet das Land nicht von anderen Reichen in der arabischen Welt. Außergewöhnlich ist jedoch, daß zwei dieser Frauen, Malika Asma und Malika Arwa, das entscheidende Privileg des Staatsoberhauptes besessen haben: In den Moscheen wurde die *chutba* in ihrem Namen gesprochen. Seit Beginn der islamischen Ära ist in keinem anderen arabischen Land je einer Frau diese Ehre zuteil geworden. Asma Bint Schihab as-Sulaihi (gest. 1087) regierte im Jemen gemeinsam mit ihrem Gatten Ali Ibn Mohammed as-Sulaihi, dem Begründer der sulaihidischen Dynastie. Daß Asma die Aufmerksamkeit der Historiker gefunden hat, lag nicht so sehr daran, daß hier eine Frau an der Macht war (das kam, wie man gesehen hat, gar nicht so selten vor), sondern das Interesse wurde geweckt, weil sie »zu den Beratungen mit ›bloßem Gesicht‹ erschien« (also ohne Schleier) und weil »von den Predigerkanzeln der Moscheen im Jemen die *chutba* in ihrem Namen und im Namen ihres Mannes gesprochen wurde«.[1] Die andere Herrscherin, der das Recht auf die *chutba* zustand, war Arwa Bint Ahmad as-Sulaihi, Asmas Schwiegertochter, die Gattin ihres Sohnes al-Muqarram. Al-Muqarram setzte die Tradition seines Vaters fort, auch er teilte die Macht mit seiner Frau. Später herrschte Arwa allein, fast ein halbes Jahrhundert lang, von 1091 bis zu ihrem Tod im Jahre 1138.[2] Beide Königinnen trugen den gleichen herrschaftlichen Titel: ›As-Sajida al-Hurra‹ – ›Herrin‹, ›freie Frau‹, die niemandem Gehorsam schuldet. Auch die Gebetsformel, die bei der *chutba* im Namen Arwas von den jemenitischen Gläubigen nachgesprochen wurde, ist überliefert: »Möge Allah al-Hurra der Vollkommenen noch viele Tage gewähren, der Herrscherin, die mit Sorgfalt die Geschicke der Gläubigen lenkt«.[3]

Wie wir gesehen haben, kam es nicht selten vor, daß sich Frauen die politische Macht ihrer Männer aneigneten. Aber im arabischen Teil der muslimischen Welt wurde allein im Jemen die *chutba* beim Freitagsgebet im Namen einer Frau gesprochen. Was zeichnete die jemenitischen Königinnen aus, worin bestand ihr Geheimnis?

Die Herrschaft der Sulaihiden dauerte etwa ein Jahrhundert lang, und in dieser Zeit ging die Regierungsgewalt eigentlich nur von Asma auf Arwa über. Doch davon weiß man heute einfach nichts mehr – ein verblüffender Fall von Gedächtnisverlust! Ich habe, am Beginn meiner Untersuchung, einen Kollegen um Auskunft in dieser Angelegenheit gebeten, einen Historiker, dessen Spezialgebiet das arabische Mittelalter ist. Er zeigte sich skeptisch: Frauen an der Spitze eines arabischen Staatswesens – ob ich da nicht in der falschen Region suche?! Und nachdem ich ihm die oben zitierte Formel nannte, die belegt, daß die *chutba* im Namen von Arwa gesprochen wurde, meinte er: »Das haben Sie doch wohl aus den ›Geschichten aus Tausendundeiner Nacht‹?«

Erstaunlicherweise sind auch die westlichen Historiker Opfer dieser Amnesie, obwohl sie doch keinen Grund haben sollten, den Gedanken an eine Verbindung von Macht und arabischen Frauen entsetzt zurückzuweisen. Kategorisch wie ein Ajatollah erklärt Bernard Lewis: »Königinnen hat es in der Geschichte des Islam nicht gegeben, wo der Begriff ›Königin‹ auftaucht, bezieht er sich allein auf Herrscherinnen in Byzanz oder Europa. In einigen Fällen waren muslimische Throne auch von Frauen besetzt, doch wenn dies vorkam wurde es als Verirrung und Skandal verurteilt.«[4]

Äußerungen dieser Art von namhaften Gelehrten wie Bernard Lewis zeigen nur um so deutlicher, daß die Frauen in der islamischen Welt ihre Geschichte selbst schreiben müssen: Sie können sich auf niemanden verlassen, auch nicht auf die Wissenschaftler, seien sie nun ›parteiisch‹ oder vermeintlich ›neutral‹. Wenn wir hier und jetzt unsere uneingeschränkten Menschenrechte fordern, dann bedeutet das auch eine Neueinschätzung der Vergangenheit. Die Überlieferung muß ganz neu betrachtet werden. Und vielleicht erweist sich die Reise in die Vergangenheit sogar als kurzweilige und lehrreiche Angelegenheit, vielleicht lernen wir ganz nebenbei, wie sich eine Frau in der arabischen muslimischen Welt behaupten kann.

Die Geschichte der verdrängten arabischen Königinnen lehrt unter anderem, daß eine Frau den Männern nicht nur dann gefallen kann, wenn sie ihnen zu Füßen liegt und unablässig kunstvolle Anstrengungen unternimmt, um sich schwach und schutzbedürftig zu zeigen. Hat man uns nicht beigebracht, daß wir nicht mehr geliebt werden, sobald wir Stärke zeigen? Alles Unsinn – die Geschichte der jemenitischen Königinnen zeigt, daß die Eroberung der Macht mit den Freuden der Liebe durchaus zusammengehen kann. Asma und Arwa waren Frauen, die ihr eigenes Leben gestaltet und an der Umgestaltung ihrer Welt mitgewirkt haben.

In der Geschichtsschreibung des Jemen, bei antiken wie modernen Autoren, wird die Herrschaftszeit dieser beiden Königinnen nicht als ›Skandal‹ bewertet, sondern als eine glückliche Periode von Frieden und Wohlstand. Abdallah at-Thawr, ein heutiger jemenitischer Historiker, schreibt in einer Betrachtung über die jüngere Geschichte der Stadt

San'a, die von 1591 bis 1925 von Imamen regiert wurde: »Man muß als Historiker nur einen ehrlichen Vergleich ziehen zwischen der Herrschaft der Imame und... jener vergleichsweise kurzen Epoche, als eine jemenitische Frau herrschte, die ihren Grundsätzen treu blieb, die ihr Volk liebte und es nicht verriet: As-Sajida Arwa Bint Ahmad as-Sulaihi.« Während ihrer Regierungszeit »entstanden bedeutende Bauwerke, Straßen und Moscheen. Die lange Herrschaft der Imame hat dergleichen nicht hervorbringen können«.[5]

Offenbar hängt der Gedächtnisverlust auch von geokulturellen Faktoren ab. Die Lücken in der Überlieferung haben mit dem jeweiligen nationalen Rahmen und der regionalen Tradition zu tun. Den jemenitischen Historikern bereitet es offensichtlich keine Probleme, voller Stolz auf die Leistungen einer fähigen Herrscherin in ihrer Geschichte zu verweisen. Was also hält andere arabische Geschichtsschreiber von solchen Einsichten ab? Warum dieser Schleier, der sich über die Erinnerung an Malika Asma und Malika Arwa gesenkt hat? Fürchtet man Gespenster aus der Vergangenheit, werden alte Ängste geweckt?

Ich neige zu der Ansicht, daß in diesem Fall die ›Schi'a‹ das Schreckgespenst ist, jene politische Gegenbewegung im Islam, die im Namen der Religion an den Grundfesten der Legitimität der politischen Macht rüttelte und die verknüpft ist mit einer besonderen Form von Gewalt: der Gewalt im Namen Allahs. Seit Jahrhunderten bedeutet die Schi'a einen fundamentalen Angriff auf die Vormacht der sunnitischen Orthodoxie, auf jenen Traum von Einheit und Wohlstand in einem machtvollen Reich. Die Machtübernahme des Imam Chomeini in den siebziger Jahren hat den schiitischen Islam schlagartig wieder auf die internationale Tagesordnung gesetzt. Im darauf folgenden Krieg zwischen Iran und Irak starben die Muslime an der Wirkung moderner Raketen, aber die Feindseligkeiten waren im Grunde so alt wie der Islam selbst. Seither mag man an manche Seiten der Überlieferung nicht mehr erinnert werden. Der Konflikt zwischen Sunniten und Schiiten ist ein gescheiterter Dialog über den Charakter der Macht. Heute sind die Fanatiker mächtiger denn je, beständig drohen innere Auseinandersetzungen und die Durchsetzung von Toleranz und Meinungsfreiheit wird zur Überlebensfrage für die Nationen. Im Grunde geht es um die Zukunft der Demokratie in der islamischen Welt, und wer sich diesem Problem nicht stellen möchte, dem sind die Gedächtnislücken lieber. Die Geschichte von Asma und Arwa zu verdrängen heißt auch, daß man die mörderische Tradition des fünfzehn Jahrhunderte alten Konflikts zwischen Sunna und Schi'a nicht wahrhaben will, der wahrscheinlich Millionen von Muslimen aller Rassen und Stände das Leben gekostet hat. Herrscher wie Krieger, Männer wie Frauen, Alte und Kinder waren die Opfer.

Die Königinnen Asma und Arwa gehörten der schiitischen Glaubensrichtung an – darin liegt die Erklärung für die offensichtlichen Gedächtnislücken in der Geschichtsschreibung, die eigentlich schon Abgründe des Vergessens sind. Als ich in aller Unschuld meine Recherchen begann, in den Bibliotheken von Rabat, die im Herbst immer schon etwas schimmlig riechen, hatte ich keine Ahnung, daß ich mich auf ein Terrain begeben würde, das alle, denen die freiheitlichen Traditionen des Islam suspekt sind, am liebsten nicht zur Kenntnis nehmen würden. Ich begann, mich mit einem Reich zu beschäftigen, dessen Einwohner ihr Recht forderten, indem sie die Legitimität der sunnitischen Abbasidenherrscher in Bagdad in Frage stellten. Sie wußten vielleicht nicht, auf welch ein riskantes Unternehmen sie sich einließen. Unter den damaligen Bedingungen war es eine revolutionäre Handlung, die Herrscherfamilie der Sulaihiden an die Macht zu bringen, die der schiitischen Sekte der Ismailiten angehörte.

Der Jemen, eine Provinz des Reichs der Omaijaden und dann der Abbasiden, war stets mit harter Hand regiert worden. Die Sulaihiden traten an, die Hoffnung auf Unabhängigkeit zu erfüllen. ›Ali der Sulaihid‹ kam unangefochten zur Macht: Er war sowohl ein schiitischer Imam als auch ein Nachfahre der vorislamischen Herrscher im Königreich Saba. Er führte seine Abstammung auf das Geschlecht der Jam aus dem Stamm der Hamadan zurück, der in den altsabäischen Chroniken genannt wird.[6]

In vielen arabischen Ländern, die andere kulturelle Traditionen besaßen als die Städte des Propheten, Mekka und Medina, war die Islamisierung als Einmischung einer fremden Macht erlebt worden. Daß die Statthalter von der Zentralgewalt ernannt wurden, ohne Mitspracherechte der Bevölkerung in den eroberten Ländern, bewirkte Enttäuschung und Unverständnis bei den lokalen Führungsschichten und schuf einen Graben zwischen ihnen und den Abgesandten aus der muslimischen Hauptstadt.

In der muslimischen Geschichte hat es immer wieder Gouverneure gegeben, die ihr Amt mißbrauchten, und die Aufstände gegen die Willkürherrschaft in den Provinzen nahmen regelmäßig den Charakter eines Glaubensstreits an. Die Tradition des Widerstands im Jemen beginnt schon zu Lebzeiten des Propheten: Gegenpropheten wurden ausgerufen. Der Berühmteste war Mussailima al-Keddab (›der Lügner‹). Auch nach Mohammeds Tod erwies sich der Jemen als ein Zentrum der *ridda*, der Empörung und Apostasie. Abu Bakr, der erste orthodoxe Kalif, stellte eigens Heere auf, um dieses Land dem rechtgläubigen Islam zu unterwerfen. Schon bald danach mußte man im Machtzentrum der islamischen Despotie zur Kenntnis nehmen, daß sich bei den Aufständen in verschiedenen Regionen meist der teuflische Bocksfuß der Schi'a zeigte. Auch in dieser Hinsicht spielte der Jemen eine Schlüsselrolle. Diesem Land gebührte das Privileg, den ›Kopf‹ des ›schiitischen Untergrunds‹ hervorgebracht zu haben: Abdallah Ibn Saba, einen Meister des Aufruhrs und der Subversion, der selbst den Teufel zu übertreffen schien.

Ibn Saba war eine legendäre Figur. Man traute ihm alles zu. Viele der ketzerischen Ideen, die dem Islam zu schaffen machten, werden ihm zugeschrieben. Daß die Auflehnung in Worten und Waffen gegen die bestehende Herrschaft um sich griff, soll vor allem sein Werk gewesen sein. Tabari erklärt, Ibn Saba sei »ein Jude aus der Stadt San'a« gewesen, »Sohn einer Schwarzen, der zur Zeit des Kalifen Othman zum Islam übertrat«. Das war im siebten Jahrhundert, als Othman, der dritte orthodoxe Kalif, an der Macht war, der sich im Jemen, in Ägypten und im Irak Feinde gemacht hatte, weil seine Statthalter hart und ungerecht regierten. Doch Tabari findet den Grund für die Revolten nicht in der alltäglichen Willkürherrschaft, sondern er glaubt, daß islamfeindliche Schriften den Aufrührer Ibn Saba zum Erfolg geführt haben: »Er hatte die alten Schriften‹ gelesen und war sehr gelehrt.«[7]

Zu den ketzerischen Ideen, die er seinen Anhängern vortrug, gehörte die Vorstellung von der Wiederkehr des Propheten: »Die Christen sagen, daß Jesus wieder in die Welt kommen wird. Aber die Muslime dürfen erst recht davon ausgehen, daß Mohammed wiederkommen wird, denn im Koran steht geschrieben ›Der, der dir den Koran auferlegt hat, wird dich zu einer Wiederkehr zurückbringen‹.«[8] Ibn Saba soll auch die Idee aufgebracht haben, den Kalifen

Othman zu stürzen und Ali, den Vetter des Propheten einzusetzen: »Othman, so sprach er zu ihnen, ist zur Macht gelangt, obwohl es ihm nicht zustand, denn der Prophet hat Ali zu seinem Nachfolger bestimmt. Geht also hin und verbreitet diesen Gedanken, seid rührig, greift sodann die Mächtigen an...« So stellt sich Tabari und vielen anderen sunnitischen Chronisten der Beginn der Schi'a dar – als die Idee eines Juden aus dem Jemen, »der zum Islam übertrat und die muslimischen Länder durchreiste, um sie vom rechten Weg abzubringen. Er war zuerst im Hedschas, dann in Basra und Kufa und schließlich im *scham* (Syrien); dort hatte er keinen Erfolg, die Syrer vertrieben ihn, und so kam er nach Ägypten.« In Ägypten sammelte er eine große Schar von Anhängern um sich, die er ganz in seinen Bann gezogen hatte. Damit begann eine Entwicklung, die zur Ermordung Othmans und zu jenem ersten Bürgerkrieg führte, der die Gläubigen in Sunniten und Schiiten spaltete. »Verführt durch die Lehre von der Wiederkunft des Propheten und dem Anrecht Alis auf die Macht... hielten sie Othman für einen Verräter am Glauben. Doch diese Überzeugung hielten sie geheim – öffentlich predigten sie die Pflicht Gutes zu tun.« So soll die Spirale der Gewalt ihren Anfang genommen haben.[9]

Für die Sunniten war und ist das Studium der Schi'a natürlich eine wichtige Aufgabe. Im Laufe der Jahrhunderte sind unzählige Arbeiten zu diesem Thema erschienen, die begabtesten Köpfe haben sich bemüht, die Eigenart dieser machtvollen und dauerhaften politischen Opposition und ihre enge Verknüpfung von Glauben und Gewalt zu begreifen. Auch wenn manchen westlichen Orientalisten nichts besseres einfällt, als die Ablehnung der Schi'a als dummen arabischen Fanatismus zu verurteilen – die Versuche unserer sunnitischen Historiker, die schiitische Bewegung zu analysieren, sind durchaus nicht so borniert. Gewiß, der teuflische Turban des Abdallah Ibn Saba taucht auch in modernen Arbeiten noch auf, aber von den pauschalen Verdammungsurteilen der alten Chronisten sind sie weit entfernt. Bei Autoren wie Ahmed Amin oder Abu Zahra, die natürlich über mehr Kenntnisse verfügen und einen distanzierteren Blick besitzen als etwa Tabari, finden sich sehr komplexe Erklärungsmuster.[10] Der anhaltende Erfolg der Schi'a wird soziologisch und psychologisch betrachtet und mit ethnischen und regionalen Faktoren, Klassen- und Einzelinteressen begründet. Für die unterschiedlichsten Individuen und Gruppen in verschiedenen Regionen besaß die Schi'a eine gewisse Anziehungskraft. Wie jede politische Bewegung versammelte auch *hizb schi'a* überzeugte Anhänger und Opportunisten in ihren Reihen. Manche schlossen sich an, weil sie sich von der Zentralmacht der Omaijaden, später der Abbasiden, ungerecht behandelt fühlten. Unter den Arabern spielten auch Stammesrivalitäten eine Rolle; als die Omaijaden an die Macht kamen, machten sie sich zwangsläufig andere Sippen zu Feinden. Außerdem schlossen sich viele *mawali* (zum Islam übergetretene Nichtaraber) der Schi'a an, weil die herrschende Aristokratie ihrem Aufstieg im Wege stand.

Aber dann war da noch die persische Komponente in der schiitischen Bewegung. Hier spielte die Auseinandersetzung um eine Grundidee des arabischen Islam, den Gleichheitsgrundsatz, eine Rolle. Ahmed Amin vertritt die Ansicht, daß die Perser aus ihrer Kultur die Vorstellung des ›heiligen Königtums‹ in die schiitische Bewegung einbrachten. Der arabischen Kultur war diese Tradition völlig fremd, zwar kannte sie eine soziale Hierarchie, aber die Rangfolge wurde nicht nach dem ›Geblüt‹ bestimmt, sondern nach dem Recht des Stärkeren.[11] Als sich die Perser zum Islam bekehrten, hatten sie eine ›cäsaristische‹ Auffassung von der Stellung Mohammeds, und die Nachkommen des Propheten galten ihnen als die geheiligten Nachfolger in der Herrschaft, wie einst die Thronfolger der persischen Könige. Nach dem Tod des Propheten kamen also nur die Mitglieder seines ›Hauses‹ (*ahl al-bait*) als Anwärter auf seine Position in Frage. Allein die Nachkommen Fatimas, der Tochter des Propheten, und ihres Gatten Ali, seines Schwiegersohns, durften über ein muslimisches Gemeinwesen herrschen, alle anderen Herrscher konnten nur Betrüger sein. Das erklärt, warum alle schiitischen Machtanwärter so großes Gewicht auf ihre Abstammung legten. Diese Gewichtung stand aber im Widerspruch zur egalitären Botschaft des Islam. Für den Propheten gehörte es zu den wesentlichen Merkmalen des Glaubens, den er verkündete, daß die Selbstherrlichkeit der arabischen Stammesfürsten und ihre Hegemonialansprüche unter dem Islam nichts mehr gelten sollten. Gegen alle Widerstände besetzte Mohammed eine Reihe von wichtigen Führungspositionen in seiner Armee mit Sklaven, obwohl die Truppen zu Anfang aus den tapfersten Söhnen der vornehmen Familien der Quraisch bestanden. Er ließ keinen Zweifel daran, daß ihm die Ablösung der Aristokratie durch eine ›Meritokratie‹, eine Herrschaft der Fähigsten, sehr wichtig war.

Vielleicht sollte man sich jetzt eine kurze Abschweifung erlauben, um mit Hilfe von Ibn Manzurs ›Lissan al-Arab‹ den Begriff ›Schi'a‹ etymologisch zu betrachten.[12] Beim Blättern in einem Wörterbuch des 13. Jahrhunderts taucht man in die Tiefenschichten der Sprache ein und begreift, wie sehr die Geschichte der Begriffe noch heute unsere Vorstellungen bestimmt, zum Beispiel wenn es um das Recht auf abweichende Meinung und die Formen der Auseinandersetzung mit politischen Gegnern geht.

Schi'a meint zuerst eine Gemeinschaft, die sich um ein Ideal schart. »Jede Gruppe von Menschen, die ein gemeinsames Ideal verfolgen, wird *schi'a* genannt«, denn »dieser Wortstamm meint sowohl ›nachfolgen‹ (*taba'a*) als auch ›Gehorsam fordern‹ (*tawa'a*). Daher wird die Ehefrau auch *scha'atu ar-ràdschul* genannt, sie ist die *scha'a* des Mannes, denn sie ›folgt ihm nach und steht ihm bei‹.« Ibn Manzur erläutert ausführlich, wie der Begriff im Zusammenhang von Gefährtenschaft und Ermutigung steht und auch die Sorge um die Herde (*schaija'a al-ghanam*) meint: »*Schi'a* heißt auch der Flötenton des Schäfers, der die Herde zusammenruft.«

Die zweite und ebenso wichtige Hauptbedeutung des Begriffs ist die Abgrenzung: »*Schi'a* bezieht sich auf alle, die nicht einverstanden sind, auf diejenigen, die eine andere Auffassung vertreten.« Ibn Manzur meint hier zunächst einen ganz speziellen Fall: die jüdischen und christlichen ›Sekten‹. »Im Koran nennt Allah die Juden und die Christen *alladhina farraqu dinahum wa kanu schi'aan* (›die ihre Religion aufgeteilt haben und zu Parteien geworden sind‹).«[13]

Im modernen Arabisch gibt es einen anderen Begriff für eine politische Gruppierung mit abweichenden Vorstellungen: *al-hizb*. Aber auch dieser Begriff hat mit parlamentarischer Demokratie nichts zu tun, ein Recht auf die andere Meinung ist damit nicht etabliert. Wie das Wort *schi'a* meint *hizb* zunächst nur »die Gruppe, die ein gemeinsames Ideal vertritt«. Heute benutzt man diesen Begriff überall in der arabischen Welt als Synonym für die politische ›Partei‹ im westlichen Sinn, so wie Ibn Manzur damit all jene bezeichnete, »deren Herzen vereint sind und die eine gemeinsame Anstrengung unternehmen«. Doch ursprünglich meinte der Plural, *al-ahzab*, auch jene »Feinde des Propheten, nach denen eine Koransure benannt ist«, die Truppen der Ungläubigen (*dschunud al-kuffar*), »die sich gegen den Propheten verschworen hatten«.[14]

Die dritte Hauptbedeutung des Wortes *schi'a* ist ›entzünden, anfachen‹, man denkt dabei auch an Streit und Zerstörung und so kann der Begriff sogar den Fanatiker bezeichnen, der keine andere Auffassung duldet. Ibn Manzur erinnert daran, daß »man sagt *schaija'a an-nar* (das Feuer nähren), wenn man Holz ins Feuer wirft, damit es stärker brennt ... *Schuiju oder schija* heißen auch die kleinen Holzspäne, die man benutzt ...«. Und er kommt zu dem Schluß, daß *schaija'a ar-ràdschul* auch bedeuten könne: ›einen Menschen zugrunde richten‹.

In der vierten und letzten Hauptbedeutung meint *schi'a* die Weitergabe eines Geheimnisses. Von daher läßt sich begreifen, welche Rolle die Geheimlehre und die Einweihung neuer Gefolgsleute in diese Geheimnisse als notwendige Überlebenstechniken der Oppositionsbewegung spielten. Es gehört zu den Eigentümlichkeiten der Schi'a, daß sie die Geheimhaltung als entscheidendes Moment ansieht und ihre Anhänger in die Untergrundarbeit einweist, die als der einzige Weg zum Erfolg gilt. Der jemenitische Herrscher Ali, der Gatte der Königin Asma und Begründer der sulaihidischen Dynastie, ist ein gutes Beispiel für dieses Vorgehen: erst nach fünfzehn Jahren der geheimen Vorbereitung trat er offen als politischer und militärischer Gegner des sunnitischen Kalifats in Bagdad auf.

Noch einmal Ibn Manzur: *Schi'a* bedeutet auch »sich ausbreiten, etwa wenn eine Neuigkeit sich herumspricht«, *asch-scha'a* meint daher »etwas, das alle wissen«. Ibn Manzur erinnert daran, daß es auch ein Verb gibt, das von der Wurzel *schi'a* abgeleitet ist, und die ›Enthüllung eines Geheimnisses‹ bezeichnet: »Wenn ich sage *ascha'atu as-sirra*, heißt das, ich habe einen anderen eingeweiht.«

156

Im 11. Jahrhundert, zur Zeit Alis des Sulaihiden, des Begründers der sulaihidischen Dynastie im Jemen, hatte die Schi'a ihre frühere politische Rolle als oppositionelle Randgruppe, die im Geheimen wirkte, bereits aufgegeben und in Kairo ein eigenes Kalifat ausgerufen – mit mehr Pomp und Prunk als die Sunniten je entfaltet hatten. Der jemenitische Herrscher Ali war ein Gefolgsmann dieser schiitischen Kalifen von Kairo und, wie sie, ein erbitterter Gegner des sunnitischen Kalifats in Bagdad. Die Schi'a als Geheimlehre ist jedoch auch eine Weltanschauung, ein philosophisches System, und nicht etwa nur eine Folge ihrer geschichtlichen Rolle als oppositionelle Minderheit.

Zurück zur Frage, ob die Schi'a ein persisches Phänomen ist. Viele hätten es offenbar gern so, allen voran jene Araber, für die alle subversiven Ideen aus dem Ausland kommen, aus der nicht-arabischen Welt. Es gibt auch westliche Journalisten, die nichts von der Geschichte wissen, die schiitische Glaubensrichtung erst mit der iranischen Revolution entdeckt haben und nun ihr Millionenpublikum zu dem Irrtum verleiten, die Schi'a sei der Iran. Doch die Schi'a ist in erster Linie ein innerarabisches Phänomen, auch wenn Iraner und andere Nicht-Araber geistesgeschichtlich bedeutende Beiträge zu ihrer Entwicklung geleistet haben. Bei dem deutschen Orientalisten Adam Mez heißt es: »Daß die Schi'a nicht, wie man früher glaubte, eine Reaktion des iranischen Geistes gegen den Islam war ...«, wird »durch die geographische Verbreitung der Sekte im 10. Jahrhundert bestätigt. Noch an dessen Ende kann der Chwarezmi Babylonien als ihren klassischen Boden bezeichnen.« »Arabien dagegen war mit Ausnahme der Städte durchaus schiitisch ... in der Persis war die Schi'a nur auf den mit Babylonien und namentlich mit dem schiitischen Arabien in engen Beziehungen stehenden Küsten vertreten.«[15]

Das erste schiitische Staatswesen, das offen dem sunnitischen Kalifat in Bagdad den Rang streitig machte, entstand in Nordafrika und wurde dann im 10. Jahrhundert zum fatimidischen Kalifat in Ägypten. Weil sie sich auf Isma'il berief, einen der Nachkommen des Kalifen Ali, nannte man die Glaubensrichtung der ersten offiziellen schiitischen Gemeinschaft die Isma'ilija.[16]

Diese bedeutende Richtung innerhalb der Schi'a hat bis heute Bestand, ihre Anhänger finden sich überall in der muslimischen Welt, bei den Drusen im Libanon, an verschiedenen Orten Asiens und auch in Indien: etwa in Haiderabad und Bombay. (Im Westen hat eine dieser Gemeinden Berühmtheit erlangt, weil ihre Herrscherfamilie, die Aga Chane, in den vierziger Jahren eine Rolle in der Welt der Mode und des Films spielten – einer ihrer Nachkommen, Prinz Ali Chan, heiratete 1949 die Schauspielerin Rita Hayworth.)

Für die Abbasiden in Bagdad bedeutete es den Anfang ihres Niedergangs, als die Isma'ilija am Ende des 10. Jahrhunderts in Kairo das schiitische Gegenkalifat der Fatimiden begründete. Der Name wurde gewählt, weil die Dynastie ihre Abstammung von Fatima, der Tochter des Propheten herleitete.[17] Es ist natürlich eine Paradoxie, daß in einem streng patrilinearen System eine Frau zur Schlüsselfigur der Herrschaftsnachfolge erklärt wurde. Aber Fatima war nicht nur die Tochter des Propheten Mohammed, der keinen männlichen Erben hatte, weil alle seine Söhne im Kindesalter starben, sie war auch verheiratet mit Ali Ibn Abi Talib, dem Vetter des Propheten. Aus dieser Verbindung gingen zwei Söhne hervor, Hassan und Hussein, die den Schiiten als die einzig rechtmäßigen Nachkommen des Propheten gelten; nur wer von dieser Linie abstammt, darf sich als legitimer Herrscher der Muslime bezeichnen.[18]

Die Bedeutung Alis für die Schi'a ergibt sich aber nicht

nur aus seiner Abstammung, sondern auch aus den Umständen seines Todes: Ali starb als Märtyrer. Er war vom Kalifen Mu'awija um die Macht gebracht worden, und seine Ermordung war ein genau kalkulierter politischer Akt. Auch seine Kinder und deren Nachkommen wurden verfolgt. So erinnerte der Name Alis an den politischen Mordanschlag auf einen Unschuldigen, an ein Vergehen gegen die überlieferten Grundsätze von Gleichheit und Brüderlichkeit in der Gemeinschaft der Muslime. Ali wurde zu einer Symbolfigur, auf die sich alle berufen konnten, die sich schlecht behandelt und um ihre Rechte gebracht fühlten.[19]

Über Jahrhunderte berief sich der politische Widerstand gegen die Herrschenden in der Welt des Islam auf den *nassab*, die Abstammung vom Propheten. Die Schiiten gingen von der grundlegenden Vorstellung aus, daß ein gerechter Herrscher, wie der Prophet es war, allein aus der Linie Alis, seines nächsten Verwandten stammen könne. Nach Mohammeds Tod beriefen sich natürlich sämtliche Kalifen auf die Abstammung aus seiner Sippe, den Quraisch, aber die Verwandtschaftsgrade waren doch sehr unterschiedlich. Die Omaijaden hatten nur zwei Vorfahren mit dem Propheten gemein; die Abbasiden waren enger mit ihm verwandt, denn sie stammten von Abbas, seinem Onkel ab, so konnten sie immerhin vier gemeinsame Vorfahren aufweisen. Doch Ali war zweifach eng verwandt mit dem Propheten: zum einen als sein Vetter ersten Grades (sein Vater, Abu Talib, war der Bruder von Abd Allah, dem Vater Mohammeds) und zum anderen als sein Schwiegersohn, denn er war der Ehemann von Mohammeds Tochter Fatima und der Vater ihrer Söhne. Auf diese direkte Abkunft beriefen sich die Fatimiden in Kairo und begründeten damit die Legitimität eines Gegenkalifats, das endlich die gerechte Herrschaft auf Erden verwirklichen sollte – im Geiste der Schi'a.

Im 4. Jahrhundert nach der Hidschra war die Entstehung einer Gegenherrschaft, 909 im Maghreb und ein halbes Jahrhundert später (969) in Ägypten, das entscheidende politische Ereignis für die muslimische Welt. Die fatimidische Dynastie wurde von Ubaijd Allah Ibn Mohammed al-Habid Ibn Dsch'afar As-Siddiq (873–934) begründet, der auch als Ubaidallah oder al-Mahdi al-Fatimi bekannt ist. Er ergriff die Macht in Nordafrika, nachdem sein Chefpropagandist Abu Abdallah al-Hussein dort für ihn die *da'wa*, die, meist klandestine, Organisations- und Überzeugungsarbeit im Geiste des ismailitischen Schiismus betrieben und ihm geraten hatte, sich in diese Gegend zu begeben. Abu Abdallah war so berühmt für seine *da'wa*, daß er sich bald den Beinamen *asch-Schi'i* (der Schiite) erwarb. Über Jahre hinweg bereitete er in Nordafrika den Boden für das Auftreten des *mahdi* und die militärische Machtergreifung.[20] Die ersten Kontakte hatte er in Mekka geknüpft, zu den Berbern, die dort als Pilger erschienen, vor allem zum Stamm der Katama, die für ihren Freiheitswillen berühmt waren. Sie wurden die ersten Krieger des Schiismus im Maghreb und später die Speerspitze der fatimidischen Truppen. 893 reiste ›asch-Schi'i‹ nach Nordafrika und begann, die Botschaft von der baldigen Ankunft eines Imam zu verbreiten, der alles zum Besten wenden werde: *al mahdi al-muntazar*. Als allenthalben die Hoffnungen geweckt und die Erwartungen gespannt waren, ließ der Missionar seinem Imam, al-Mahdi al-Fatimi, der im Verborgenen lebte, die Nachricht zukommen, er möge sich nach Nordafrika begeben, wo man ihn begeistert aufnehmen werde.

Im Jahre 909 gab sich Ubaidallah in der Stadt Sidschilmassa, im Südwesten des Maghreb, als der Langerwartete zu erkennen, der Retter der Welt, der wahrmachen werde, was die anderen Kalifen nicht verwirklicht hatten: die gerechte Herrschaft im Geiste des Islam. Damit schien sich die revolutionäre Verheißung erfüllt zu haben, die irdische Umwälzung war nun eine Sache von wenigen Monaten: Am Beginn des Jahres 910 zog er in Kairouan ein und empfing die *bai'a*, die Huldigung, die ihn offiziell zum Herrscher machte, 912 gründete er die Stadt al-Mahdia, die ab 921 die Hauptstadt des neuen Reiches war.[21] Bis 969 hatten die fatimidischen Truppen Ägypten erobert. Der Maghreb war zu weit westlich, zu entlegen und isoliert gewesen – nun konnte die neue Dynastie in Kairo ihre Macht und ihre Pracht entfalten.

Seither gab es zwei Kalifen in der Welt des Islam – einen sunnitischen in Bagdad und einen schiitischen in Kairo. Unter anderem hatte das zur Folge, daß sich in vielen Regionen die einflußreichen Familien, die nach Unabhängigkeit strebten und nicht länger Steuern an die Zentralmacht in Bagdad zahlen wollten, zur Isma'ilija bekannten. Legitimiert durch die Behauptung ihrer Abkunft von Ali und Fatima, von der Familie des Propheten, herrschten die Fatimiden zwei Jahrhunderte lang, vom 10. Jahrhundert bis zum Ende des 12. Jahrhunderts (1171). Sie widerstanden den Angriffen der sunnitischen Macht, eroberten sunnitisches Territorium, und sie erlaubten den Gegnern des Kalifats in Bagdad, eigene Staaten zu begründen – so auch den Sulaihiden im Jemen. Natürlich war das ein schwerer Affront, und natürlich bestritten die höchsten Autoritäten der Religionswissenschaft in Bagdad die Legitimität der Fatimiden auf das heftigste. Ibn Al-Athir berichtet, daß einige sogar behaupteten, Ubaidallah sei ein Betrüger und in Wahrheit jüdischer Herkunft. Al-Athir, der Chronist des frühen 13. Jahrhunderts, kommt allerdings zu dem Schluß, der erste Fatimide sei sehr wohl ein Nachkomme Alis gewesen.[22]

Im 4. Jahrhundert nach der Hidschra bekamen also die

Schiiten, die ewigen Außenseiter, die Chance, ihr eigenes Kalifat zu errichten, das Ideal der gerechten Herrschaft unter dem lang ersehnten legitimen Imam zu verwirklichen. Doch, wie so viele revolutionäre Verheißungen, verwandelte sich der Traum vom idealen Gemeinwesen schon bald in einen Alptraum. Die nordafrikanische Bevölkerung, der die Ehre zugefallen war, an der Errichtung des ersten schiitischen Staates teilzuhaben, zeigte sich sehr rasch enttäuscht. Kaum ein halbes Jahrhundert nach dem großen Erfolg Ubaidallahs kam es in Mahdia und Kairouan zu Massakern an den Schiiten. Nun galten sie wieder als Fremde, man nannte sie *al-Maschariqa* (die Orientalen). Ibn al-Athir berichtet: »Viele Schiiten kamen ums Leben, oft verbrannten sie bei lebendigem Leibe, wenn ihre Häuser geplündert und angesteckt wurden. Überall in *al-Ifriqija* mußten sie um ihr Leben fürchten.«[23] Nach und nach eroberte die sunnitische Glaubensrichtung die Macht an den nordafrikanischen Küsten zurück, und sie hat sie seither nicht mehr abgegeben.

Das alles zeigt jedenfalls deutlich, daß die Schi'a nicht einfach als typisch persische Angelegenheit gelten kann. Erst am Beginn des 16. Jahrhunderts, als die Dynastie der Safawiden an die Macht kam, wurde die schiitische Glaubensrichtung in Persien zur Staatsreligion erklärt. Bereits im 10. und 11. Jahrhundert war allerdings im Irak ein persisches Herrscherhaus an der Macht, das sich zur Schi'a bekannte: die Bujiden. Aber sie suchten nie den Konflikt mit den sunnitischen Kalifen in Bagdad. Im Gegenteil, sie verhielten sich ehrerbietig und bezeugten ihnen allen Respekt.[24] Das geographische Zentrum der Schi'a war damals zweifellos der Irak, nicht zuletzt, weil sich dort, in der Stadt Kufa, das Grab des Kalifen Ali befindet. Auch Basra wurde ein wichtiger Ort für die schiitische Richtung. »Im 12. Jahrhundert hat Basra nicht weniger als 13 Kultstätten, die dem Andenken Alis gewidmet sind«, auch »Arabien war mit Ausnahme der Städte durchaus schiitisch.«[25]

Und immer wieder spielte der Jemen, spielten Jemeniten eine entscheidende Rolle in der Entwicklung der schiitischen Politik, neben Abu Abdallah al-Hussein, der den Erfolg der Schi'a im Maghreb organisiert hatte, war auch sein Zeitgenosse Ibn al-Fadl Hawschab eine zentrale Figur. Auf ihn berief sich Generationen später der *da'i* ar-Rawahi, der Ali as-Sulaihi in dessen jungen Jahren – ohne Wissen seiner Eltern – in die schiitische Lehre einwies. Durch Ali, den späteren Gatten der Königin Asma, gewann die Schi'a dann zwei bedeutende arabische Städte: Mekka und San'a.[26]

Zur Zeit der jemenitischen Königinnen Asma und Arwa erfolgte die Verbreitung der schiitischen Lehre längst nicht mehr durch die vereinzelten Sekten, die Unzufriedene und Benachteiligte versammelten. Ein mächtiger Staat nutzte seine Mittel: Im Namen der Familie des Propheten wurde in allen Ländern die Vernichtung des Sunnismus und seines Kalifats betrieben, und die Fäden liefen in Kairo zusammen. Im Gefolge der fatimidischen Herrschaft kam auch Ali as-Sulaihi an die Macht. Die Dynastie, die er begründete, regierte den Jemen ein Jahrhundert lang, von 1037 bis 1138. Ali war eingebunden in die fast militärische ›Kommandostruktur‹ der Isma'ilija. Aus Kairo hatte er genaue Anweisungen erhalten, wie er seinen politischen Aufstieg ins Werk setzen solle, wie die geheimen Vorbereitungen zu treffen seien, wieviele Personen er zu bestimmten Zeiten ins Vertrauen ziehen dürfe, wann der Augenblick gekommen sei, sich mit Waffengewalt die Macht zu sichern.[27]

Fünfzehn Jahre lang kannte man Ali as-Sulaihi nur als einen hochgebildeten Mann, der die Aufgabe übernommen hatte, die Pilgergruppen zu begleiten und zu betreuen, die alljährlich aus dem Jemen nach Mekka reisten. Nur wenige wußten, daß er seinem *schaich*, seinem Lehrer und Vorbild Ibn Abdallah ar-Rawahi an dessen Totenbett geschworen hatte, im Jemen die *da'wa*, die Verbreitung der schiitischen Lehre weiterzuführen.[28] Ar-Rawahi hatte die Aufgabe, die Sache der Fatimiden zu vertreten, von seinem *schaich* übernommen, Jussef Ibn Ahmad al-Aschah, dieser von Harun Ibn Rahim, der die *da'wa* wiederum von Dschafar, dem Sohn und Erben des Ibn al-Fadl Hawschab übertragen bekommen hatte.[29]

Das Zeitwort *da'a* bedeutet ›rufen, anrufen‹, oft im Sinne der Anrufung Gottes, das Hauptwort *du'a* steht daher auch einfach für ›Gottesdienst‹. Gemeint ist aber ebenso die dringende Aufforderung, der Versuch, zu überzeugen und zu überreden – vor allem die Verleitung zur Häresie. In Ibn Manzurs Wörterbuch aus dem 13. Jahrhundert wird ein *da'i* als eine Person bezeichnet, »die andere auffordert, ihr nachzufolgen, auf einem neuen Weg (*bid'a*), zu einem neuen Glauben (*din*).« Daher kommt auch die Nebenbedeutung »etwas vortäuschen (*idda'a asch-schaij*)«.[30] In der ismailitischen Richtung der Schi'a bezeichnete *da'i* einen der ›Grade‹ in der Geheimlehre. Ibn an-Nadim, dessen berühmtes Buch ›Al-fihrist‹ (eine Enzyklopädie, in der die Inhalte aller bedeutenden arabischen Bücher verzeichnet sind, die im 10. Jahrhundert bekannt waren) offenbar eine der wichtigsten Quellen zu diesem Thema ist, nennt sieben Stufen oder Grade: Die Lehre eines jeden Grades war in einem eigenen Buch enthalten, einer Art Lehrbuch für die Novizen. Das erste dieser Bücher, so berichtet Ibn an-Nadim, war für die *'amma*, für jedermann bestimmt, das nächste für die Fortgeschrittenen. Zum dritten Buch erhielt nur Zugang, wer der Glaubensgemeinschaft schon ein Jahr lang angehörte, zwei Jahre der Zugehörigkeit waren die

Voraussetzung für das vierte Buch, drei Jahre für das fünfte und vier Jahre für das sechste Buch. Erst wenn man soweit aufgerückt war, konnte man die Botschaft (*balagh*) des siebten Buches empfangen: die Zusammenführung des Vorherigen zur großen Erleuchtung (*al-kaschf al-Akbar*).[31] ›Kaschf‹ ist die Enthüllung des Geheimnisses, die Befähigung, den geheimen Sinn hinter dem äußeren Schein zu erkennen.[32] Von Dsch'afar as-Sadiq, dem sechsten schiitischen Imam, stammt der berühmte Ausspruch: »Unser Ziel ist ein Geheimnis im Geheimnis, das Geheimnis von etwas, das verhüllt bleibt, ein Geheimnis, das sich nur durch ein anderes Geheimnis erschließt; es ist das Geheimnis eines Geheimnisses, das durch ein Geheimnis verschlossen bleibt.«[33]

Die mehr oder minder geheime Einweisung, die Ali as-Sulaihi seit seiner Kinderzeit erhielt, illustriert die ismailitische Methode recht gut. Der Vater Alis war ein *qadi*, als Richter besaß er natürlich große Kenntnisse in der Koranwissenschaft. In der Bergregion Massar, in der jemenitischen Provinz Haraz, wo er sein Amt versah, war er eine der bekanntesten Persönlichkeiten. So machten ihm denn auch die religiösen Würdenträger der Gegend ihre Aufwartung, unter ihnen der schiitische *da'i* Amir Ibn Abdallah ar-Rawahi, der bald ein besonderes Interesse an Mohammeds kleinem Sohn Ali zeigte. Er spürte, daß dieses Kind besondere Gaben besaß. Welcher Glaubensrichtung Alis Vater angehörte, ist nicht eindeutig überliefert. Ibn Challikan meint, der Richter sei Sunnite gewesen, der hanbalitische Historiker Ibn Imad hingegen, ein geschworener Gegner der Schiiten, nennt ihn einen Mann mit »verdrehten Glaubensauffassungen«, was wohl heißen soll, er sei Schiite gewesen.[34]

Da es ar-Rawahi offenbar so großes Vergnügen bereitete,

sich um Ali zu kümmern, vereinbarte der Richter mit ihm, daß er als Hauslehrer das Kind in den Anfangsgründen der Religion unterrichten solle. Ar-Rawahi war überzeugt, daß dieses Kind ein auserwählter Mensch sei, den er erkannt habe, weil er im ›Kitab as-Suar‹ beschrieben war, einem kostbaren alten Buch, das den Blick in die Zukunft erlaubte. In ar-Rawahis Bibliothek gab es viele solcher Bücher; einige Jahre später sollten sie alle in den Besitz seines Schülers übergehen, in dem er den Erben seiner schiitischen Glaubensmission im Jemen erblickte.[35] Für ihn verkörperte dieses außergewöhnlich kluge Kind Ali die Zukunft der Schi'a in diesem Land. Und genau das vermittelte er seinem Schüler. Er machte Ali von Anfang an klar, daß er bestimmt sei, ein Heldenleben zu führen und den Jemen zu retten. Von alledem durfte der arglose Vater natürlich nichts erfahren. Doch als ar-Rawahi fühlte, daß sein Leben zu Ende ging, mußte er seinen Schüler einweihen, die Botschaft weitergeben. Also gab er sich eines Tages zu erkennen. Er erklärte Ali, daß er mit dem Auftrag gekommen war, die *da'wa* für die schiitische Glaubensrichtung zu betreiben, er setzte ihm die Prinzipien seiner theologischen Überzeugung (*madhhab*) auseinander, und er begann den Knaben, »der noch kein Mann war, in die Geheimnisse einzuweihen«.[36] Das Kind erwies sich dieses Vertrauens würdig: Ali bewahrte die geheimen Kenntnisse, die er von seinem Lehrer empfangen hatte. Er sprach mit niemandem darüber, nicht einmal mit seinem Vater. Kurz vor seinem Tod bestimmte ihn ar-Rawahi zum *wasij*, zum ›Bevollmächtigten‹ und Nachfolger in der Mission, und er vermachte ihm seine Bibliothek. Ali studierte die Bücher und »eignete sich alles Wissen der Isma'ilija an«.[37] Als Anhänger der Schi'a unterstand er nun dem fatimidischen Kalifen in Kairo. Ihm vertraute er denn auch seine politischen Absichten an; und bald galt er überall als brillanter Gelehrter und Kenner der schiitischen Theologie. Der Jemen erlebte damals bittere Glaubenskämpfe; die Menschen warteten auf einen Retter, auf den Imam, den die Überlieferung verhieß. Doch Ali widerstand der Versuchung: Er verzichtete auf den leichten Weg zum Ruhm und hielt sich an die Anweisung, seinen Aufstieg in aller Stille vorzubereiten, bis alles bereit war, bis er sicher sein konnte, daß der Augenblick gekommen war, hervorzutreten und der Welt seinen Plan und seinen Willen aufzuzwingen.

Aber die Zeit bis zur Stunde des Erfolgs war noch lang, und Ali, der hochgebildete Sohn eines Qadi, mußte eine Beschäftigung finden, die seinen Kenntnissen entsprach und ihn zugleich mit möglichst vielen Menschen in Berührung brachte, damit er seiner Mission gerecht werden konnte. Da erwies sich die Aufgabe, die Pilger nach Mekka zu führen, in jeder Hinsicht als ideale Lösung. Um die Pilgerkarawanen sicher und wohlbehalten aus dem Jemen nach Mekka und zurück zu bringen, mußte man die Fähigkeiten eines Gelehrten und eines Feldherrn vereinigen. Die Wege waren alles andere als sicher. Das Amt genoß hohes Ansehen und sicherte Ali ein Auskommen. Jedes Jahr brach er mit den Pilgern nach Mekka auf, in den langen sternhellen Nächten auf dem Weg zu den heiligen Stätten fand er genug Gelegenheit, die Menschen kennenzulernen und mit ihnen zu reden. So betrieb er fünfzehn Jahre lang heimliche »Werbung für den Kalifen Al-Mustansir, den Fatimiden, der die Macht über Ägypten besaß«.[38] Für jede Art von Propaganda war natürlich die jährliche Pilgerfahrt nach Mekka ein wichtiger Wirkungsbereich. Dieser Anlaß brachte ehrenwerte Gläubige aus vielen Ländern zusammen, er bot die Gelegenheit, im Zentrum der muslimischen Welt Nachrichten auszutauschen, Verträge und Bündnisse zu schließen.

Die fünfzehn Jahre, die Ali in seiner Doppelrolle als jeme-

nitischer *da'i* der Isma'ilija und Führer der Pilger zur geheimen Werbung nutzte, waren seine Vorarbeit für einen großen Coup: Er wollte nicht nur den Jemen für die Schi'a und
für die Fatimiden in Ägypten erobern, sondern auch Mekka.
Es steht außer Frage, daß »seine Entschlossenheit, seine
Klugheit, sein Mut und seine Beredsamkeit« jedermann
beeindruckte. Schon damals besaß er die Ausstrahlung eines
großen geistlichen Führers: »Man sagte, dieser Mann werde
den Jemen gewinnen, doch ihm ›mißfielen solche Gerüchte‹.«[39]

Erst 1035 hielt Ali den Augenblick für gekommen, »seine
Mission zu enthüllen, nachdem er zuvor vom Kalifen Al-
Mustansir die Erlaubnis erbeten und erhalten hatte«. Als
Missionar (*da'i*) war Ali as-Sulaihi auf die strenge Hierarchie der ismailitischen Schi'a verpflichtet. Er empfing seine
Anweisungen von der höchsten Autorität, dem ›Imam‹, der
zu dieser Zeit eben der fatimidische Herrscher über Ägypten
war. Unter den Sulaihiden wurde die *chutba* in den Moscheen des Jemen zunächst im Namen von Al-Mustansir
gesprochen, erst später im Namen der jemenitischen Herrscher und ihrer Ehefrauen. Sobald er befugt war, seinen
Auftrag und seine militärischen Ziele deutlich zu machen,
begann Ali, »das Land zu erobern, und er stürmte die Festungen, eine nach der anderen, mit unglaublicher Ge-
schwindigkeit«.[40] San'a erklärte er zu seiner Hauptstadt.
Doch erst die Eroberung Mekkas im Jahre 1064 machte ihn
berühmt über die Landesgrenzen hinaus. Ibn al-Athir nennt
als ein herausragendes Ereignis in der Chronik dieses Jahres, daß Ali as-Sulaihi, der Herrscher des Jemen, Mekka
genommen habe: »Er hat die Ordnung wiederhergestellt
und eine gute Verwaltung eingeführt. Er machte den Ungerechtigkeiten ein Ende, ordnete die Versorgung mit Lebens-
mitteln neu und beförderte die Wohlfahrt.«[41]

Im Verlauf weniger Monate zeigte Ali seine Fähigkeiten als Staatslenker und Heerführer. Auf eine solche Gestalt, mit der sich jedermann voller Stolz identifizieren konnte, hatte man im Jemen, der durch die Rivalitäten der Stämme gespalten war, lange gewartet. Ali war die Verkörperung des arabischen Führerideals. Er verband körperliche Stärke und Ausdauer, Kühnheit und Selbstvertrauen mit der geistigen Beweglichkeit jener Menschen, die nicht nur gebildet sind, sondern auch wissen, daß man sie schätzt und darum nicht das Bedürfnis haben, zu glänzen und andere auszustechen. Er brauchte keine Unterwürfigkeit, er konnte sich mit brillanten Gefolgsleuten umgeben, und sein Charisma zeigte sich nur um so deutlicher. Der Palast von San'a wurde bald zu seinem Ort der Begegnung, an dem sich die Führer der verfeindeten Stämme einfanden, um zu beratschlagen und ihre Meinung zu vertreten. Ali hatte sich an einen alten jemenitischen Brauch gehalten (der im übrigen bis zur Ausrufung der Republik im Jahre 1969 bestand) und alle besiegten Fürsten an seinen Hof berufen.[42] In der Hauptstadt San'a ließ er ihnen, nahe bei seiner Residenz, Paläste errichten, und er beteiligte sie an der Regierung des Reiches. Eine so friedliche Methode, sich der politischen Gegner zu entledigen, könnte man sich für die heutige Politik in der arabischen Welt nur wünschen.[43] Es dauerte kaum drei Jahre, und der Jemen hatte sich von einer Krisenregion in ein aufblühendes Land verwandelt, das man ungefährdet durchreisen konnte.

Im Jahre 1066 beschloß Ali, eine Reise anzutreten, die ihm sehr wichtig war und der Höhepunkt seiner Karriere werden sollte: eine glanzvolle Pilgerfahrt nach Mekka, die den Muslimen den Ruhm seiner Vorfahren ins Gedächtnis rufen sollte. Einst hatte der Prophet in Medina die Abgesandten aus San'a empfangen, die gekommen waren, um ihm den Treueid zu schwören. Unter all den Delegationen, die durch die staubigen Straßen Medinas schritten, war der Zug aus dem Jemen der prachtvollste: gekrönte Häupter, goldgeschmückte Reittiere und Mäntel aus traumhaft schönen Stoffen. Inzwischen war Mekka der Ort, den ein muslimischer Staatslenker aufsuchen mußte, um seine Größe vor aller Welt zu zeigen. Natürlich pilgerten auch einfache Gläubige nach Mekka, doch zu jener Zeit zogen oft Herrscher oder Erbprinzen mit einem ganzen Hofstaat an der Spitze ihrer Pilgerkarawane in die Stadt ein. Solchen Reisen gingen diplomatische und oft auch militärische Aktivitäten voraus. Der Weg führte ja durch fremde Länder, auch solche, zu denen keine freundlichen Beziehungen bestanden. Nicht nur die Versorgung der Reisegesellschaft, die wochenlang unterwegs war, mußte also genau geplant werden, auch ihre Sicherheit war ein logistisches Problem. Daß so ein höfischer Pilgerzug gesund und wohlbehalten in Mekka ankam, sagte bereits eine Menge über den Reichtum und die militärische Stärke eines Staates.

Für Ali as-Sulaihi schien das Jahr 1066 Glück und Erfüllung zu verheißen. Er konnte nicht ahnen, daß es ihm bestimmt war, in diesem Jahr den Tod zu finden. In den Augenblicken des Triumphes denkt man nicht an drohendes Unheil. Und Ali dachte sicher nicht an die Banu Nadschah, jene Herrscherfamilie von Sabid, die er nicht hatte unterwerfen können, obwohl er in diesem Fall sogar das Mittel des politischen Mordes nicht gescheut hatte. Die Nadschahiden stammten von äthiopischen Sklaven ab und hatten seit jeher eine erbitterte Fehde mit den Sulaihiden geführt.[44] Eroberungszüge der Äthiopier in den Jemen hatte es im Laufe der Jahrhunderte immer wieder gegeben, Händler und Krieger waren gekommen und gegangen. Sogar die Armee der Sulaihiden bestand zu einem großen Teil aus äthiopischen Soldaten.

Die Banu Nadschah konnten es Ali nicht verzeihen, daß er das Oberhaupt ihrer Familie ermorden ließ. Eine Sklavin aus San'a, deren Reizen der Stammesführer erlag, war von Ali mit dem Auftrag entsandt worden, ihn zu vergiften. Am Tag als der Mordanschlag ausgeführt wurde, schworen die Söhne Rache: vor allem Sajid Ibn Nadschah war es, der seither alle Schritte des mächtigen Sulaihiden verfolgte.

Er wußte auch, welche Route Ali wählen würde, als er, mit großem Gefolge und in Begleitung seiner Frau Asma, von San'a nach der heiligen Stadt Mekka aufbrach. Die Pilgerkarawane war beeindruckend, tausend Ritter bildeten die Begleitmannschaft – hundert aus der Sippe der Sulaihiden, fünfhundert äthiopische Krieger und sämtliche Fürsten des Jemen, die Ali unterworfen und für seine Ziele gewonnen hatte. Seine Frau Asma reiste in Begleitung ihres eigenen Hofstaats, wie es das Protokoll vorschrieb: Hunderte von kostbar gekleideten Sklavinnen umgaben sie. Die Regierungsgeschäfte hatte Ali seinem Sohn al-Mukarram übergeben, dem Ehemann der künftigen Königin Arwa.[45]

Der königliche Pilgerzug bewegte sich ohne Eile durch die Stille der Sandwüsten. Eines Tages wurde befohlen, nahe einer Wasserstelle mit dem Namen Bir Umm Ma'bad haltzumachen. Ali war es, der auf dieser Rast bestanden hatte. Seine Kenntnis der geschichtlichen Quellen führte ihn zu der (falschen) Annahme, daß, fünf Jahrhunderte zuvor, der Prophet in Umm Ma'bad gerastet habe. So wählte Ali selbst den Ort seines Todes. Sajid Ibn Nadschah war der Karawane den ganzen Weg über gefolgt, in großem Abstand, aber doch stets nah, wie es nur in der Wüste möglich ist. An der Wasserstelle tötete er den Mörder seines Vaters. Wie seltsam, daß der Tod einen Menschen an einem Ort seiner Träume ereilt, den er aufsucht, weil ihn die Erinnerungen bezaubern...

Als die Schreckensnachricht San'a erreichte, wußte niemand, was aus Asma, der geliebten Gattin des Herrschers geworden war. Sie schien spurlos verschwunden und alle Armeen, die auszogen, um sie zu finden und Rache zu nehmen an denen, die sie gefangen hielten, blieben ohne Erfolg. Als Asma dann endlich befreit wurde und nach San'a zurückkehrte, übernahm sie sogleich die Herrschaft. Ihr Sohn al-Mukarram fügte sich ihren Anordnungen. Und da er krank geworden war, setzte das Volk all seine Zukunftshoffnungen in seine Gattin Arwa.

8

Die Königinnen von Saba

Die Vorstellung, daß ein arabisches Volk von einer Frau
regiert wurde und dagegen nichts einzuwenden hatte, sondern die Herrscherin sogar verehrte, mag aus heutiger Sicht
bizarr wirken. Vielleicht sind die Männer in der modernen
arabischen Welt etwas überfordert, und deshalb greifen
verzweifelt zurück auf die symbolischen Handlungen. Sie
versuchen, den Frauen den Schleier zu verordnen, als könne
etwa auf diese Weise auch die katastophale Verschuldung
der Nationalökonomien weggezaubert werden. Die Jemeniten des 11. Jahrhunderts hatten offenbar wichtigeres zu tun,
als die Frauen zu verschleiern und ihre Stärke zu verleugnen.
Wenn man den geschichtlichen Quellen glaubt, scheinen sie
höchst zufrieden damit gewesen zu sein, daß ihre Frauen
sich öffentlich zeigten und einmischten, zu denken, zu reden
und zu entscheiden wußten und eine aktive Rolle in allen
Bereichen spielten. So ist es natürlich ein Vergnügen, diese
alten Chroniken ins Gedächtnis zu rufen. Sie zeigen, daß die
Idee gleichberechtigter Partnerschaft und gemeinsamer
Stärke durchaus keinen Verrat an der Tradition bedeutet
und keine bloße Nachahmung der Sitten des Abendlands,
das ja nun offenbar ein für allemal als Inbegriff der Ver-
derbtheit gelten soll.

Asma Bint Schihab as-Sulaihija kleidete die Macht recht
gut. Sie trug die Verantwortung mit der gleichen Eleganz
wie ihr Geschmeide. An der Seite ihres Mannes und in
Übereinstimmung mit ihm führte sie bis zu seinem Tode im
Jahre 1066 die Staatsgeschäfte des Königreichs. Als junge
Ehefrau, begeistert von der Ausstrahlung Ali as-Sulaihis,

war sie zunächst bereit gewesen, sich dem bescheidenen und zurückhaltenden Lebensstil zu fügen, wie er einem Schiiten auferlegt war, dem der schwierige Aufstieg zum Imamat gelingen sollte. Asma teilte alle Schwierigkeiten, die mit der Bewahrung der Geheimnisse verbunden waren. In den fünfzehn Jahren seiner Prüfung folgte sie Ali as-Sulaihi geduldig. Sie stützte ihn, sie glaubte an seine Größe und seine Aufgabe. Als Ali endlich die Herrschaft antreten durfte, machte er Asma ein königliches Geschenk. Er bekannte sich öffentlich zur gleichberechtigten Partnerschaft mit seiner Gattin, indem er auch ihren Namen beim Freitagsgebet nennen ließ – die höchste Ehrung, die eine Frau erlangen konnte. In den Moscheen des Jemen wurde seither nach dem Namen des fatimidischen Herrschers und dem Namen des jemenitischen Königs auch der Name seiner Frau Asma von den Gläubigen nachgesprochen: »Möge Allah al-Hurra, der Vollkommenen, ein langes Leben schenken, die sich um das Wohl der Gläubigen sorgt.«[1]

Asma bemühte sich, die Idee der Partnerschaft und der gemeinschaftlichen Machtausübung zu bewahren. Sie erzog ihren Sohn al-Mukarram in diesem Geiste; sie versuchte ihm beizubringen, daß ein Herrscher sich auf die Fähigkeiten seiner Gattin stützen muß, statt sie im Schatten des Harems verkümmern zu lassen. Und tatsächlich erhob auch al-Mukarram seine Ehefrau Arwa zur Partnerin und Mitregentin. Arwa Bint Ahmad as-Sulaihija regierte allerdings wesentlich länger als Asma: fast ein halbes Jahrhundert lang.

Die beiden Königinnen führten den Titel ›Al-Hurra‹ (die ›freie Frau‹, die niemandem zu gehorchen hat). Im Jemen hatte zuvor nur eine Frau diesen Titel getragen: ›Al-malika al-hurra alam‹, die in Sabid herrschte, der Nachbarstadt, die mit San'a seit jeher verfeindet war. ›Al-hurra alam‹

war eine Berühmtheit, man bewunderte ihren Aufstieg. Sie hatte als einfache Sklavin begonnen, die Mansur Ibn Nadschah, den Herrscher von Sabid, mit ihren Liedern erfreute. Doch bald zeigte sie sich als hochbegabte Politikerin. Mansur war »von ihren Kenntnissen und ihrer Klugheit so beeindruckt . . ., daß er ihr die Führung des Reiches überließ und keine Entscheidung traf, ohne sie um Rat zu fragen. Und sie erwies sich dieser Aufgabe gewachsen«. Auch nach dem Tod ihres Herrn und Gatten regierte ›Al-Hurra Alam‹ über Sabid. Aber das Freitagsgebet wurde nie in ihrem Namen gesprochen – das unterscheidet sie von Asma und Arwa.

Der Titel ›Al-Hurra‹ war ehrenvoll, aber offenbar nicht schwer zu erlangen. Überall im Westen der islamischen Welt, im Jemen, wie in Andalusien und im Maghreb, haben ihn Frauen getragen, die eine politische Rolle spielten. Die Jemeniten allerdings verliehen ihren Königinnen einen ganz einzigartigen Titel, sie nannten sie ›Bilqis as-Sughra‹ – die ›neue Königin von Saba‹.[2]

Eine muslimische Herrscherin als ›Königin von Saba‹ zu bezeichnen, ist einigermaßen ungewöhnlich: schließlich war die Königin von Saba eine Gestalt aus der finsteren vorislamischen Zeit, der *dschahilija*, als der Prophet Mohammed noch nicht erschienen war und die Menschheit die Botschaft des Koran noch nicht kannte.[3] Die islamische Zeitrechnung kennt im Grunde nur diese einfache Trennung von ›zuvor‹ und ›danach‹. Es gibt keine Zeitalter, wie Antike, Mittelalter, Renaissance und Neuzeit, sondern nur die Unterscheidung der dunklen ›Vorzeit‹ von jener ›Zeit danach‹, als die Menschen durch den Koran lernten, gut und böse zu erkennen. Die Königin von Saba gehört in die *dschahilija*, damit ist gewissermaßen das Urteil über sie schon gesprochen. Voller Stolz auf sie zu verweisen, muß daher als eine sehr fragwürdige Haltung gelten. Doch genau dies taten die Jemeniten, wenn sie von ihren Königinnen sprachen. Der jemenitische Historiker Muhammad ath-Thawr berichtet, daß »manche Dichter sich in ihrer Begeisterung zu der Behauptung verstiegen, der Thron Asmas erstrahle in noch größerem Glanz als einst der Thron der Königin von Saba«.[4] Schon der Name Asma bot den Poeten allerlei Anknüpfungspunkte für schöpferische Interpretation: Asma, einer der ältesten Frauennamen in Arabien, hat dieselbe Wurzel wie das Wort für Himmel – *sama*. Man denkt dabei an Erhabenheit, auch an Himmelfahrt.[5]

Die Königin Asma mit der Königin von Saba zu vergleichen, bedeutet zugleich eine Anspielung auf den Koran. Nur wenige Frauen spielen im Koran eine politisch bedeutsame Rolle, aber vom Zusammentreffen des Propheten Salomon mit der Königin von Saba wird in der 27. Sure (›Die Ameisen‹) ausführlich berichtet. Der 20. Vers beschreibt, wie Salomon »die Vögel Revue passieren ließ« (»als ein Zeichen von Gottes Huld« verstand er ihre Sprache) und das Fehlen des Wiedehopfs bemerkte. Der Wiedehopf erscheint bald darauf und rechtfertigt sein Fernbleiben so:

»›Ich habe etwas erfahren, was du nicht erfahren hast und bringe dir nun sichere Kunde von den Sabäern. Ich habe festgestellt, daß eine Frau über sie König ist, und daß sie allerlei bekommen hat, und daß sie einen gewaltigen Thron besitzt.‹«

Das ist der erste Auftritt der Königin von Saba im Koran. Sie erscheint in ihrer ganzen königlichen Würde. Doch der Wiedehopf weiß auch zu berichten, daß sie ihr Volk auf den Weg des Satans führe:

»›Und ich habe festgestellt, daß sie und ihr Volk vor der Sonne in Anbetung niederfallen, statt vor Gott. Der Satan hat ihnen ihre Handlungen im schönsten Licht erscheinen lassen und sie vom rechten Weg abgehalten.‹«

Im Koran endet die Erzählung damit, das Bilqis ihren Thron verliert. Ein *'ifrit*, ein Dämon, stiehlt ihn im Auftrag des Propheten Salomon. Doch die Königin, ihres weltlichen Besitzes beraubt, wird geistlich erhöht; sie schwört dem Aberglauben ab und unterwirft sich Gott und seinem Propheten Salomon:

»Sie sagte: ›Herr! Ich habe gegen mich selber gefrevelt. Ich ergebe mich nun zusammen mit Salomo dem Herrn der Menschen in aller Welt.‹«[6]

Der Text des Koran ist hier von wunderbarer Klarheit. Er läßt keinen Zweifel daran, daß es um den Thron geht, um die Übergabe des Thrones aus weiblicher in männliche Verfügung. Die Korankommentatoren waren offenbar besonders fasziniert von dieser Geschichte. Sie haben bei der Auslegung eine Menge Probleme gewälzt, die der Korantext souverän ignoriert. Vor allem die Frage, von welcher Art und von welcher Bedeutung dieser Thron der Königin gewesen sei, hat die Gelehrten stets beschäftigt. Obwohl ihn die bedauernswerte Königin doch zuletzt verlor, war es den Kommentatoren ein wichtiges Anliegen, die Größe dieses Herrschersitzes herunterzuspielen. Im Koran wird der Thron von Bilqis mit dem Adjektiv *adhim* beschrieben, was man als ›ausgezeichnet, hervorragend‹, auch als ›mächtig‹ übersetzen kann. Allerdings gibt es vielfältige Nuancen der Bedeutung. At-Tabari hatte eine besondere Idee, wie dieses Prädikat zurückzunehmen wäre. Er vertrat die Ansicht, das Beiwort *adhim* bezeichne weder die »stofflichen Eigenschaften« noch die Bedeutung dieses Thrones, sondern »vielmehr die Gefahr, die von ihm ausging«. Aber die Frage des materiellen Wertes ließ ihn doch nicht kalt: Der Thron soll aus Gold gewesen sein, geschmückt mit Perlen und Edelsteinen.[7]

Ein anderes Problem, das die Korangelehrten beschäftigte, obwohl es im Koran offenbar nicht der Rede wert war, ist der ›Familienstand‹ der Königin Bilqis. War sie schon verheiratet, als sie mit Salomon zusammentraf, oder war sie noch jungfräulich? Ibn Taifur, einer der alten Chronisten, verheiratet sie standesgemäß mit ihrem Vetter Bnu Zara.[8] Omar Kahhala, ein moderner Autor, der ein mehrbändiges Werk über die Frauen in der Politik verfaßt hat, fühlt sich veranlaßt, der jemenitischen Königin ein besonders gutes Führungszeugnis auszustellen: »Bilqis war eine sittenstrenge Frau; sie blieb unberührt. Die Männer interessierten sie nicht, so blieb sie Jungfrau, bis sie Salomon begegnete und ihn zum Gemahl nahm.«[9]

Hat sie Salomon wirklich geheiratet? Im Koran gibt es keinen Hinweis darauf – aber für solche Fragen sind ja die Chronisten und Korangelehrten zuständig. Mohammed al-Qannudschi zum Beispiel findet die Vorstellung ganz unannehmbar: »Ibn al-Mundhir behauptet, Salomon habe dann Bilqis geheiratet... Das ist eine höchst verwerfliche Behauptung.«[10] Al-Qannudschi mochte in seiner Vorstellung Salomon und Bilqis nicht zusammenbringen. Eine Frau auf dem Gipfel ihrer Macht entspricht wohl nicht dem Idealbild, das man sich heute von einer jungen Braut macht. Die Geschichtsschreiber hatten schon immer Probleme mit der Königin von Saba. Al-Mas'udi, ein Chronist des 10. Jahrhunderts, hielt ihre Abkunft für zweifelhaft und wartete mit der Geschichte auf, sie sei aus der Verbindung ihres Vaters mit einem *dschinn*, einem weiblichen Dämon, entsprungen. Eine Frau auf dem Thron, der ein ganzes Volk zu Füßen lag, mußte einfach übermenschliche Züge haben: »Es wird berichtet, daß die Geburt dieser Königin von wundersamen Umständen begleitet war. Es heißt nämlich, ihr Vater sei auf der Jagd auf zwei Schlangen getroffen, eine schwarze und eine weiße. Als er die schwarze Schlange getötet hatte, seien ihm zwei Geister erschienen, ein alter Mann und eine junge Frau; der Alte habe dem König seine Tochter unter gewissen Bedingungen zur Frau gegeben, und die Frucht dieser Verbindung sei Bilqis gewesen.« Nun ist Al-Mas'udi klug genug zu wissen, daß er nicht ohne weiteres mit einer solchen Geistergeschichte daherkommen kann, also fügt er entschuldigend hinzu: »Was uns angeht, so geben wir solche Berichte nur wieder, soweit sie sich in den Geschichtswerken finden und mit den Glaubensvorstellungen übereinstimmen, die uns das Religionsgesetz zu achten lehrt.«[11] Allerdings lehrt das Religionsgesetz in diesem Fall gar nichts, denn der Koran sieht keine Veranlassung, Vater oder Mutter der Königin von Saba zu erwähnen.

Bilqis hat sich gegen die Versuche der Historiker, sie herabzuwürdigen, recht gut behauptet. Im Reich der schöpferischen Phantasie – in der Literatur und Dichtkunst – regiert sie noch immer. Allerdings droht ihr nun Gefahr von den Archäologen, die beweisen wollen, daß sie in der Geschichte nicht existiert hat. In der Encyclopédie de l'Islam heißt es: »Was die häufig behandelte Episode des Besuchs der Königin von Saba bei Salomon angeht, so ist eines gewiß: Alles, was wir über Saba und Ma'in wissen, widerspricht der Annahme, es habe dort Königinnen gegeben.«[12] Soweit das Urteil der Gelehrten. Ist es also aus mit der legendären Macht der Bilqis? Vermutlich nicht, denn im Koran wird der Name Bilqis ja nicht genannt, dort ist nur von einer Königin die Rede, wörtlich einer ›Frau, der das Volk gehörte‹ (*imraatun mamlikuhum*).[13] Es waren Historiker wie Mas'udi und Korankommentatoren wie Tabari, die der namenlosen Herrscherin den Namen Bilqis verliehen haben.

Und Bilqis stammt aus den dunklen vorislamischen Zeiten, also wird sie uns aller Wissenschaft zum Trotz erhalten bleiben, solange ihre Legende lebt. Sie hat ihren Thron im Reich der arabischen Poesie, und auch die heutigen Dichter huldigen ihr, wenn sie den Zauber und den Glanz der Weiblichkeit beschwören möchten.

Den Jemeniten des 11. Jahrhunderts ist es erspart geblieben, die unverschämten Enthüllungen der ›Encyclopédie‹ zur Kenntnis nehmen zu müssen, und so war es Bilqis, mit der sie ihre Herrscherinnen verglichen. Asma und Arwa wurden aber auch mit dem Titel ›Malika Hazima‹ geehrt. Der Begriff *hazm* bezeichnet noch heute ein Ideal, dem jeder Politiker nahekommen möchte: »die Fähigkeit, sein Leben und seine Unternehmungen mit sicherer Hand zu führen … Wer als *hazim* seines Volkes bezeichnet wird, dem schreibt man die größte Erfahrung zu, die Fähigkeit, seine Vernunft zu gebrauchen und wohlerwogene Entscheidungen zu treffen.« So erläutert Ibn Manzur den Begriff in seinem ›Lissan al-Arab‹, und er macht deutlich, daß damit auch eine Art von ›demokratischer‹ Entscheidungsfindung gemeint ist. Eine Persönlichkeit, die als *hazim* gilt, wird niemals einsame Entscheidungen treffen, sondern zuvor die Meinung anderer hören und ins Kalkül einbeziehen. Zum besseren Verständnis fügt Ibn Manzur hinzu, daß das Wort *hizam*, ›der Gürtel‹, dieselbe Wurzel hat, und daß der Ausdruck ›sich gürten‹ sehr gut verdeutlicht, was gemeint ist.[14] In der arabischen Welt gilt *al-hazm* zweifellos, einst wie jetzt, als eine der größten Tugenden, vor allem in bezug auf die politische Führung. Mehr als ein Dichter hat sein Glück gemacht, indem er dieses Adjektiv auf einen Herrscher anwandte, dem er zu schmeicheln gedachte.

Etwas davon ist auch bei heutigen jemenitischen Historikern zu spüren. Muhammad ath-Thawr spart nicht mit Lobeshymnen auf die Königin Asma: »Sie gehörte zu den berühmtesten und überragendsten Frauen ihrer Zeit. Sie war freigiebig; und sie beherrschte die Kunst der Versdichtung... Die Dichter rühmten ihren Gatten as-Sulaihi, weil er sie zur Frau hatte... Als dieser ihre hervorragenden Eigenschaften erkannte, übertrug er ihr die Führung der Staatsgeschäfte. Selten traf er eine Entscheidung gegen ihren Willen... Er bezeugte ihr große Ehrerbietung und schätzte ihre Meinung stets höher als die der anderen...«[15]

Daß die jemenitische Bevölkerung und die vornehmen Familien ihrer Königin große Wertschätzung entgegenbrachten, wurde im Verlauf der Ereignisse nach dem Schicksalschlag deutlich, der ihr Herrscherpaar auf der Reise nach Mekka ereilte. Asma war ahnungslos wie alle, die an dieser Pilgerfahrt im Jahre 1066 teilnahmen. Daß die Reise, die so festlich begonnen hatte, ein so düsteres Ende an einer Wasserstelle namens Bir Umm Ma'bad finden sollte, konnte niemand voraussehen. Als die Karawane haltgemacht hatte und die königlichen Zelte aufgeschlagen waren, war die Königin noch eine Weile beschäftigt mit ihren Pflichten, sie bewegte sich unter ihrem Gefolge und den *dschawári*; ebenso hielt auch ihr Mann hof. Das alles war geregelt durch das höfische Protokoll. Ali as-Sulaihi stand vor seinem Zelt, im Gespräch mit seinem Bruder, als ihn der Tod ereilte. Und der Tod trug das Gesicht seiner äthiopischen Feinde, seines Gegners Sajid Ibn Nadschah, der gekommen war, um seinen Vater zu rächen. Sajid hatte nur siebzig Krieger mit sich geführt, aber das Lager geschickt umstellt – nach dem Attentat auf Ali dauerte es nur wenige Stunden, bis er die Karawane in seiner Gewalt hatte.

Alle sulaihidischen Würdenträger ließ er sofort umbringen – doch er hatte angeordnet, daß man ihm die Königin Asma lebend bringen solle. So wurde sie verschont – über ihr Schicksal wollte er erst bestimmen, nachdem er mit den Kriegern fertig war. Ali hatte fünftausend Soldaten mit auf die Reise genommen, um in Mekka vor den Pilgerscharen aus aller Welt einen großen Eindruck zu machen. Doch als er tot war, liefen sie zu Sajid Ibn Nadschah über, einfach weil sie allesamt Äthiopier waren und hofften, in Sabid unter einem Herrscher ihrer eigenen Rasse dienen zu können. Als der Sieg auf dem Schlachtfeld gesichert war, befahl Sajid, die Königin Asma in ein geheimes Verlies zu bringen. Und um ihr das ganze Ausmaß ihrer Niederlage deutlich zu machen, ließ er den abgeschlagenen Kopf ihres Gatten auf einem Pfahl vor ihrem Fenster aufpflanzen.

Asma blieb viele Monate in ihrem Gefängnis. Vergeblich versuchte sie, Nachrichten nach San'a zu ihrem Sohn al-Mukarram und seiner Gattin Arwa zu schicken. Man bewachte sie streng und sorgte dafür, daß ihr Aufenthalt nicht bekannt wurde. Erst nach fast einem Jahr gelang es ihr, al-Mukarram zu informieren.

Als die Nachricht in San'a bekannt wurde, versammelten sich die Mitglieder der führenden Familien und schworen al-Mukarram ihre Bereitschaft, »die Ehre ihrer gefangenen Königin wiederherzustellen«.[16] Unter der Führung von al-Mukarram zogen dreitausend zornig entschlossene Ritter aus San'a nach Sabid. In einer Schlacht von nur wenigen Stunden besiegten sie die zwanzigtausend äthiopischen Soldaten, die zur Verteidigung der Stadt aufgeboten waren. Beim Sturm auf Sabid eilte al-Mukarram allen voraus und begab sich in die labyrinthischen Gänge des Gefängnisses, in dem seine Mutter festgehalten wurde.[17] Als er endlich den Raum erreicht hatte, in dem seine Mutter auf Befreiung hoffte, entbot er ihr seinen Gruß und bat eintreten zu dürfen. Doch Asma zeigte sich abweisend. Sie wußte nicht, was sie von diesem Besucher in voller Rüstung halten sollte – al-

Mukarram hatte in der Eile nicht daran gedacht, seinen *mighfar* abzulegen, das Kettenhemd, das die Araber in der Schlacht trugen.[18]

»›Wer seid ihr?‹ fragte Asma.

›Ich bin Ahmad, Sohn des Ali‹, gab al-Mukarram zur Antwort.

›Ahmad, Sohn des Ali heißen viele unter den Arabern‹, erwiderte die Königin, immer noch mißtrauisch.«[19]

Nun hob al-Mukarram das Visier und zeigte sein Gesicht. Seine Mutter erkannte ihn, und da sie ihm in seiner Königswürde noch nicht begegnet war, erwies sie ihm die Ehre, die ihm als König zukam: »Willkommen al-Mukarram, unser Gebieter.« Diese förmliche Anrede, die ihm den tragischen Tod seines Vaters und die Last seiner neuen Würde ins Gedächtnis rief, und die Freude des Wiedersehens waren zuviel für al-Mukarram. Ein großer Schauer durchlief ihn. Er verließ das Gefängnis von Sabid als kranker Mann. Zeit seines Lebens blieb er halbseitig gelähmt.[20]

So kehrte die Königin Asma nach San'a zurück. Sie führte für den kranken al-Mukarram die Staatsgeschäfte, obwohl es einen Vetter des Königs gab, Saba Ibn Ahmad as-Sulaihi, der alt genug und befähigt war, die Macht zu übernehmen. Als Asma 1087 starb übergab al-Mukarram alle Vollmachten offiziell seiner Frau Arwa, über die schon sein Vater Ali gesagt hatte, sie sei »die einzige, die fähig ist, den Bestand unserer Dynastie zu sichern, falls uns etwas widerfährt«.[21]

Arwa hatte früh ihre Eltern verloren; sie lebte dann bei Ali, ihrem Onkel, im Palast von San'a. Asma war es, die über ihre Erziehung wachte.[22] So wuchs Arwa mit ihrem Vetter Ahmad al-Mukarram auf. Als sie sechzehn war heiratete sie ihn, eine prächtige Fürstenhochzeit wurde begangen. Als Brautgeschenk erhielt sie das Fürstentum Aden, sie kümmerte sich fortan um die Verwaltung, setzte Gouverneure ein und erhob Steuern.[23]

Arwa hatte zwei Söhne mit al-Mukarram, dennoch betrachtete man in San'a ganz selbstverständlich die Königin als die Erbin der Macht, in Fortsetzung der Tradition, daß die Regierung vom Herrscherpaar gemeinsam geführt wurde. Abermals erschallten die Namen eines Herrscherpaares beim Freitagsgebet in den Moscheen des Jemen.[24]

Im Unterschied zu Asma, die ihren Regierungsgeschäften unverschleiert nachgegangen war, trug die neue Königin bei der Ausübung ihrer Pflichten einen Schleier. Eine Konzession an die Tradition, doch eine selbstgewählte und klug bedachte: Arwa war eine junge schöne Frau von 34 Jahren, deren Ehemann krank lag, und sie hatte große militärische Pläne. Es galt einen entscheidenden Sieg zu erringen, um dem Jemen und der übrigen muslimischen Welt zu zeigen, daß die Macht der sulaihidischen Dynastie ungebrochen war – trotz aller Schicksalsschläge, die ihre Herrscher getroffen hatten. Und Arwa war sicher, daß dafür nur eines taugte: Sie wollte den Kopf von Sajid Ibn Nadschah, dem Mörder ihres Schwiegervaters. Sajid war noch am Leben, er war über das Meer entkommen, als al-Mukarram Sabid erobert hatte.[25]

Arwa verlegte zunächst den Regierungssitz von San'a nach Dschabala, einer kleinen Festung in den Bergen. Dorthin brachte sie ihren Gatten und alle Schätze der Sulaihiden, bevor sie begann, eine Reihe von Abkommen und Allianzen zu schließen, um das Netz um Sajid Ibn Nadschah enger zu ziehen. Im folgenden Jahr (1088) gelang es ihren Truppen, Ibn Nadschah in der Gegend von Dschabala zu überwältigen. Sie hatte das Gerücht verbreiten lassen, ihre Verbündeten würden von ihr abfallen, wenn es zum Kampf käme, ja, sie hatte die Verbündeten sogar gebeten, Ibn Nadschah glauben zu machen, er könne Dschabala angreifen, ohne mit ihrem Eingreifen rechnen zu müssen. Ibn Nadschah ging in die Falle. Als er besiegt und getötet war, brachte man seine Frau, Umm al-Maarik als Gefangene zu Arwa. Diese verfügte, daß man Sajid Ibn Nadschah den Kopf abschlagen und ihn auf einem Pfahl vor dem Gefängnis seiner Frau aufpflanzen solle, damit sie ihn sehe, so wie zuvor die Königin Asma den Kopf Alis ansehen mußte.[26] Vom Mitgefühl unter Frauen kann hier offensichtlich nicht die Rede sein. Al-Hurra Arwa zeigt sich als Politikerin, die dem Ritual der Vergeltung folgt und ihrem Gegner Ibn Nadschah an Grausamkeit nicht nachsteht.

In der Politik, im Unterschied zu Poesie und Gesangskunst, kam den Frauen nicht die Rolle zu, besonders zart und kultiviert aufzutreten. Jassin al-Chatib, ein Historiker des 18. Jahrhunderts, beschreibt Arwa als Herrscherin, die »die Kunst der Staats- und Kriegführung vollkommen beherrschte«.[27] Und al-Alawi, ein moderner Autor, ergänzt: »eine hochintelligente und fähige Frau...«[28] Auch Az-Zirikali ist der Meinung, Arwa sei »eine außerordentlich fähige und zur Führung begabte Herrscherin« gewesen. Zeugnisse ihrer Herrschaft sind auch berühmte Bauten, wie etwa die große Moschee von San'a und die Straße nach Samarra. Sie soll auch religiöse und kulturelle Anliegen gefördert, der Geistlichkeit und den Lehrern erhebliche Geldmittel bewilligt haben.[29]

Aber die Aufmerksamkeit der Chronisten richtete sich vor allem auch auf ihre geistliche Führungsrolle, ihre Förderung der missionarischen Bestrebungen der Schi'a in Asien. Az-Zirikali rechnet sie sogar zu den »führenden Gestalten der Isma'ilija«[30], andere Autoren sind vorsichtiger und unterscheiden zwischen der weltlichen Macht, die al-Mukarram an Arwa übergeben, und der geistlichen Führung, die er seinem Vetter Saba übertragen hatte. Bei ath-Thawr heißt es, al-Mukarram habe seinen Missionsauftrag, den Titel *da'i*, an Saba weitergegeben.[31] Es steht jedenfalls fest, daß sich in der Herrschaftszeit Arwas der ismailitische Schiismus auf dem indischen Subkontinent ausbreitete, vor allem in den Regionen von Bombay und Gujarat, und daß es Missionare aus dem Jemen waren, die dies bewirkten.[32] Das Land hatte aufgrund seiner geographischen Lage schon seit den alt-sabäischen Zeiten direkte Handelsbeziehungen mit Indien gepflegt. Auf den alten Handelswegen kamen auch die neuen Ideen des Islam ins Land.

Ob Arwa tatsächlich die schiitische Mission gefördert hat, ist letztlich von zweitrangiger Bedeutung – daß sie der Schi'a eng verbunden war, steht allerdings außer Frage. Sie verdankte ihre Macht dem Triumph eines der berühmtesten Zweige dieser Glaubensrichtung. In jener Epoche neigte sich die Waage der Macht zugunsten dieser Auffassung des Islam, die zuvor stets von den sunnitischen Herrschern unterdrückt worden war. Nur im Rahmen der großen schiitischen Offensive, die von den Fatimiden ausging, konnte die sulaihidische Dynastie die Macht ergreifen.

Ihre Befähigung und ihre militärischen Erfolge bewahrten Arwa jedoch nicht davor, benachteiligt zu werden, weil sie eine Frau war. Sie bekam es mit einem zu tun, der mächtiger war als sie, mit dem obersten Imam, ihrem höchsten Herrn in der Hierarchie der ismailitischen Schi'a, dem Kalifen Al-Mustansir in Kairo. Nach dem Tod ihres Gatten kam es zur ersten Konfrontation. Wer auch immer die Macht ausüben wollte, mußte bekanntlich um den Segen des Kalifen bitten. Nun handelte es sich in diesem Fall um einen schiitischen Kalifen, und da die Schiiten im revolutionären Ruf standen, die Armen und Ausgeschlossenen zu verteidigen, könnte man meinen, daß auch ihre Haltung in bezug auf die Frauen und ihre politischen Rechte hätte eine andere sein müssen als die der sunnitischen Kalifen in Bagdad, die den Frauen grundsätzlich den Zugang zur Macht verwehrten. Al-Mustansir gehörte dem Herrschergeschlecht der Fatimiden an, die ihre Legitimität ja selbst von einer Frau bezogen, von Fatima der Tochter des Propheten. Auch dies hätte ein Grund sein können, eine andere, eine weniger frauenfeindliche Haltung einzunehmen.

Gegen die besondere Verehrung, die Fatima zuteil wurde, haben verschiedene sunnitische Kalifen Stellung genommen. Sie vertraten die Meinung, zur genealogischen Legitimierung politischer Macht könne man sich keinesfalls auf eine Frau berufen, denn die Frauen hätten grundsätzlich kein Anrecht auf das ›Große Imamat‹, die politische und geistliche Führung eines Gemeinwesens.

Die Frage verweist auch auf die anfangs erwähnte Ausnahme: In der arabischen Welt genossen nur die Königinnen des Jemen das Vorrecht, daß ihr Name beim Freitagsgebet genannt wurde – lag es daran, daß sie der schiitischen Glaubensrichtung angehörten, oder gab es eher ethnokulturelle Gründe? War die besondere Tradition weiblicher Macht in Südarabien entscheidend?

Wie verhielt sich also der schiitische Kalif, als es darum ging, die Herrschaft einer Frau über ein Volk zu legitimieren? Arwa machte ihre bitteren Erfahrungen mit der schiitischen Hierarchie. Zu Lebzeiten ihres Gatten hatte sie mit seiner Zustimmung die weltliche Macht ausgeübt. Aber al-Mukarram blieb der geistliche Führer, er war Träger der *da'wa*, des ismailitischen Missionsauftrags für den Jemen, und insofern bezog er seine Legitimität vom achten Fatimidenkalifen in Ägypten, von al-Mustansir, dem Imam, dem Führer der Gläubigen. Auch die schiitische Herrscherin Arwa mußte sich also dem Willen dieses höchsten geistlichen Würdenträgers fügen. In der Schi'a gilt der Imam als *masum*, als unfehlbar. Für die Sunniten ist allein Gott unfehlbar, diese Eigenschaft einem Menschen zuzusprechen, erscheint ihnen als Blasphemie.[33]

Gegen die Entscheidungen des Kalifen al-Mustansir konnte die Königin Arwa also nicht aufbegehren. Er hatte ihren Vorgängern Ali as-Sulaihi und al-Mukarram den Segen gegeben; er allein war befugt, auch über Arwas Legitimität zu entscheiden.

Auf die Situation nach dem Tod von al-Mukarram reagierte der Kalif al-Mustansir allerdings genauso, wie es ein sunnitischer Kalif getan hätte. Er war dagegen, daß Arwa nun offiziell die ganze Macht übernahm, und schickte ihr Gesandte, die sie bewegen sollten, sich zu verheiraten und ihren Einfluß auf die Unterstützung ihres Gatten zu beschränken. Direkt nach dem Ableben al-Mukarrams hatte er dessen Vetter Saba Ibn Ahmad zum Nachfolger ernannt. Mit ihm vermählte sich Arwa schließlich, doch über die genauen Umstände dieser Verbindung gehen die historischen Quellen stark auseinander.

So wird zum Beispiel die Ansicht vertreten, al-Mustansir habe eine genaue Verteilung der Zuständigkeiten vorgenommen: Arwa sei die *wasija* (der ›Regierungsauftrag‹), Saba die *da'wa* zuerkannt worden. Das würde bedeuten, daß Arwa in ihrem Amt als weltliche Herrscherin bestätigt wurde, Saba hingegen das missionarische Erbe als geistlicher Führer der Ismailiten im Jemen antrat.[34] Andere Historiker beschränken sich auf die Feststellung, daß al-Mustansir den *'ahd* mit Saba geschlossen habe, ohne zu erläutern, was dies politisch bedeutete.[35] *Ahd* heißt Vertrag, Pakt, Übereinkommen – gemeint sind vor allem die politischen Absprachen, die bei der Regelung der Herrschaftsnachfolge getroffen werden. *Ahd* heißt also auch ›Testament‹, das wird deutlich in der arabischen Bezeichnung des ›Alten und Neuen Testaments‹: *Al-'ahd al-'atiq* und *Al-'ahd al-dscha-did*.[36]

Was auch immer dieser *'ahd* zwischen al-Mustansir und Saba Ibn Ahmad bedeutet haben mag, Arwa übte die weltliche Macht (*al-mulk*), trotz aller Bedenken des Kalifen, bis zu ihrem Tod im Jahre 1138 aus – fast ein halbes Jahrhundert lang.[37] Aber sie mußte sich mit al-Mustansir arrangieren. Manche Chronisten meinen, er habe ihr die Heirat mit Saba Ibn Ahmad befohlen, in einem Brief mit dem Wortlaut: »Ich habe Euch dem *amir al-umara* Saba zur Ehefrau gegeben.«[38] Andere behaupten, Saba selbst habe Arwa sechs Monate nach dem Tod ihres Mannes um ihre Hand gebeten, und sie habe eingewilligt.[39] Wieder andere berichten, sie habe dieses Ansinnen zurückgewiesen – und daraufhin sei Saba in seiner Eitelkeit so gekränkt gewesen, daß er Arwa in ihrer Festung Dschabala belagerte. Er habe ihren Bruder Ibn Amir vorgeschickt, um sie umzustimmen: Dieser habe ihr erklärt, der Kalif al-Mustansir persönlich wünsche ihre Verbindung mit Saba, dem neuen *da'i* der Jemeniten, und er sei bereit, die ungeheure Summe von hunderttausend Dinaren (Goldmünzen) als Mitgift zu zahlen, nur um die leidige Nachfolgefrage im Jemen zu bereinigen.[40]

Vielleicht ließ sich Arwa durch all die Argumente und Drohungen zum Einlenken bewegen: Sie heiratete Saba. Manche Chronisten behaupten, die Ehe sei nie ›vollzogen‹ worden, andere erklären das Gegenteil, verweisen aber darauf, daß sie kinderlos geblieben sei.[41]

Die Verbindung dauerte elf Jahre – bis zu Sabas Tod. Arwa regierte weiter, auch ohne die Legitimation durch einen Gatten. Sie verließ sich auf die Ratschläge ihrer Minister und gab offenbar nicht viel auf die Anordnungen des Kalifen.

Nach dem Tod al-Mustansirs begann die Macht der Fatimiden in Ägypten zu verfallen. Es gab Auseinandersetzungen um die Nachfolge. Al-Mustansir hatte Nizar, seinen ältesten Sohn, zum Nachfolger bestimmt, aber dieser wurde entmachtet und später ermordet. Sein Bruder al-Musta'li ließ sich zum Kalifen in Kairo ausrufen. Außerhalb Ägyptens empfand man diese Machtergreifung als unrechtmäßig: »Bis heute gilt den Ismailiten nur Nizar als rechtmäßiger Imam.«[42] Für das ägyptische Kalifat bedeutete diese Spaltung eine erhebliche Schwächung, einige Provinzen des Fatimidenreiches weigerten sich, al-Musta'li anzuerkennen.

Arwa hielt Kairo die Treue. Ihr hatte es al-Musta'li zu verdanken, daß er nicht nur vom Jemen, sondern auch von den Ismailiten in Indien, die unter jemenitischem Einfluß standen, als Kalif anerkannt wurde.[43] Doch al-Musta'li zeigte keine Dankbarkeit, sondern entsandte Nadschib ad-Dawla, einen seiner Gefolgsleute, nach dem Jemen. Dieser versuchte 1119, Arwa die Macht zu entreißen. Er ging davon aus, daß sie zu alt sei und an Rückhalt in der Bevölkerung verloren habe, doch er erlebte eine große Überraschung. Die Jemeniten verehrten ihre Königin noch immer und wünschten keinen anderen Herrscher. Armee und Bevölkerung verteidigten Arwa und traten gegen den Abgesandten des Kalifen an. »Als Nadschib ad-Dawla al-Hurra den Krieg erklärte, um ihr die Macht zu entreißen, wurde ihr von der Mehrheit der Emire eine solche Unterstützung zuteil, daß er seinen Plan aufgeben mußte.«[44] Arwa behielt die Macht, und trotz der Feindschaft des Kalifen regierte sie den Jemen weitere zwanzig Jahre lang, bis zu ihrem Tod im Jahre 1138. Und sie starb eines natürlichen Todes – eine große Ausnahme unter den arabischen Herrschern.

Arwa und Asma regierten den Jemen, sie besaßen das

Vertrauen der vornehmen Familien und der Bevölkerung des Landes, und es wurde sogar die *chutba* in ihrem Namen gesprochen. Aus der Tatsache, daß der Jemen der schiitischen Glaubensrichtung angehörte, läßt sich das wohl kaum erklären, die Haltung der schiitischen Herrscher in der Frage der Mitwirkung von Frauen in der Politik bietet dazu keinen Anlaß. Eher spielte die regionale kulturelle Tradition eine Rolle, im Jemen waren die Frauen offenbar seit jeher in der politischen Öffentlichkeit akzeptiert.

Die Geschichte zeigt, daß zwischen Sunniten und Schiiten, bei allen Differenzen, in Hinblick auf die politischen Rechte der Frauen Einigkeit herrschte. Sunnitische wie schiitische Kalifen wollten keine Frau an der Spitze eines muslimischen Gemeinwesens sehen. Auch die unterschiedlichen Auffassungen der Rolle Fatimas, der Tochter des Propheten, könnten als ein Paradebeispiel dafür dienen, wie die ›Frauenfrage‹ nach Maßgabe der jeweiligen Interessen abgehandelt wurde. Der Islam der Paläste, der Islam der Politiker ist sehr wandelbar. Die Kalifen und Rechtsgelehrten wußten stets, wie man den *Islam rissala*, die im Koran niedergelegte heilige Botschaft des Propheten, umzudeuten hatte. Wenn den Schiiten zur Begründung eines Herrscherhauses die Legitimität der Abstammung von Fatima nötig schien, dann fanden sie auch geistliche Autoritäten, die für die theologische Absicherung sorgten. Und wenn man im Palast der sunnitischen Herrscher in Bagdad zu dem Schluß kam, eine Frau dürfe keine Legitimität der Macht stiften, dann bereitete es den Theologen auch keine Schwierigkeit, die passenden Aussagen aus dem Text herauszulesen. Die fatimidischen Kalifen hatten lediglich das Problem, daß sie in dieser Frage zwei unvereinbare Standpunkte beziehen mußten: Solange es um die prinzipielle Entscheidung ging, ob eine Frau in der

Genealogie der Herrschaft akzeptiert werden könne, betonten sie die politische Bedeutung ihrer Ahnfrau Fatima. Aber sobald es um die Rolle von Frauen auf der zeitgenössischen Bühne der Politik ging, nahmen sie eine andere Haltung ein. Daß Arwa berechtigt und befähigt sein sollte, ein schiitisches Staatswesen zu führen, war für sie unannehmbar.

Wer sich für die Rolle der Frauen in der muslimischen Politik interessiert, findet in der Geschichte der Fatimiden ein interessantes Forschungsgebiet. Unter anderen, aber eher noch ungewöhnlicheren Umständen kam es dazu, daß eine fatimidische Prinzessin kurze Zeit den Platz des Kalifen einnahm und dann vier Jahre lang all seine Aufgaben in der Führung des Reiches versah: Sitt al-Mulk übernahm im Jahre 1021 die Macht in Kairo, nachdem der Imam, ihr Bruder al-Hakim, der verrückte Kalif, der sich eines Tages zum Gott erklärt hatte, auf geheimnisvolle Weise verschwunden war.

Die Geschichte von Sitt al-Mulk, der ›Herrin von Kairo‹ ist faszinierend und exemplarisch. Hier ging es nicht mehr allein um die weltliche Macht, wie sie zum Beispiel Arwa besaß, sondern die Umstände versetzten eine Frau in die Lage, das Undenkbare zu tun: den Platz des Kalifen einzunehmen. Sicherlich ist das ein Sonderfall. Der Platz der Frauen war der Harem, daß eine von ihnen plötzlich den Kalifenthron im Handstreich besetzte, durfte eigentlich nicht wahr sein. Für die Vertreter der Macht existierte Sitt al-Mulk überhaupt nicht, selbstverständlich wurde ihr Name niemals beim Freitagsgebet genannt.

Die Chronisten nennen sie stets *hazima*, doch nach den wenigen Monaten, in denen sie die ganze Macht besaß, beschloß diese Herrin von Kairo, sich zurückzuziehen und verdeckt zu regieren.

9
Die Herrin von Kairo

Sitt al-Mulk mußte ihren Namen nicht mit einem Titel schmücken – er bedeutet ›Herrin der Macht‹. Auch um die Gunst von Kalifen hatte sie nicht zu kämpfen, sie war ihr seit ihrer Geburt zuteil geworden. Sitt al-Mulk kam in einem Fatimidenpalast zur Welt, und sie war stets umgeben von Mächtigen, die fasziniert waren von ihrer außergewöhnlichen Schönheit und Klugheit. Doch, Fluch oder Bestimmung, unter den Kalifen, die ihr schmeichelten, fand sie keinen Gatten, sie blieb an den Familienclan gebunden. Ihr Vater, der Kalif al-Aziz, hatte sie verwöhnt und umschmeichelt, später quälte sie ihr Bruder, der Kalif al-Hakim, mit seiner Eifersucht wie ein Liebhaber. Und im Namen eines dritten Kalifen, ihres Neffen adh-Dhahir regierte sie schließlich vier Jahre lang das Reich, von 1021 bis 1024. Dieser Imam war noch ein Kind, den Beinamen adh-Dhahir, ›der öffentlich Sichtbare‹, ›der Offenkundige‹[1], hatte er auf Betreiben Sitt al-Mulks erhalten, die nach dem heiligen Gesetz ›die Unsichtbare‹ bleiben mußte. Sein Name, nicht der ihre, wurde beim Freitagsgebet genannt. Und doch war sie es, die das Reich führte, und sie »erwies sich als außergewöhnlich fähig, vor allem in Fragen des Rechts, was ihr die Liebe des Volkes eintrug«.[2]

Die Fatimiden hatten in Ägypten als Vertreter des schiitischen Aufbegehrens die Macht ergriffen. Damals denunzierten sie den Prunk der Abbasiden als Zeichen der Dekadenz und propagierten Schlichtheit und Askese. Doch schon bald umgaben sie sich mit einer Pracht, wie die muslimische Welt sie noch nicht gesehen hatte. Auch Sitt al-Mulk stand, wie der ganzen Herrscherfamilie, das *chizanat al-kisswa* zur Verfügung, das ihr Großvater eingerichtet hatte, eine Art Warenhaus der Dynastie. Die besten Handwerker waren dort beschäftigt, zum Beispiel mit der Anfertigung jener leuchtenden Kleider, die in der schiitischen Kosmogonie eine wichtige Rolle spielten. Die Fatimiden trugen Weiß, um sich gegen das Schwarz der Prunkgewänder abzusetzen, die von den Abbasiden-Kalifen bei offiziellen Anlässen getragen wurden. Aber um dem fatimidischen Weiß die rechte Wirkung zu verleihen, sparte man nicht mit Gold- und Silberstickereien und reichem Besatz von Edelsteinen, in denen der Glanz Gottes widerscheinen sollte.[3]

Sitt al-Mulk wurde geboren, als die Fatimiden sich auf dem Höhepunkt ihrer Macht befanden, in ihr spiegelte sich die Größe und die Pracht des Herrschergeschlechts. Zweifellos war sie eine der schönsten fatimidischen Prinzessinnen, die Hände geschmückt mit den Kleinodien der Dynastie, die Haut gesalbt mit wohlriechenden Essenzen, gekleidet in die prächtigsten Gewänder aus Seide, Leinen und Brokat. Hunderte von *dschawári* müssen ihr zu Diensten gewesen sein, nur um ihre Schönheit besorgt.

Ihr Vater, der fünfte fatimidische Kalif al-Aziz, ließ zwei der schönsten Paläste Kairos bauen: den goldenen Palast (*qasr adh-dhahab*) und den Meerpalast (*qasr al-bahr*). An der Planung des Meerpalastes waren die bedeutendsten Astrologen des Reiches beteiligt, es ging darum, den Sternen nahe zu sein. In diesem Palast, der »im Morgenland und im Abendland nicht seinesgleichen hatte«, verbrachte Sitt al-Mulk ihre Kindheit.[4] Eine glückliche Kindheit, denn ihr Vater liebte ihre Mutter sehr, so sehr, daß es sogar zu politischen Konflikten kam. Die Mutter von Sitt al-Mulk war eine Sklavin aus Byzanz, die nicht daran dachte, ihren christlichen Glauben zu verleugnen. Doch der schiitische

Kalif und Imam befand sich genaugenommen im andauernden Heiligen Krieg mit den byzantinischen *rum*, daher betrachteten viele mit Mißtrauen das innige Verhältnis, das er mit einer Sklavin aus dem feindlichen Lager pflegte.[5] Ohnehin stand al-Aziz im Ruf »gern und oft Gnade walten zu lassen«.[6] Seine Politik der Glaubenstoleranz kam den Nicht-Muslimen im Reich zugute: unter seiner Herrschaft konnten Juden und Christen in die höchsten Ämter gelangen. Daß sie eine entscheidende Rolle in der Politik spielten, weckte natürlich auch Neid, und die Glaubensfanatiker am Hof des Kalifen, die seine ökumenischen und freisinnigen Vorstellungen nicht teilten, machten ihm darum schwere Vorhaltungen.[7] Al-Aziz hatte den Christen Isa Ibn Nasturus zum Wesir ernannt und den Juden Manscha zum Statthalter in Syrien eingesetzt. Die Strenggläubigen äußerten ihre Empörung darüber, daß solche Machtstellungen an Nicht-Muslime vergeben wurden.[8]

Doch al-Aziz verteidigte seine Vorstellungen von einer Politik der Toleranz, und in diesem Geist wurde auch seine Tochter erzogen. Sitt al-Mulk stammte ja selbst aus einer ›Mischehe‹, aus der Verbindung des Imam mit einer christlichen Sklavin. Und sie bekannte sich zu dieser doppelten, gebrochenen Identität: Mit dem nachfolgenden Kalifen, ihrem Bruder al-Hakim, führte sie einen Streit auf Leben und Tod, weil sie sich für zwei Christen einsetzte, ihre Onkel Arsenius und Aristes, die wegen ihres Glaubens ihre einflußreichen Posten zu verlieren drohten.

Die muslimischen Geschichtsschreiber haben stets betont, daß die Größe eines Kalifen an seiner Toleranz zu messen sei, an seiner Fähigkeit, Blutvergießen zu vermeiden. Und alle sind sich einig, daß al-Aziz ein außergewöhnlicher Herrscher war und daß die einundzwanzig Jahre seiner Amtszeit als eine glückliche Periode gelten können. Ibn

Challikan beschreibt ihn als »großzügig, mutig und milde, denn er war rasch bereit, Gnade walten zu lassen«.[9]

Sitt al-Mulk lernte früh den Umgang mit der Macht. Ihr Vater ermutigte sie, ihre Meinung zu sagen. Schon in ihrer Jugend war sie gewohnt, daß ihre Ansichten in den Beratungen etwas galten. So blieb es auch nach dem Tod ihres Vaters. Ihr Bruder al-Hakim war sechzehn Jahre jünger als sie, auch er wuchs in jenem Palast auf, der sich zum Fluß hin öffnete und in dem Offenheit herrschte. Nichts deutete darauf hin, daß aus diesem Kind ein Mann werden sollte, der Ägypten in Abgründe von Mord und Wahn stürzte. Kairo erlebte seine Thronbesteigung ohne zu ahnen, daß mit dem Kinderlächeln des neuen Kalifen der Schrecken Einzug in die Stadt hielt.

Denn al-Hakim war noch ein Kind an jenem 7. Oktober 996, als sein Erzieher, der Eunuche al-Ustad Burdschwan, plötzlich zu ihm kam, sich vor ihm niederwarf, den Boden vor seinen Füßen küßte und murmelte: »*As-Salam'ala Amir al-Mu'minin*«.[10] Durch einen Unfall im Badehaus war der Kalif al-Aziz, erst zweiundvierzig Jahre alt, zu Tode gekommen, und die Militärführer und Würdenträger hatten es sehr eilig, die Nachfolge zu regeln. Kaum eine Stunde nachdem die Nachricht eingetroffen war, ließen sie al-Hakim die *darra'a*, das Herrschergewand anlegen. So sah die Bevölkerung von Kairo bei Sonnenuntergang den Leichenzug des Kalifen, und hinter dem Leichnam wurde unübersehbar der königliche Sonnenschirm mitgeführt, unter dem ein Kind von elf Jahren saß, gekleidet in ein einfaches Gewand, auf dem Kopf einen edelsteinbesetzten Turban, ein Schwert an der Seite und in der Hand eine Lanze. Die Fahnen wehten, die Ausrufer zogen durch die Stadt und machten die Nachricht vom Tode des Kalifen und der Thronbesteigung seines Sohnes bekannt, mit jener klassischen Formel, in der auch

196

die Angst zum Ausdruck kommt, die alle erfaßte, wenn ein Machtwechsel stattfand: »Allah der Allerhöchste schützt euer Gut und euer Leben.«[11] Aber niemand ahnte, welchen Irrsinn und Schrecken die Stadt von diesem perlengeschmückten Kind mit dem erstaunten Blick zu erwarten hatte.

In den Jahren seiner Herrschaft erwies sich al-Hakim als höchst exzentrische Persönlichkeit. Kairo litt unter seinen öffentlichen Willkürakten, und Sitt al-Mulk mußte seine private Eifersucht erdulden. Er war besessen von der Idee, daß sie Liebhaber haben müsse, sehr viele Liebhaber natürlich, und er glaubte sie überall aufzuspüren, vor allem unter den höchsten Generälen seiner Armee. Vielleicht war der plötzliche Tod seines Vaters und die unverhoffte Last der Königswürde eine zu frühe Prüfung für ihn, die seinen Geist verwirrte. Die Kette der Ereignisse schien seither der unausweichlichen Logik von Alpträumen zu folgen – bis zu jener Nacht im Frühjahr 1021, als der Kalif al-Hakim auf rätselhafte Weise verschwand.

Nun kann ein Kalif nicht einfach verschwinden. Natürlich gibt es eine Reihe von möglichen Todesarten: Der Kalif kann friedlich im Bett sterben (was selten vorkam), oder er stirbt als Held in einer Schlacht; er kann einen frommen Tod auf der Pilgerfahrt nach Mekka erleiden oder einer Palastintrige zum Opfer fallen. Aber auf sein ›Verschwinden‹ waren die Gläubigen nicht gefaßt. Die Mehrheit der ägyptischen Bevölkerung fand sich schließlich mit dem ungewöhnlichen Ereignis ab und machte sich ihren Reim darauf, aber eine Minderheit glaubt bis heute an die ›Wiederkehr‹ al-Hakims: die Drusen, die wegen dieser sektiererischen Haltung aus Ägypten fliehen mußten und heute vor allem im Libanon leben.

Zunächst kursierten verschiedene Versionen über das

Verschwinden des Herrschers, doch in einem Punkt stimmten sie überein. Man wußte ja, daß der Kalif sich nicht um das Protokoll scherte, daß er immer wieder allein ausging, vor allem zur Nachtzeit. Und so glaubten wohl viele, daß al-Hakim ein Opfer seiner exzentrischen Gewohnheiten geworden war. »Er pflegte zu übertreiben. An einem Samstag zeigte er sich nicht weniger als sechsmal in der Öffentlichkeit. Beim ersten Mal zu Pferde, dann auf einem Esel und dann in einer Sänfte getragen. Beim vierten Mal sah man ihn in einem Boot auf dem Nil – er trug bei dieser Gelegenheit nicht einmal seinen Turban.«[12]

Daß die Macht der Gestirne al-Hakim faszinierte, war bekannt, und daran konnte man nichts Ungewöhnliches finden. Alle ismailitischen Imame hatten sich mit der Astronomie beschäftigt. Für sie war es eine Einweihung in die Geheimnisse, eine Wissenschaft und eine Zerstreuung, sich mit der Sterndeutung (*ilm an-nadschum*) zu beschäftigen, die von Anfang an eine wichtige Rolle in der Politik der Isma'ilija spielte. Man glaubte an den »Kreislauf der Zeiten« und wollte das »himmlische Schauspiel« enträtseln, um die irdischen Ereignisse zu erklären.[13]

Selbstverständlich war auch al-Hakim als fatimidischer Erbprinz in der Mathematik und der Sternkunde unterrichtet worden. Doch damit allein konnte sein ausgeprägter Hang zu nächtlichen Exkursionen nicht erklärt werden. In Kairo war man bald der Ansicht, er könne einfach keinen Schlaf finden. Das hätte auch seine Anordnung verständlich gemacht, die Hunde der Stadt zu töten – weil ihr Gebell ihn störte. Tatsächlich hatte al-Hakim im Jahre 1004 nicht nur in Kairo den Hunden den Krieg erklärt, sondern entsprechende Anweisungen an alle Statthalter in den ägyptischen Provinzen erteilt.[14] Al-Maqrizi berichtet: »Wo man einen Hund erblickte, auf dem Markt, in den kleinen Gassen oder auf den großen Straßen, wurde er sofort getötet.«[15] Und er fügt hinzu: »Es lohnt nicht, nach dem Sinn solcher Anordnungen des Kalifen al-Hakim zu fragen. Die Träume, die ihn beherrschten, werden wir nicht ergründen.«[16]

Schon 999, als er erst vierzehn Jahre alt war, hatte al-Hakim begonnen, seinen Herrscherpflichten des Nachts nachzukommen, indem er den Termin für die offiziellen Versammlungen (*medschlis*) verlegte. Er wollte, daß »die *medschlis* zur Nachtzeit stattfinden sollten, und alle staatlichen Würdenträger mußten sich fügen«. Doch nach einigen Sitzungen verlor er das Interesse und begann statt dessen nächtliche Umzüge zu veranstalten. Anfangs geschah dies mit großem höfischem Gepränge, und auch das Volk von Kairo fand Gefallen daran, des Nachts auszugehen: »Im Jahre 1000 ritt al-Hakim Nacht für Nacht durch die Straßen und Gassen, und die Leute übertrafen sich selbst mit Fackeln und Dekorationen. Sie gaben viel Geld für Speisen, Getränke, Musik und Unterhaltung aus und vergnügten sich dergestalt über jedes Maß hinaus.«[17] Al-Hakim hatte auch die Handwerker und Händler angewiesen, des Nachts zu arbeiten und ihre Läden offen zu halten, damit er im hell erleuchteten und belebten Kairo spazierengehen konnte.

Doch die nächtliche Pracht fand ein plötzliches Ende, als der Kalif in einer Zeit der Trockenheit und Mißernten beschloß, sich der Askese zu verschreiben. Nun zog er gegen ›die Ausschweifung‹ zu Felde. »Da verbot al-Hakim der Bevölkerung, in der Öffentlichkeit Musik zu machen und in Booten zu fahren. Er untersagte den Verkauf berauschender Getränke und gestattete keinem, sich vor Anbruch des Tages oder nach Einbruch der Nacht auf die Straße zu begeben.«[18] Alles was Vergnügen bereiten konnte, war dem Kalifen ein Greuel, und er zählte die Frauen dazu. Mit ihnen beschäftigte er sich in obsessiver Manier. Eine lange Reihe von Verboten zielte darauf, sie aus dem täglichen Leben zu verbannen, sie unsichtbar zu machen, ihre Existenz zu leugnen. Was mit einem nächtlichen Ausgehverbot begonnen hatte, endete damit, daß die Frauen ein Leben in Gefangenschaft führen mußten. Al-Hakim verbot ihnen sowohl das Lachen und die Vergnügungen als auch das Weinen. Bei Beerdigungen war ihnen nicht einmal Schluchzen erlaubt. »Den Frauen wurde der Besuch der Gräber untersagt, und man sah an den Festtagen keine einzige Frau mehr auf den Friedhöfen.«[19] Andere Maßnahmen bezogen sich auf die Kleidung der Frauen: Sie »durften auf der Straße oder bei einem Begräbnis ihr Gesicht nicht mehr enthüllen und sich nicht herausputzen«. Da es in der Macht al-Hakims stand zu bestimmen was ›Putz‹ sei, wurden immer wieder Frauen auf der Straße angehalten und festgenommen. So spitzte sich die Situation weiter zu, bis zu jener Verordnung, die ganz deutlich machte, worin die Logik aller Maßnahmen bestand: die Frauen wurden eingeschlossen. »Den Frauen verbot er, auf die Straße zu gehen, und man sah keine einzige Frau mehr auf den Straßen. Die Frauenbäder wurden geschlossen, und man untersagte den Schuhmachern, Frauenschuhe herzustellen, was zur Einstellung der Arbeit in ihren Werkstätten führte.«[20]

»Sieben Jahre und sieben Monate, bis zum Tod al-Hakims, blieben die Frauen Gefangene und setzten den Fuß nicht mehr auf die Straße«, heißt es bei Ibn al-Imad.[21] »Das Volk war über diese Art von Anordnung höchst aufgebracht«, berichtet Ibn al-Athir, und nicht alle Frauen fanden sich still mit ihrem Schicksal ab: »Manche verließen trotz des Verbots das Haus... viele wurden getötet.«[22]

Verbote und Anordnungen galten nicht nur den Frauen, die Liste war lang und umfaßte sogar so unschuldige Dinge wie Obst und Gemüse: Weil Aischa und al-Mu'awija, die

200

ersten Gegner der Schiiten, ihren Geschmack geschätzt haben sollen, ließ al-Hakim den Verkauf der *muluchija* verbieten, eines Blattgemüses, das bis heute in Ägypten sehr beliebt ist. Damit nicht genug: auch die Lupine, einige Arten von Muscheln und alle Fische ohne Schuppen waren nicht mehr erlaubt, ebenso Trauben und Rosinen, aus denen Wein gekeltert werden konnte. Man vernichtete alle Vorräte, in großen Mengen wurden die verbotenen Nahrungsmittel verbrannt oder in den Nil geschüttet.[23]

Die Einhaltung dieser Gebote mußte ständig gewaltsam durchgesetzt werden, auf Übertretungen stand die Todesstrafe. Also fanden auch immer wieder öffentliche Hinrichtungen statt. Überdies hatte die Bevölkerung andere Plagen zu erdulden. Eine anhaltende Trockenheit ließ den Wasserspiegel des Nils erheblich absinken, es war kaum noch möglich, die Versorgung der Hauptstadt zu gewährleisten. Hinzu kam die Teuerung, der Brotverkauf wurde rationiert, immer wieder brachen ›Brotrevolten‹ aus.[24] Al-Hakim reagierte auf solche Probleme nicht nur mit Steuererhöhungen, er beschäftigte auch eine Armee von Informanten und Spionen, die ihn nicht nur über alle Übertretungen seiner neuen Gesetze informieren sollten, sondern vor allem die Persönlichkeiten am Hof überwachten.

Die Reihe seiner Willkürakte war lang, erwähnenswert ist noch, daß er mit der Tradition der Toleranz brach, die alle Angehörigen anderer Religionen, vor allem die Juden und Christen, unter den Schutz des Kalifen stellte – sie hatten stets als *dhimmi*, als ›Geschützte‹ gegolten. Doch al-Hakim hielt sich nicht daran: Er verbot ihnen, Wein zu kaufen und zu trinken, er verbot ihnen den Gottesdienst, er ließ ihre Kirchen niederreißen und die Friedhöfe einebnen. Um sich der Verfolgung zu entziehen, sahen sich viele Christen und Juden gezwungen, zum Islam überzutreten.[25]

Der Kalif hatte seine Gewohnheit wieder aufgenommen, bei Tag und Nacht umherzustreifen. Oft sah man ihn allein und verloren, bekleidet mit einem einfachen Gewand aus Wolle. Er hatte sich die Haare lang wachsen lassen und trug den Turban nicht mehr, jenes Symbol der fatimidischen Macht. Man wußte von seinen Gewalttätigkeiten, und so suchten alle den Schatten der Gassen, wenn sie seine traurige Gestalt sahen. Er irrte einsam umher – Ausdruck der völligen Entfremdung zwischen dem Herrscher und seinen Untertanen, die er doch hätte ins Paradies führen sollen.

Die Rolle von Sitt al-Mulk im inneren Kreis der Macht gab dem Volk Anlaß zur Hoffnung. Natürlich wußte man in Kairo Bescheid über die Vorgänge im Palast. Tausende von Handwerkern, Sklaven und Dienern, die dort beschäftigt waren, verbreiteten Nachrichten und Gerüchte. Also war auch bekannt, daß Sitt al-Mulk viele Male vergeblich versucht hatte, ihren Bruder zur Vernunft zu bringen, ihn aus dem Bann seiner Wahnvorstellungen zu lösen und ihn vor allem dem Einfluß der schiitischen Eiferer zu entziehen, die ihn umgaben.

Im Kairo der Fatimiden gab es unzählige schiitische Missionare mit extremen Ansichten. Sie waren geachtet, wie die Astrologen und Mathematiker. Doch unter ihnen spielte der *da'i* Hamza Ibn Ali eine Ausnahmerolle. Seit er zu den engen Beratern des Kalifen gehörte, schwand der Einfluß von Sitt al-Mulk auf ihren Bruder. Hamza Ibn Ali gelang es, al-Hakim noch weiter in die Abgründe des Wahns zu stoßen, ihm alle Allmachtträume glaubhaft zu machen.

Wir werden nie erfahren, was den Kalifen al-Hakim gequält und getrieben hat, aber wir wissen, welches Mittel gegen alle Ängste Hamza Ibn Ali ihm anriet: Er brachte ihn dazu, sich von den Muslimen wie ein Gott verehren zu lassen.[26] Al-Hakim verfiel der Wahnidee, die keinem Sterblichen ganz fremd ist: die Endlichkeit des eigenen Lebens zu verleugnen und sich für unsterblich zu halten. Die Verkündigung der Gottgleichheit des Kalifen erfolgte mit dem angemessenen Zeremoniell in den Moscheen, zahlreiche Schriftgelehrte wurden zur Rechtfertigung bemüht. Von nun an galt das Gebot, daß jedermann »sich niederwerfen und den Boden küssen mußte ... sobald (al-Hakims) Name ausgesprochen wurde, sei es bei einer öffentlichen Versammlung, sei es in der Moschee oder sogar auf der Straße«.[27] All das erregte in der Bevölkerung großes Mißfallen, man war der Meinung, der Kalif sei zu weit gegangen und man schulde ihm keinen Gehorsam mehr. Schmähbriefe wurden in den Palast geschickt, auf den Häuserwänden erschienen Spottverse auf den göttlichen Fatimiden und Beleidigungen seiner Vorfahren. Die Lage spitzte sich zu, es kam zu Rebellionen, und schließlich entsandte der Kalif seine Truppen nach Fustat (heute die Altstadt Kairos) und ließ die Stadt in Brand stecken und plündern.[28]

Nach alledem war es nicht völlig unbegreiflich, daß al-Hakim von einem seiner nächtlichen Ausritte nicht zurückkehrte. Er hatte sich Feinde genug gemacht, als Mörder kamen viele in Frage. Wie erwähnt, kursierten zunächst zahlreiche Gerüchte über die Gründe und Umstände seines Verschwindens. Der genaue Hergang ist nie aufgeklärt worden. Unter den verschiedenen Versionen, die von den Chronisten überliefert wurden, gilt die Schilderung Ibn al-Athirs als die allgemein anerkannte: »In der Nacht des Montags, zwei Nächte vor dem Ende des Monats Schawal 411 (13. Februar 1021) verschwand al-Hakim bi-Amr Allah Abu Ali Mansur, der Herrscher Ägyptens, und niemand wußte etwas über seinen Verbleib. Er verschwand, weil er, wie es seine Gewohnheit war, des Nachts ausging ... In Begleitung zweier Schildknappen hatte er sich in die Gegend östlich von Hiluwan begeben... Man zog aus, um seine Spur zu finden und suchte bis zum Ende des Schawal. Am dritten des folgenden Monats ritt ein Trupp von Edlen aus dem Palast unter der Führung des al-Mudaffar as-Saqlabi ... nach Hiluwan und erstieg dort die Berghänge ... Sie entdeckten den Esel, den al-Hakim geritten hatte. Das Tier trug Spuren von Schwerthieben an den Vorderläufen; es war noch immer gesattelt. Indem sie seinen Spuren folgten, fanden sie al-Hakims Kleider..., die von Messerstichen zerfetzt waren. Der Trupp kehrte zurück, und niemand zweifelte mehr an (al-Hakims) Tod und daran, wer ihn bewirkt hatte...«[29]

Tatsächlich waren in Kairo Gerüchte im Umlauf gewesen, die von einer großen Eifersuchtsszene zwischen Sitt al-Mulk und ihrem Bruder berichteten. Es hieß, er habe ihre Ehre beleidigt, sie der Unzucht bezichtigt und gedroht, er werde sie und ihre Liebhaber töten lassen.[30] So sind sich auch die Chronisten einig, daß für die Ermordung des Kalifen seine Schwester verantwortlich war. Sie soll sich bei einem geheimen Treffen mit Ibn Daus, einem der mächtigen Generäle aus dem Gefolge al-Hakims (der ihn zu ihren Liebhabern rechnete) arrangiert haben: »Bei dieser Zusammenkunft habe sie dem General einen Handel vorgeschlagen: er solle für die Ermordung des Kalifen sorgen, dann werde sie die Macht mit ihm teilen.«[31]

Gegen die allgemeine Ansicht, es habe sich um einen Brudermord gehandelt, vertritt allein al-Maqrizi eine andere Meinung. Für ihn war es ein Königsmord: »Es heißt, seine Schwester habe ihn getötet, doch das ist nicht wahr.« Al-Maqrizi ist allerdings ein Historiker von Rang, sein ›Al-Chitat‹ gilt bis heute als eines der bedeutendsten und eindruckvollsten Werke über die Herrschaft der Fatimiden. Er verweist auf eine andere Chronik: »Al-Musabbihi berichtet, im Muharram des Jahres 415 (April 1024) sei ein Mann aus der Familie Husains festgenommen worden, der im fernsten Oberägypten einen Aufstand angezettelt hatte, und dieser habe behauptet, al-Hakim bi-Amr Allah getötet zu haben. Er sagte, sie seien zu viert gewesen und alle in verschiedene Länder geflohen. Er zeigte ein Stück von al-Hakims Kopfhaut und ein Stück seines Kopftuchs. Als man ihn fragte: ›Warum hast du ihn getötet?‹ erwiderte er: ›Aus Sorge für Gott und den Islam.‹ Als man ihn fragte: ›Wie hast du ihn getötet?‹ zog er einen Dolch heraus, stieß in sich ins Herz, tötete sich selbst und sagte: ›So habe ich ihn getötet.‹ (...) Das ist der wahre Hergang des Mordes an al-Hakim und nicht die Geschichte, seine Schwester habe ihn getötet, welche man im Osten erzählt.«[32]

Die Nachricht vom Verschwinden des Kalifen versetzte Kairo zwar nicht in Erstaunen, aber zunächst doch in Angst. Al-Hakim war unberechenbar, dem einfachen Volk waren seine Handlungen immer unverständlich geblieben. Vielleicht hatte er nur beschlossen, sich für einige Tage in die Wüste zurückzuziehen: »Er ritt oft in die Wüste hinaus, wobei er an den Füßen nur Sandalen und auf dem Kopf nur ein Tuch trug.«[33] So herrschte in Kairo zunächst gespannte Ruhe – die Stadt hielt den Atem an. Sitt al-Mulk organisierte die Suche nach ihrem verschwundenen Bruder, tagelang durchstreiften Soldaten und andere Suchtrupps Kairo und die Orte in der Umgebung, die al-Hakim oft aufgesucht hatte. Und obwohl viele der Meinung waren, Sitt al-Mulk sei für den Tod des Kalifen verantwortlich, hielten alle still – das Militär wie das Volk. Normalerweise bedeutet der plötzliche Tod eines Herrschers Unruhen, eine Situation, in der die *fitna*, das Chaos droht. Die Mächtigen, die *ahl al-ichtijar*, haben es dann eilig, die Nachfolgefrage zu regeln, damit ihre Pläne nicht durch

Volksaufstände gestört werden. Man versucht, den Tod des Kalifen geheim zu halten, bis der Nachfolger bestimmt ist.

Doch in diesem Frühjahr 1021 ergab sich eine ganz ungewöhnliche Situation. Die *fuqaha*, die Korangelehrten, die eigentlich im Falle eines ›Machtvakuums‹ für alle Beschlüsse zuständig sind, und die Unruhe in der Gemeinschaft der Gläubigen verhindern sollen, waren auf den besonderen Umstand nicht eingerichtet, daß der Kalif als verrückt gelten konnte. Wahnsinn eines Herrschers gehört nämlich zu den Bedingungen, unter denen die Gläubigen die *bai'a* aufkündigen können, den Treueid, der sie zum Gehorsam gegen den Imam verpflichtet.

Und so wurde das Unmögliche möglich, daß das Amt des Kalifen in aller Stille vom Bruder auf die Schwester überging, die bald darauf auch als Machthaberin bestätigt wurde. Als al-Hakim verschwand, war sein Sohn adh-Dhahir noch ein Kind, das nach den Bestimmungen der Schari'a offiziell keinen Anspruch auf die Macht erheben konnte. Unter den außergewöhnlichen Umständen ließ man die Vorschriften und das Protokoll außer acht, vielleicht hatte auch Ibn Daus, der ›starke Mann‹ im Reich, das seine getan, um die geistlichen Würdenträger so weit zu bringen – jedenfalls einigte man sich darauf, daß es vernünftig sei, Sitt al-Mulk zur Regentin zu machen.

Nachdem man adh-Dhahir den Herrscherturban aufgesetzt hatte und im Palast und in der Stadt die Ordnung wiederhergestellt war, konnte sich Sitt al-Mulk einem Problem zuwenden, das immer dringlicher wurde: Sie mußte sich des Generals Ibn Daus entledigen, der ihr Geheimnis kannte und fähig war, sie zu erpressen. So lernte sie, daß ein politischer Mord zum nächsten führt, daß dieses Räderwerk, einmal in Gang gesetzt, nicht leicht zum Stillstand zu bringen ist. Ibn Daus und seine Helfer bei der Verschwörung gegen al-Hakim mußten sterben. Sitt al-Mulk entschied sich für ein öffentliches Attentat. Während einer Versammlung der Wesire und Notabeln ließ sie Wachen in den Raum stürmen, die Ibn Daus beschuldigten, »unsern Herrn, den Kalifen« umgebracht zu haben, und ihn dann vor aller Augen töteten.

Nach dieser ›Säuberungsaktion‹ war ihre Regentschaft offenbar nicht mehr gefährdet. Die Herrscherin wählte fähige Minister[34], und es gelang ihr, in den vier Jahren ihrer Regierung, das Reich zu innerem Frieden und Wohlstand zu führen.

Sitt al-Mulk war eine Ausnahme von der Regel. Bedingt durch die außergewöhnlichen Umstände, die zu einem ›Machtvakuum‹ führten, konnte es ihr gelingen, in den Monaten nach dem Verschwinden des Kalifen dessen Platz einzunehmen und seine Funktionen auszuüben und dann als Regentin das Reich zu regieren. Keiner anderen Frau ist dies je gelungen. Doch selbst diese fatimidische Herrscherin wagte nicht zu fordern, daß die *chutba* in ihrem Namen gesprochen werde. Gewiß hat sie davon geträumt, aber sie gehörte zum inneren Kreis der Mächtigen des Kalifats und wußte sehr genau, was es bedeutete, im Harem zu leben: das strenge Prinzip der Verhüllung, den Schleier. Ihre Geschichte bestätigt noch einmal, daß sich Sunniten und Schiiten in bezug auf die Rechte der Frauen einig waren: Das ›große Imamat‹, die Staatsführung, steht den Frauen nicht zu. Es zeigt den Ausnahmezustand, den Verfall der Ordnung an, wenn es einer Frau gelingt, diese Stellung zu erringen. Frauen haben prinzipiell keinen Platz in der Politik, also stehen ihnen auch nicht die politischen Rechte der Männer zu.

Wenn Frauen die Grenzen, die *hudud*, überschreiten, um

im fremden Terrain, im Herrschaftsraum des Kalifats aufzutreten, dann müssen sie sich bedeckt halten, verschleiert bleiben. Hier wird der Schleier zur Maske, das erinnert an Schauspielerei und ist beunruhigender als das Verschwinden oder der Tod. Das Prinzip der Verschleierung dient dem Zweck, Menschen wie Abwesende zu behandeln, die doch körperlich anwesend sind. Die ›Verschwundenen‹ und die Toten sind nicht mehr da, obwohl sie mehr oder minder gegenwärtig sein können, die verschleierten Frauen aber sind weder tot noch ›verschwunden‹, sie sind ›da‹ und betrachten das Geschehen mit aufmerksamen Augen.

Nicht daß Sitt al-Mulk den Thron Ägyptens tatsächlich besetzte, war das Problem, sondern ihr Souveränitätsanspruch als Frau. Eigentlich hätte dieser Anspruch in der Nennung ihres Namens beim Freitagsgebet Ausdruck finden müssen. Die weibliche Intelligenz hat den arabischen Mann nie in Schrecken versetzt. Im Gegenteil: Eine kluge Frau gilt als bewundernswert, das zeigt sich nicht zuletzt darin, daß in der arabischen Welt, nach kaum dreißig Jahren der Schulpflicht für Mädchen, eine große Zahl von Frauen an den Universitäten tätig ist. Schwierigkeiten ergeben sich erst dann, wenn eine Frau ihren eigenen Willen behauptet.

Die Intelligenz läßt sich in fremde Dienste nehmen, der eigene Wille nicht. Eine Frau die diese Art von Selbstbewußtsein zeigt, gerät sofort in Konkurrenz mit den Männern, denen sie doch eigentlich Gehorsam schuldet. Im Arabischen gibt es den Begriff *an-naschiz* – er bezeichnet eine Frau, die gegen ihren Mann aufbegehrt. Sobald sich eine Frau zum Individuum, zur eigenständigen Person erklärt, die nicht mehr bereit ist, sich dem Willen eines anderen Menschen zu fügen, gilt sie als *an-naschiz*; und *nuschuz*, das Stammwort, ist selbstverständlich auch eines der Synonyme der *fitna*, des Aufruhrs.

Auch der Staatsbürger, das politische Individuum, wie es in der Allgemeinen Erklärung der Menschenrechte definiert ist, fällt unter diesen Begriff: *nuschuz* meint etwas, das (auch unangenehm) auffällt, das von seiner Umgebung absticht, herausragt, oder nicht ›paßt‹. Das gilt auch für das Individuum, gleich welchen Geschlechts, das seinen politischen Willen geltend macht, und damit sind wir bei einer entscheidenden Frage, die die Imame ebenso beschäftigt wie die Politiker der Linken: Wie soll das politische System des Islam in unserer Zeit beschaffen sein, und welches Gewicht hat der politische Wille des einzelnen in diesem Spiel der Kräfte?

Über die Rolle der Frau in der muslimischen Welt zu sprechen, bedeutet also stets auch einen Diskurs über die Rolle des Individuums in der Gesellschaft. Die Frauen haben ihren politischen Einfluß fast immer nur verdeckt, verschleiert geltend machen können. Aber den Männern, wenn sie nicht zu den Privilegierten im engsten Beraterkreis eines Herrschers gehörten, ging es nicht anders. Auch wo Frauen in der Welt des Islam die Macht im Staate ergriffen haben, herrschte diese Trennung: nur wenn sie einem Herrscher nahestanden, als seine Tochter, Mutter, Gattin oder Schwester, konnten sie Politik machen. Die anderen Frauen, die fern der Paläste lebten, hatten solche Möglichkeiten nie.

Gerade dieser aristokratische Charakter der Macht ist durch das allgemeine Wahlrecht grundsätzlich in Frage gestellt worden. Das führt zurück zum Anfang der Überlegungen: Die islamischen Integristen in Pakistan haben sofort begriffen, daß der Wahlsieg Benazir Bhuttos, die Regierungsübernahme einer Frau auf der Grundlage des allgemeinen Wahlrechts, den endgültigen Bruch mit dem Islam des Kalifats bedeutete. Gleich zweifach erschien das Obszöne, das Verhüllte auf der politischen Bühne: der Wille des Volkes und der Wille der Frauen. Das Wahlrecht hat den *hidschab* der Frauen und den des Kalifen zerrissen – die beiden Schleier, die in der kosmischen Ordnung des Islam zwei grundsätzliche Grenzlinien markierten. Denn man darf nicht vergessen, daß nicht nur die Frauen verhüllt bleiben mußten. Wo heute verzweifelt die Wiedereinführung des Schleiers gefordert wird, nimmt man darauf nie direkt Bezug, aber es bleibt wahr, daß gerade der Kalif, Inbegriff und höchster Ausdruck der Unterwerfung des einzelnen unter das Prinzip der *umma*, der Gemeinschaft der Gläubigen, die Verhüllung brauchte. Auch dieser Schleier, der *hidschab* des Herrschers der Gläubigen, ist ein unverzichtbares Element in der traditionellen Politik des Islam. Er schließt das Undenkbare aus: den Volkswillen, die Emanzipation der 'amma, der Masse, die ebenso gefährlich ist, wie die Emanzipation der Frauen.

Nachwort
Die ›Medina-Demokratie‹

Verschleiert wird, was als unschicklich gilt, und mehr noch als das weibliche Selbstbewußtsein galt der Wille des Volkes als obszön. Der Begriff 'amma, der die Masse, das ›niedere Volk‹ bezeichnet, ist abwertend. Alle Chronisten sind sich einig, daß den Volksmassen keine Urteilsfähigkeit, kein Unterscheidungs- und Denkvermögen eigen ist. Damit mußte das Volk natürlich als Gefahr für jene Ordnung betrachtet werden, die der Kalif verkörperte: er war der höchste Ausdruck des politischen Systems, der Schlußstein des Machtgefüges. Die Masse dagegen war die niedrigste Schicht, von Natur aufsässig, eine ständige Bedrohung für den Kalifen.

Der Kalif mußte also geschützt werden, er brauchte einen *hidschab*, eine Trennwand, einen Schleier. Anlaß für die Einführung dieses Sicherheitsabstands als Institution, mit all ihren Ritualen und ihren Wächtern, war eine Serie von Mordanschlägen auf die Kalifen des frühen Islam. Als das traumatische Schlüsselereignis darf man wohl die Ermordung von Omar Ibn al-Chattab ansehen, des zweiten Nachfolgers des Propheten, der bei der Ausübung seiner Pflichten in der Moschee erdolcht wurde. Er galt als strenger und gerechter Herrscher und als demütiger Diener Allahs.

Im muslimischen Geschichtsbewußtsein spielt die Chronologie der Ereignisse eine zweitrangige Rolle, man bezieht sich vielmehr immer wieder auf die ›Urszenen‹, zu denen zweifellos jener schicksalhafte Tag im Jahre 13 nach der Hidschra (644 n. Chr.) gehört. Der Kalif Omar war durch die Straßen gegangen, wie es seine Gewohnheit war, als ihm ein Sklave entgegentrat, der eine Beschwerde vorzubringen hatte. Es ging um eine Verordnung, die Omar erlassen hatte: Aus Sicherheitsgründen sollten sich *ádscham*, Nicht-Araber, in der Stadt Medina nicht mehr aufhalten dürfen. Der Beschwerdeführer war ein Schmied namens Abu Lu'lu'a, ein Perser aus Nihawand, Anhänger der Sekte der Manichäer. Al-Mughira ibn Schu'ba, einer der Gefolgsleute des Propheten, hatte ihm die Erlaubnis verschafft, sich dennoch in der Stadt niederzulassen. Über seinen Gönner wollte sich der Sklave nun beim Kalifen beklagen, die Summe, die dieser ihm für die Arbeitserlaubnis abverlange, sei viel zu hoch. Der Kalif war anderer Meinung. Aber Abu Lu'lu'a gab sich nicht zufrieden. Er beschwerte sich ein weiteres Mal und äußerte dabei auch Drohungen gegen Omar. Der Herrscher zeigte sich gelassen und sagte nur: ›Wahrlich, dieser Sklave hat es gerade gewagt, mir zu drohen!‹ Der Kalif gab nicht nach, und so geschah es eines Tages, daß »Abu Lu'lu'a sich gegen Anbruch der Nacht in einem Winkel der Moschee versteckte, einen Dolch im Gewand. Er wußte, daß der Kalif am frühen Morgen erscheinen würde, um die Gläubigen zum Gebet zu rufen. Als Omar an ihm vorbeiging, fiel er ihn an und brachte ihm drei Messerstiche bei. Einer der Stiche, der den Kalifen unterhalb des Nabels getroffen hatte, erwies sich als tödlich. Bevor sich Abu Lu'lu'a selbst erdolchte, griff er noch ein Dutzend anderer Personen an; sechs von ihnen erlagen ihren Verletzungen«.[1]

Der Kalif erstochen, inmitten der Leichen der Gläubigen und des Attentäters – diese Schreckensszene in der gerade erst errichteten Moschee von Medina hatte große Auswirkungen. Seither herrschte offenes Mißtrauen zwischen dem Kalifen und der Menge, in der sich solche Mörder verbargen.

Diesem ersten Mord in der Moschee folgten viele weitere. Ibn Chaldun klagt (in seiner berühmten *muqaddima*): »Seht die Kalifen, die in der Moschee ermordet wurden, im Augenblick des Gebetsrufs, und wie ihnen die Mörder genau zu dieser Stunde auflauerten. Das zeigt, daß sie selbst das Gebet leiteten und sich in dieser Pflicht nicht vertreten ließen.«[2] Doch mit jener Serie von Morden war das Ideal der *umma*, der Gemeinschaft der Gläubigen unter der Führung des gerechten Herrschers, der gewaltsamen Wirklichkeit zum Opfer gefallen. Der Kalif stand im Bann der weltlichen Seite seiner Herrschaft, ein Riß ging durch die politische Gemeinschaft: Nun gab es einerseits den Raum der Entscheidung, den Raum des Kalifen, und andererseits den Raum der Masse, der 'amma, die von diesen Entscheidungen ausgeschlossen und auf immer vor die Tore des Palastes verbannt war.

Seither blieb der Herrscher seinen Untertanen entzogen durch eine Art von ›Schleier‹ – den *hidschab al-chalifa*. Für Ibn Chaldun ist dies der Moment des Übergangs vom ursprünglichen Kalifat zur Despotie: »Als sich das Kalifat in das Königtum umgewandelt hatte und die Einrichtungen des Sultans mit seiner Aufteilung der Pflichten entstanden, gehörte es zu den ersten Neuerungen, daß dem Volk der Zugang verwehrt wurde, denn die Herrscher fürchteten sich vor Attentaten der Charidschiten und anderer Sekten . . . Als die Türen noch offen waren, mußte der Herrscher die Unbequemlichkeit erdulden, daß ihn die Leute bedrängten und ihn davon abhielten, sich um seine wichtigen Angelegenheiten zu kümmern. Den Würdenträger, der über die Einhaltung der neuen Regelung wachte, nannte man den *hadschib*.«[3] *Hadschib* und *hidschab* haben dieselbe Wurzel, das Wort *hadschaba*, das ›bedecken, verhüllen‹ bedeutet, ebenso ›eine Trennwand aufrichten, einen Raum teilen‹. Es ging um die Unterscheidung von Drinnen und Draußen, um den Schutz eines Innenraums vor der Außenwelt: »Der *hadschib* tritt zwischen den Sultan und die Menge und verschließt ihr die Tür, er öffnet sie nur Besuchern von Rang, und dies nur zu den Stunden, die der Herrscher festgesetzt hat.«[4]

Manche Kalifen litten darunter, vom Volk isoliert zu sein und zu wissen, daß sie ihre Aufgabe nicht erfüllen konnten. Der ideale Kalif hätte Staatsoberhaupt, Regierungschef, Justizminister, Finanzminister und Oberbefehlshaber der Armee in einem sein müssen.[5] »Zu den Aufgaben, die das Kalifat einschließt, gehört auch das Richteramt. So soll in den Streitigkeiten der Leute das letzte Wort gesprochen werden, damit den Rechtshändeln und Auseinandersetzungen ein Ende gemacht wird. Doch das darf allein durch die Anwendung des von Gott gegebenen Gesetzes geschehen... Daher gehörte dies zu den Obliegenheiten des Kalifen...«[6] Den Kalifen war es bald unmöglich, all den Pflichten nachzukommen, die den direkten Kontakt mit der Bevölkerung erforderten: »In den frühen Zeiten des Islam übten die Kalifen dieses Amt (des Richters) selbst aus... Der erste, der es einem anderen übertrug und ihm alle Vollmachten erteilte, war Omar...«[7] Omar, der zweite Kalif, wurde 644 ermordet, seither ist das Amt des obersten Richters nie mehr, wie es die heilige Überlieferung vorsah, vom Herrscher der Gläubigen selbst ausgeübt worden.

Harun ar-Raschid war dann, wie wir gesehen haben, der erste Kalif, der auch seine Funktion als Imam, als erster Vorbeter, an andere abgab, die für ihn am Freitag die Kanzelrede hielten. Seitdem kamen Herrscher und Volk nicht mehr im Dialog zusammen. Was sie statt dessen verband, war ein schrecklicher Kreislauf von Aufruhr und Unterdrückung. Der Kalif verschanzte sich in seinem Palast, umgeben von einer elitären Schicht von Hofbeamten, Schriftgelehrten und Generälen, die seine Sicht der Welt bestimmten.

In der arabischen Überlieferung finden sich sehr schöne Schilderungen der Einsamkeit frommer Kalifen. So unternahm etwa der Omaijaden-Kalif Omar Ibn Abd al-Aziz große Anstrengungen, um die gewaltsamen Auseinandersetzungen zu beenden. Immer wieder versuchte er den Dialog mit seinen Gegnern, er empfing sie und wechselte lange Briefe mit ihnen, um seinen Standpunkt zu erklären und den ihren zu verstehen. Doch Omar II. starb leider viel zu früh, um eine Tradition der Verständigung zu begründen.

Von Ali Ibn Abu Talib, dem Schwiegersohn des Propheten, der ebenfalls den Dolchstößen eines Attentäters zum Opfer fiel, stammt die berühmte Definition der Volksmasse: »Eine folgsame Herde von Vieh, die jedem Schreihals nachläuft und an Wissenschaft und Erkenntnis keinen Gefallen findet. Man vergleicht die Menge auch zu Recht mit einem Heuschreckenschwarm.«[8] Im 10. Jahrhundert bekräftigt der Chronist al-Mas'udi diese Haltung: »Die Masse folgt jedem, der die Führung an sich bringt. Sie fragt nicht nach der Befähigung, sie kennt nicht den Unterschied zwischen wahr und falsch ... Immer wird sie sich um Bärenführer und Gaukler scharen, die ihre Affen zum Klang des Tambourins tanzen lassen. Sie läßt sich von ihrer Genußsucht und Leichtfertigkeit leiten. Oft sammeln sich die Leute bei den Taschenspielern, Wahrsagern und Schwindlern, dort hören sie auch den Lügengeschichten der Volksprediger zu...«[9]

Diese verächtliche Schilderung des Volkes aus der Feder eines frühen Historikers hat bis heute Gültigkeit. So denken auch viele Politiker unserer Tage. Wenn reaktionäre muslimische Führer gegen den Westen und seine parlamentarische Demokratie wettern, die ihnen als unvereinbar mit dem Geist des Islam gilt, muß man stets bedenken, daß sie vor allem ihre eigenen politischen Ordnungsvorstellungen bedroht sehen. Und diese Auffassung politischer Macht hat, wie gesagt, nichts mehr gemein mit den frühen Idealen. Damals, am Beginn der islamischen Zeit, träumte man noch von einem Imam, der in engem Kontakt mit seinem Volk im offenen Raum der Moschee seine Kenntnis der Schari'a nutzte, um kluge Urteile zu fällen.

Doch erstaunlicherweise haben die fünfzehn Jahrhundertee der Despotie im Zeichen des Islam diesen Traum nicht völlig zerstört. Es mag wie ein Wunder erscheinen, daß die Vision trotz aller ›Lehren der Geschichte‹ erhalten blieb. Es mag unverständlich sein, denn in diesen fünfzehn Jahrhunderten hat sich das Volk ja immer und immer wieder gegen die Willkürherrschaft seiner muslimischen Führer erhoben, aber alles zornige Aufbegehren und alle Leiden machten dem Kreislauf der Gewalt kein Ende. Und man mag es als Herausforderung begreifen, daß schließlich, wenn auch mit beschränkter Wirkung, in den neu entstandenen Nationalstaaten das allgemeine Wahlrecht eingeführt wurde – eine westliche Erfindung.

Heute streitet man in der muslimischen Welt kaum noch über die Frage, ob das Wahlrecht eine legitime Einrichtung ist, sondern nur noch über die Wahlfälschungen. Das muß man wohl schon als großen Fortschritt ansehen. Dennoch, die Vorstellung, daß die Macht vom Volk ausgeht, ist dem politischen System des Islam fremd. Auf eine so bizarre Idee wären auch die frommsten Kalifen nicht gekommen. Sie hofften statt dessen, Aufruhr und Gewalt, die ihnen den *hidschab* aufzwangen, durch Gebete zu besänftigen.

Man muß die beiden Auffassungen gegeneinanderhalten – die negative Vorstellung vom Volk als ›Masse‹ (*'amma*) und den positiven westlichen Begriff des Volkes als Gesamtheit der Staatsbürger –, um zu begreifen, daß alle Debatten

über die Rechte des einzelnen für den Islam eine Peinlichkeit
bedeuten, auf die man nicht anders reagieren kann als mit
Verhüllung, Verbot und Abgrenzung. Die Anerkennung des
Volkes als Souverän holt die Legitimität der politischen
Macht vom Himmel auf die Erde, und die Anerkennung des
einzelnen als Staatsbürger bedeutet, daß, im Namen des
abendländischen Individualismus, das Recht der Gruppe
bedroht wird, auf das sich die Despotie des Orients stets
berufen hat. Mit dieser doppelten Überschreitung der Grenzen des Anstands fertigzuwerden, ist um so schwieriger,
weil die modernen muslimischen Staaten, seit ihrer Gründung mit der Paradoxie leben, daß sie einerseits den Islam
zur Staatsreligion erklärt haben, andererseits aber Parlamente eingerichtet und Wahlen zugelassen haben, womit
die einst von Gott gegebene Souveränität nun im Prinzip an
die wechselhaften Entscheidungen der unterernährten Bewohner von Elendsvierteln gebunden ist — ein wahrhaft
tiefer Sturz! In den muslimischen Staatswesen spielt sich das
politische Geschehen seither auf beiden Ebenen ab, der
parlamentarischen, und der des Kalifats. Kein Wunder, daß
immer neue Schleier und Verbote nötig sind.

Seit dem Ende der Kolonialzeit hat sich also neben den
traditionellen Formen der Politik, die von der Verachtung
für die Volksmasse geprägt sind, die parlamentarisch-politi-
sche Szene etabliert, in der mit einem Mal das Volk als
vernunftbegabt erscheint und alle Rechte hat, auch das
Recht, das Staatsoberhaupt zu bestimmen. Wie man gesehen hat, kann das sogar dazu führen, daß eine Frau in dieses
Amt gewählt wird ...

Fast alle muslimischen Staaten haben sich nach dem Ende
des Zweiten Weltkriegs der ›Allgemeinen Erklärung der
Menschenrechte‹ der Vereinten Nationen angeschlossen.
Seitdem spielt sich die Politik notgedrungen auf den beiden

Ebenen ab, die unvereinbar sein mögen, aber beide auch unverzichtbar sind. Zur Zeit Harun ar-Raschids herrschte der Islam über die Zeit, den Lauf der Sterne und den Aufstieg und Niedergang der Reiche. Heute hat sich neben dem traditionellen Kalender, der jetzt das Mondjahr 1411 anzeigt, eine andere, fremde und erschreckend eilige Zeitrechnung etabliert, die schon das Jahr 1991 einläutet. Zwei Ebenen der Politik – zwei Kalender. Die Zeit selbst ist ins Zwielicht geraten, sie hat ihre Verläßlichkeit und Eindeutigkeit verloren und mußte sich verdoppeln, mußte sich von einer anderen, fremden Zeit markieren lassen, um weiter zu bestehen. Zwei Zeitrechnungen, jede dient ihrem Zweck: ein Kalender nach dem man die Gebete verrichtet, ein anderer, in dem die Zahlungstermine für den Schuldendienst vermerkt sind, einerseits das heilige Zeitmaß von Mekka, andererseits der Takt der Börsenschwankungen.

Zwei Ebenen der Politik, zwei Zeitrechnungen, zwei Identitäten – auf der einen Seite die demütigen Gläubigen, auf der anderen Seite die selbstbewußten Staatsbürger. Wer da mithalten will, muß beweglich bleiben, muß lernen, nach seltsamen Weisen zu tanzen. Ich nenne die Verhältnisse, die uns heute den Takt vorgeben, die ›Medina-Demokratie‹. Wir leben unter den Bedingungen eines unablässigen ›Hin und Her‹, wir drehen und winden uns und versuchen den Mahlsteinen der unvereinbaren Prinzipien zu entrinnen. Das ist anstrengend, man muß stets wachsam sein, bedenken, mit wem man es gerade zu tun hat, sich entsprechend verhalten und auch tarnen, und vor allem muß man seine Zunge hüten. Die freie Meinungsäußerung, eine unveräußerliche Errungenschaft der bürgerlichen Demokratie, ein Recht, das uns auf der parlamentarischen Ebene zusteht, gilt in der Gedankenwelt des Kalifats als *bid'a*, als ein schweres Vergehen. Wenn der Gläubige spricht, dient ihm die Sprache nur dazu, die überlieferten Weisheiten zu rezitieren, wie es seine Pflicht ist. Der Bürger dagegen kann sich auf ganz verschiedene Weise äußern. Auch er mag die Tradition beschwören, doch es steht ihm auch frei, neue Gedanken zu formulieren, sogar von der Veränderung der Welt zu reden. Der Fromme darf sich zu solchen Fragen weder mündlich noch schriftlich äußern. Er soll sich keine Gedanken machen, alles ist schon geregelt.

Die ›Medina-Demokratie‹ verführt dazu, diese Unvereinbarkeiten zu ignorieren. Aber wer sich zum Beispiel die Freiheit nimmt, Bücher zu verfassen, die alles andere als orthodox sind, wird irgendwann den Zorn der Imame zu spüren bekommen. Spätestens dann muß man sich eingestehen, was man eigentlich längst weiß: Ein rechtgläubiger Muslim darf eben nicht sagen was er will. Wir machen uns leicht etwas vor in unserer Medina-Demokratie. Wir versuchen, auf beiden Hochzeiten zu tanzen, bis uns schwindlig wird, und es kostet uns unsinnig viel Energie, nicht aus dem Gleichgewicht zu geraten.

Solche Probleme hat man nicht, wenn man in einer Demokratie lebt. Aber auch die Untertanen einer unzweideutigen Theokratie haben es in dieser Hinsicht einfacher. Wenn allein der Führer etwas zu sagen hat, müssen die anderen eben schweigen, das ist eine klare Sprachregelung. In der Medina-Demokratie herrscht diese Eindeutigkeit nicht. *Alsan mafih adam* – ›die Zunge hat keine Knochen‹ sagt ein marokkanisches Sprichwort. Das macht sie so beweglich, aber darum ist sie auch so schwer im Zaum zu halten. In den Demokratien ist ein sprachlicher ›Ausrutscher‹ eine Fehlleistung, an der die Psychoanalytiker ihre Freude haben. In der Denkwelt des Kalifats dagegen wirkt ein solcher *zalqat al-lissan* wie ein Donnerschlag: Blasphemie! Obwohl doch die Meinung des einzelnen ganz gering geachtet wird, scheint jedesmal der Himmel einzustürzen, sobald ein falsches Wort fällt.

So sind die Individuen in der Medina-Demokratie ständig damit beschäftigt, ihre Zunge zu trainieren, so sehr, daß sie darüber den Kopf vergessen. Statt nachzudenken, üben wir uns in der Kunst der Rede, aber zumeist haben wir keine Ahnung, was wir eigentlich sagen wollen. Vielleicht dauern deshalb bei uns die Konferenzen und Versammlungen immer so endlos lang, vielleicht erklärt sich so der Redefluß unserer Politiker, Planer, Techniker und Intellektuellen, gleich welchen politischen Lagers. Bei genauer Betrachtung zeigt sich in der Regel, daß kaum ein neuer Gedanke vorgetragen wird – man redet um seine Zunge geschmeidig zu halten. Aber vielleicht hängt die Fähigkeit eines Menschen, seinen Geist zu entwickeln, auch davon ab, ob ihm seine Welt gehört, ob er Verantwortung übernehmen kann für das, was in ihr geschieht. Wenn die Welt fremden Gesetzen folgt, lohnt es sich nicht, sich Gedanken zu machen.

Staatsbürger und gläubige Untertanen bewegen sich im selben Raum, doch auf ganz verschiedene Weise, aus dem einfachen Grund, daß Himmel und Erde unterschiedlichen Gesetzen folgen. Die kosmische Ordnung, zu der sich beide fügen, lastet schwer auf dem Menschen und lähmt seinen Willen.

Über der Welt des Kalifats spannt sich ein gewaltiger Himmel, unermeßlich und allgegenwärtig. Vor der Macht und dem geheiligten Herrscherwillen Gottes ist die Erde ein Nichts, ganz gleich wie sie bevölkert sein mag. Ein Ort des Stofflichen, der niederen Sinneslust ist diese Erde, auf der die Gläubigen wohnen, beschämt vom geistlichen Leuchten des Himmels. Gemessen an seiner Größe in Zeit und Raum ist die irdische Welt ohne Belang.

In der Welt der Demokratie und der Parlamente dagegen

gibt es keinen Himmel. Dort, wo die Politik gemacht wird, blickt man jedenfalls nicht zu ihm auf. Der irdische Raum füllt den Gesichtskreis ganz, jeder Staatsbürger tritt gewichtig auf, im Vollgefühl seiner Entscheidungsmacht. Doch die Erde, über die er achtlos schreitet, ist endlich – das ist ihre Tragik, bei aller Größe. Die übermächtige menschliche Intelligenz kann selbst diese Endlichkeit kalkulieren, kann sich Instrumente schaffen, die alles messen, sogar die Zahl der Jahre, die noch bleiben, bevor die Erde mitsamt ihrer Galaxie in einem schwarzen Loch verschwindet.

Und wir, die wir in den ›Medina-Demokratien‹ leben? Einstweilen werden wir herumgewirbelt zwischen Himmel und Erde wie Raumfahrer wider Willen. Nicht genug, daß wir schutzlos und hilflos in den Taumel der Welten geworfen werden – wir Frauen sollen bei all dem Auf und Ab auch noch einen Schleier tragen!

Es ist nicht zu fassen! Und wenn ich bedenke, wie stark wir sind!

Aber still! Bloß nicht davon reden – sonst zieht man sich den bösen Blick zu!

Anmerkungen

Einführung

1 Der islamische Kalender beginnt am 16. Juli des Jahres 622 n. Chr. Das ist der Beginn des Jahres, in dem die ›Hidschra‹, die ›Auswanderung‹ des Propheten Mohammed aus seiner Geburtsstadt Mekka nach Medina stattfand – dort begründete und führte er das erste muslimische Gemeinwesen, und dieser symbolische Einschnitt ist darum für den Islam das Jahr eins.
Der vom Kalifen Omar eingeführte sunnitische Kalender beruht auf dem Mondjahr, das 354 Tage hat. Die Monate sind also kürzer als im ›Gregorianischen Kalender‹ – so entspricht A. D. 1989 dem Jahr 1410/1411 nach der Hidschra. Im folgenden wird auf die Anführung der Jahreszahlen nach islamischer Zeitrechnung weitgehend verzichtet.

2 Die IDA von Nawaz Sharif hatte nur 55 Sitze im Parlament, Benazir Bhuttos ›Pakistanische Volkspartei‹ errang dagegen 92 der 207 Direktmandate – von den 237 Sitzen sind vorweg 10 für die Minderheiten, vor allem die Christen, und 20 für die Frauen reserviert.

3 Um allen Mißverständnissen vorzubeugen: Wenn in diesem Buch vom ›Islam‹ die Rede ist, meine ich stets das politische System, den Islam als weltliche Macht, also auch das Handeln der Machthaber, das von ihren Interessen und Leidenschaften geleitet war.
Etwas anderes ist die göttliche Botschaft, die in der heiligen Schrift, im Koran, niedergelegt ist: wo ich mich auf die Religion, geistliches Ideal, beziehe, spreche ich vom ›geistlichen Islam‹ (*Islam-rissala*).

1 Wie nennt man eine Herrscherin in der Welt des Islam?

1 **Ibn Chaldun**, ›Al-Muqaddima‹ (Vorrede), Dar al-Kitab al-Arabi, Beirut, o. J., siehe d. 25. Kap. ›Fi Ma'na al Chulafa‹ (Über die Bedeutung des Kalifats), S. 190.
Die französische Übersetzung der ›Muqaddima‹, von G. Sourdon und L. Bercher erscheint mir problematisch, vor allem weil der Begriff *mulk* dort als ›royauté théocratique‹ (theokratische Herr-

schaft) erscheint. Ich halte diese Übertragung für ungenau und irreführend. Ibn Chaldun setzt ja gerade auseinander, daß die weltliche Macht des *mulk* weder Gott noch Gesetz kennt und nur auf der Willkür des Herrschers beruht. Dieser irdischen, typisch menschlichen Form der Herrschaft stellt er das Kalifat als eine göttlich inspirierte Regierungsform gegenüber. Den *mulk* als Theokratie zu bezeichnen, ist falsch, weil damit dem Königtum genau jene geistliche Legitimation zugesprochen wird, die Ibn Chaldun ihm abspricht.

Wo ich die französische Übersetzung zitiere, habe ich daher ›royauté théocratique‹ einfach durch *mulk* ersetzt – und wo mir die Übertragung insgesamt zu ungenau erschien, habe ich mir erlaubt, eine eigene Übersetzung anzufertigen und auf die arabische Ausgabe zu verweisen. (Anm. d. Übers.: In der hier relevanten deutschen Übersetzung von Teilen der ›Muqaddima‹ [es gibt noch einen zweiten Auszug] besteht dieses Problem nicht: *mulk* erscheint stets als ›die Herrschaft‹ oder ›die Königsherrschaft‹, im Unterschied zum Kalifat. Ich übernehme daher die Passagen, die sich dort finden. Siehe: **Ibn Chaldun**: Ausgewählte Abschnitte aus der *muqaddima*, aus dem Arabischen von Annemarie Schimmel, Tübingen 1951, S. 107.

2 **Ebd.**, S. 109.

3 **Ebd.**

4 **Ebd.**, S. 108.

5 Siehe **Ibn Manzur**, ›Lissan Al-Arab‹, Kairo: Dar al-Maarif, o. J. Dieses sechsbändige Lexikon ist eine vergnügliche Lektüre voller Anekdoten und eine Fundgrube für alle, die in Fragen der Geschichte, Linguistik und Literatur Auskunft über die islamische Welt wünschen. Ibn Manzur lebte in Kairo 1232 bis 1311.

6 Alles, was im folgenden über den Sultan, den *malik*, den Imam und den Kalifen gesagt wird, habe ich aus **Ibn Manzur**, ›Lissan Al-Arab‹ (a. a. O., siehe die Eintragungen Sultan, Malik, Kalif, usw.) und **Ibn Chaldun** ›Al-Muqaddima‹, a. a. O., (Kap. 25 und Kap. 26) entnommen.

7 Eine gute, leichtverständliche Einführung in die Theorie des Kalifats bietet **Louis Millot**, ›Théorie orthodoxe ou sunnite du khalifat‹; in: Ders., ›Introduction à l'étude du droit musulman‹, Paris 1970.

8 Siehe das Kapitel 9 über »Sitt al-Mulk«, ›Die Herrin von Kairo‹.

9 Meine Arbeit soll nicht zuletzt dazu beitragen, die Geschichte zu entmystifizieren, sie vertrauter und begreifbar zu machen. Deshalb

lege ich so großen Wert darauf, alle Quellen zu zitieren und Hinweise auf populäre Darstellungen zu geben – ganz gleich, ob in Arabisch, Französisch, Englisch oder Deutsch. In unseren Gesellschaften hat man die Unwissenheit immer zu unserem Nachteil ausgenutzt – Nachlesen ist das beste Gegenmittel!

Ich fand vor allem zwei Werke sehr nützlich: die ›Encyclopédie de l'Islam‹ (Anm. d. Übers.: Es gab auch eine vierbändige deutsche ›Enzyklopädie des Islam‹, Leiden/Leipzig 1908–1938; seit 1954 erscheint die neue Edition der islamischen Enzyklopädie in einer englischen und einer französischen Ausgabe, Leiden/London 1954ff., sie ist bislang bis zum Buchstaben ›K‹ gediehen), und das Werk eines britischen Autors, **Stanley Lane-Poole**, ›The Mohammadan Dynasties. Chronological and genealogical tables with a historical introduction‹, London 1893 (Reprint: Beirut 1966). 1982 wurde eine arabische Übersetzung publiziert: ›Tabaqaat Salaatin al-Islam‹, o. O., 1982. Wie nützlich diese Arbeit ist, läßt sich daran ermessen, daß sie ein ägyptischer Autor, der sie offenbar auch sehr schätzte, schon 1972, mit einigen Erweiterungen, unter seinem Namen publizierte: **Ahmed as-Said Suleiman**, ›Tarich ad-Dual al Islamija ma'a Mu'dscham al-Usar al-Hakima‹, Kairo 1972.

10 **Ibn Battuta**, ›Rihla‹ (Reisen), Beirut, 1985; ich zitiere nach der französischen Übersetzung von C. Defrémery und B. R. Sanguinetti, ›Voyages‹, Paris: Maspéro, 1982. Der Hinweis auf Radija findet sich in Band II, S. 36.

(Anm. d. Übers.: Auszüge [die zweite Reise] nach Maßgabe der zuerst 1853–1858 erschienenen vierbändigen arabisch-französischen Ausgabe (s. o.) liegen auch auf Deutsch vor: ›**Reise des Arabers Ibn Batûta durch Indien und China**‹, bearbeitet von Dr. Hans von Mzik, Hamburg, 1911. Eine weitere deutsche Ausgabe erschien 1974: **Ibn Battuta**, ›Reisen ans Ende der Welt‹, neu hrsg. v. Hans D. Leicht, Tübingen 1974. Diese Arbeit hält sich weitgehend an den Text von 1911, der nur gelegentlich etwas ›modernisiert‹ ist [der Übersetzer v. Mzik wird etwas verschämt im Literaturanhang genannt], ergänzt ihn jedoch durch einige Passagen und Kapitel aus der englischen Ausgabe. Ein längerer Auszug aus Ibn Battutas Bericht über seinen Aufenthalt bei den Mongolenherrschern findet sich außerdem in: ›**Geschichte der Mongolen**‹, nach östlichen und europäischen Zeugnissen des 13. und 14. Jahrhunderts / von Bertold Spuler, Zürich 1968.)

11 Die Sultanin Schadscharat ad-Durr wird auch in den ›offiziellen‹

arabischen Geschichtsbüchern über diese Zeit gewürdigt. Ich komme darauf im 6. Kapitel zurück. Wer eine kurze populäre Darstellung ihrer Geschichte lesen möchte, sei auf das 8. Kapitel in **Amin Maalouf**, ›Les croisades vues par les Arabes‹, Paris 1983, verwiesen.

12 Das zweite Königreich war das der Almohaden (al-Muwahhidun), die in der Nachfolge von Zineb regierten, von 1130 bis 1269. Siehe auch **Abi Zar al-Fassi**, ›Al-Anis al-Mutrib birawd al-qirtas fi akbari muluk al-Maghreb wa tarich madinat Fas‹, Rabat 1972, S. 132.

13 **Ibn Manzur**, ›Lissan al-Arab‹, a. a. O., siehe die Wurzel ›Schin, Ra, Fa‹ (Sharaf).

14 **Ebd.**, siehe die Wurzel ›Ha, Ra, Ra‹ (Harara).

15 **Ebd.**

16 **Ebd.**

17 **Abdallah Inana**, ›Nihajat al-Andalus maktabat at al-Madani‹, Kairo 1987, S. 198 ff.

18 **Ebd.**, S. 196.

19 **Ebd.**, S. 198 f.

20 **Ebd.**, S. 202.

21 Es gibt zum Beispiel spanische Dokumente aus dem Jahr 1540, die von den Verhandlungen zwischen den Spaniern und ›Sida l-Horra‹ berichten, die geführt wurden, nachdem Piraten Gibraltar überfallen hatten, wobei sie »große Beute machten und viele Gefangene nahmen«. Siehe: **Colonel de Castrie**, ›Sources inédites de l'histoire de Maroc‹, Band I, o. O., o. J., S. 89, 107.

22 **Abd al-Qader al-Afija**, ›Amira'at al-dschabal, al-Hurra bint Ali Ibn ar-Raschid maktabat an-Nur‹; Tétouan, 1989, S. 18. ›Sida al-Hurra‹ (auch: ›Sida l-Horra‹, s. o.) hat schließlich doch das Interesse arabischer Historiker gefunden: Eine Reihe von Wissenschaftlern, die sich mit der Geschichte Nordmarokkos beschäftigen, haben sie in verschiedenen Untersuchungen und Veröffentlichungen gewürdigt. Allerdings waren diese Autoren zumeist des Spanischen mächtig und sie beriefen sich auch auf europäische Quellen.
Z. B.: **Abd Al-Qader al-Afija**, ›Al Haijat as-sijassija wa l-Idschtima'ija wa l-fikrija fi-Chéchaouen‹ (Politik, Kultur und soziales Leben in Chéchaouen), o. O., 1982. In diesem Buch gibt es ein ganzes Kapitel über Sida al-Hurra (S. 121 f.). **Mohammed Ibn Azuz Hakim**, ›Sida al-Horra, exceptionelle souvéraine‹, Mémorial du Maroc, Band III‹, o. O., 1982. **Mohammed Daoud**, ›Tarich Tétouan‹, Band I, Tétouan, 1959. **Mohammed Ibn Azuz Hakim**, ›As-Sitt al-Hurra Hakimat Tetouan‹, Tétouan, 1983.

226

23 Siehe Anm. 24.

24 A. Joly, ›Tétouan‹, Archives Marocaines, Band V, o. O., 1905. S. 188.

25 Siehe **Abd al-Qader al-Afija**, ›Amira'at al-Dschabal...‹, a. a. O., S. 10.

26 Ebd., sowie **Mohammed Daoud** (a. a. O.), **Mohammad Hakim**, (a. a. O.) und **Ahmed an-Nasiri**, ›Al-Istiqsa fi Akbar al-Maghreb al-Aqsa‹, o. O., 1956.

27 **Al-Maqrizi**, ›Al-Chitat maktabat at-taqafa ad-Dunja‹, Kairo 1987; Band II, S. 285.
Siehe auch: **Ibn al-Imad al-Hanbali**, ›Schazar'at adh-dhahab fi akbari man dhahab‹ (frei übersetzt: ›Kostbare Bruchstücke aus den Chroniken der Verschwundenen‹), Beirut o. J., Band III, S. 192 f.; der Autor starb im Jahre 1089 nach der Hidschra.
Und: **Ibn al-Athir**, ›Al-Kamil fi at-Tarich‹, Beirut: Dar al-Fikr, o. J., Band 7, S. 304 ff.

28 **Chair ed-Din az-Zirikali**, ›Al-Alam, Qamus Asch'ari ar-Ridschal wa Nissai min al-Arabi wal-Musta rabiin wal-Mustaschraqin‹, Beirut, 1983. Siehe das Stichwort ›Sitt‹.

29 Ad-Damdi, ›Aqa'iq al-Jaman‹, zitiert nach **Chair ed-Din az-Zirikali**, a. a. O., (in der Biographie der Scharifa).

30 Siehe die ›**Encyclopédie de l'Islam**‹, a. a. O.

31 Mahmoud Fahmi al-Muhandis, ›Kitab al-bahr as-sakhir‹, zitiert nach **az-Zirikali**, a. a. O., (in der Biographie von Ghalia al-Wahhabia).

32 Siehe unter dem Stichwort ›Ilkhan‹ in der ›**Encyclopédie de l'Islam**‹, a. a. O.

33 Nach Ibn al-Furat – die deutsche Übersetzung des Berichts von as-Sarim (›Ein Besuch bei den Mongolen‹) findet sich in: **B. Lewis** (Hg.), Der Islam von den Anfängen bis zur Eroberung von Konstantinopel, Zürich/München 1981, Bd. I, S. 147 f.

34 **Ibn Battuta**, ›Voyages‹, a. a. O., Band I, S. 451.

35 Zur Geschichte der Charidschiten: **Mohammad Abu Zahra**, ›Al-Chawaridsch‹, in: ders., ›Al-Madahib al-Islamija‹, o. O., Ägypten 1924, S. 96 f.; **Ahmed Amin**, ›Al-Chawaridsch‹, in: ders., ›Fadschr al-Islam‹, Beirut 1975.

36 **Ibn Hazm** (al-Andalusi): ›Niqat al-Arus fi Tawarich al-Chulafa‹ (Brief über die Kalifen und ihre Eigenschaften), in: ›**Ar-Rassail**‹ (Sammlung von Briefen und Aufsätzen), kommentiert und herausgegeben von Dr. Hassan Abbas, Beirut 1981, Band II, S. 119–S. 122. Ibn Hazm (994–1067) war der Experte für alle Fragen, die die

Quraisch betrafen – von ihm stammt das Standardwerk: »Dscham-harat Ansab al-Arab«.

37 **Jurji Zaijdan,** ›Tarich at-Tamaddun al-Islami‹ (Geschichte der islami-schen Gesellschaften), o. O., o. J.; Band I, S. 138.
Siehe auch: **Stanley Lane-Poole,** ›The Mohammadan Dynasties ...‹, a. a. O.

38 Kurze Darstellungen der Eroberung Bagdads durch die Truppen des Dschingis-Chan finden sich bei **Amin Maalouf,** ›Les Croisades ...‹, a. a. O., im 13. Kapitel, S. 267 f., und bei **Bernard Lewis,** a. a. O., S. 137 f.

2 Der Kalif und die Sultanin

1 Siehe die ›Encyclopédie de l'Islam‹, a. a. O., unter dem Stichwort ›Laqab‹.

2 Ibn al-Dschawzi, ›Al Muntazir‹, zit. n. **Adam Mez,** ›Die Renaissance des Islams‹, Hildesheim 1968, (Reprint der 1. Aufl., Heidelberg 1922), S. 134. Eine arabische Ausgabe erschien unter dem Titel ›Al Hadara al-Islamija‹, Kairo 1968.

3 Nicht zu verwechseln mit einer anderen *chatun* gleichen Namens, die in der Zeit der Mongolenherrschaft an die Macht kam. Von ihr wird noch berichtet (Siehe S. 128 ff.) – ihr gelang es, die Staatsführung formell zu übernehmen, im Unterschied zu der seldschukischen Tur-kan Chatun, von der hier die Rede ist.

4 **Ibn al-Athir,** ›Al-Kamil fi at-Tarich‹, Beirut, Dar al-kutub al-Ilmija, 1987, Band 8, S. 482.

5 **Ebd.,** S. 484.

6 **Omar Kahhala,** ›Alam an-nissa fi' alam al-Arabi wal-Islam‹ (Be-rühmte Frauen in der muslimischen und in der arabischen Welt), Damaskus 1982, Band II, S. 288.

7 Siehe die ›Encyclopédie de l'Islam‹, a. a. O., unter dem Stichwort ›laqab‹.

8 **Ibn al-Imad al-Hanbali,** a. a. O., Band 5, S. 288.

9 **Ebd.,** S. 268 f.

10 **Omar Kahhala,** a. a. O., Band I, S. 448. Siehe auch: ›**Encyclopédie de l'Islam**‹, a. a. O., unter dem Stichwort ›Iltutmisch‹ – dem Namen des Vaters von Radija.

11 Siehe die ›**Encyclopédie de l'Islam**‹, a. a. O., unter dem Stichwort ›Atjeh‹ – dem Namen des Reiches.

12 **Ebd.**; Einzelheiten über die Herrschaft dieser Königinnen finden sich bei **Bahriye Üçok**, ›An-nissa al-hákimat fi tarich‹, Bagdad 1973, S. 152f. – Es handelt sich um eine Übersetzung aus dem Türkischen, der Originaltitel lautet ›Islam Devletlerinde Kadin Hukumdarlar‹. (Anm. d. Ü.: Eine französische Ausgabe erschien unter dem Titel: ›Femmes turques souveraines et régentes dans des états islamiques‹, o. O. [Türkei, Direction générale de la presse et de l'information], o. J.)

13 S. **Ibn Chaldun**, ›Al-Muqaddima‹, a. a. O., 25. Kapitel.

14 **Ebd.**

15 **Ibn Ruschd**, ›Bidaijat al-Mudschtahid wa nihaijat al-muqtasid‹, o. O., o. J., Band I, S. 105. (Ibn Ruschd [Averroës] lebte von 1128 bis 1198.)

16 **Ibn Chaldun**, a. a. O.

17 **Ebd.**

18 **Ebd.**, 26. Kapitel.

19 **Ebd.**

20 **Ibn Chaldun**, ›Al-Muqaddima‹, Dt. v. A. Schimmel, a. a. O., S. 110.

3 Die Macht hinter dem Schleier – Haremssklavinnen in der Politik

1 **At-Tabari**, ›Tarich ar-rusul wal-muluk‹ (Annalen der Propheten und der Könige). Ich zitiere aus der französischen Übersetzung: ›**Chronique de Tabari**‹, traduit par Hermann Zotenberg, Paris 1958, Band 8, S. 189.

2 Nach diesem Muster haben, bis heute, alle islamischen Oppositionsbewegungen funktioniert.

3 ›**Chronique de Tabari**‹, a. a. O., Band 2, S. 174.

4 a. a. O., S. 177.

5 **Al-Mas'udi**, ›Les Prairies d'Or‹, Paris, 1962, Band III, S. 210 (Dt.: **Al-Mas'udi**, »Bis zu den Grenzen der Erde: Auszüge aus dem ›Buch der Goldwäschen‹«, aus dem Arab. von Gernot Rotter, München, 1988).

6 **Abu 'l-Faradsch al-Isfahani**, ›Kitab al-Aghani‹ (Buch der Lieder), o. O., 1962. Im fünfzehnten Band findet sich eine Biographie Hababas. (Anm. d. Übers.: Eine kleine Auswahl dieses umfänglichen Werkes liegt auf Deutsch vor: **Abu l-Faradsch**, »Und der Kalif beschenkte ihn reichlich: Auszüge aus dem ›Buch der Lieder‹«, München, 1988.)

7 Der Prophet hat immer wieder betont, daß die Frauen eine wichtige Rolle in seinem Leben spielten. Aischa, die auch in den Schlachten an

seiner Seite stand, liebte er mehr als alles auf der Welt. Daß Mohammed bei vielen Frauen ›Erfolg hatte‹, gehörte durchaus zu seinem ›Image‹ als Führer der Gläubigen – es zeigte, daß er, auch im Hinblick auf die Liebe und die Sexualität, nicht mit den Maßstäben der gewöhnlichen Sterblichen zu messen war. Er war auch sehr stolz darauf, daß seine Frauen ihn anhimmelten. Ich habe mich mit diesen Fragen in meinem Buch ›Der politische Harem. Mohammed und die Frauen‹, Frankfurt a. M. 1989, genauer befaßt.

8 Siehe **Ibn al-Imad al-Hanbali**, a. a. O., Band III, S. 78, und **Al-Miskawaih**, ›Kitab tadscharib al-umama‹, o. O. (Ägypten) 1915, Band 7, S. 39 f.

9 **Al-Miskawaih**, a. a. O., Band 7, S. 42.

10 Das nachfolgende Kapitel ist Chaizuran gewidmet; dort finden sich auch die nötigen Quellenangaben.

11 Siehe **At-Tabari**, ›Tarich . . .‹, a. a. O., Band XII, S. 16.

12 **Ebd.**, S. 37.

13 **Ebd.**, S. 38.

14 **Ibn Hazm**, ›Niqat al-Arus . . .‹, in: **ders.**, ›Ar-rassail‹ a. a. O., S. 98.

15 **Ali Ibrahim Hassan**, ›Nissa lahunna fi at-tarich al-Islami nasib‹, o. O., 1970, S. 96.

16 Siehe **Ali Ibrahim Hassan**, ebd. Die Worte *rumi* und *rumia* hatten damals etwa die gleiche Bedeutung wie heute: Sie bezeichneten christliche Männer und Frauen aus den Ländern des Mittelmeerraums. In Bagdad waren die Byzantiner die ›Rumi‹, in Andalusien die Spanier und Franzosen – stets meinte man die fremden Nachbarn, die Christen und Europäer. Noch heute werden in den ›Medinas‹ der arabischen Städte die westlichen Touristen so genannt.

17 **Ibn Hazm**, ›Rissala fi fadl al-Andalus wa dikri ridschaliha‹, in: ›Ar-rassail‹, a. a. O., Bd. II, S. 191 f.

18 **Al-Maqarri**, ›Nafh at-tib min ghusn al-andalus ar-ratib‹, Band I, S. 383, Beirut 1967.

19 **Abd al-Wahed al-Marrakeschi**, ›Al-Mu'dschib fi talchissi akbar al-Maghreb‹, Casablanca 1978, S. 46 f.

20 **Al-Maqarri**, a. a. O., Band III, S. 88.

21 **Ebd.**, Band I, S. 602.

22 **Abdallah Inana**, ›Taradschim Islamija, scharkija wal-andalusija‹, o. O., (Ägypten) 1947, S. 172.

23 **Ahmed Amin**, ›Fadschr al-Islam‹, Beirut (11. Aufl.) 1975. In dieser ersten Abteilung wird das islamische Geistesleben von den Anfängen bis zum Ende der Omaijaden-Dynastie untersucht.

Ders., ›Doha al-Islam‹, Kairo (6. Aufl.) 1961. Diese drei Bücher sind dem sozialen und kulturellen Leben, den Wissenschaften und den verschiedenen Sekten während der ersten Epoche der Abbasiden-Herrschaft gewidmet.

Ders., ›Zohr al-Islam‹, Kairo (4. Aufl.) 1966. Diese vier Bücher beschreiben die kulturelle, literarische, wissenschaftliche und religiöse Entwicklung in der zweiten Epoche der Abbasiden.

24 **Ahmed Amin**, ›Zohr al-Islam‹, a. a. O., Bd. III, S. 126.

25 **Al-Marrakeschi**, a. a. O., S. 48.

4 Chaizuran – Kurtisane oder Herrscherin?

1 **At-Tabari**, ›Tarich‹, a. a. O., Bd. 10, S. 56.

2 Nabia Abbott lehrte an der Universität von Chicago. Siehe **Nabia Abbott**, ›Two Queens of Baghdad‹, Chicago III. 1946. Ich zitiere aus der arabischen Ausgabe: ›Malikataan fi Baghdad‹ (übers. v. Omar Abu Nasr), o. O., 1969.

3 Nur Ibn Hazm vertritt die Ansicht, Chaizuran sei die Tochter eines Arabers und einer nichtarabischen Mutter. Siehe **Ibn Hazm**, »Risalat fi ummahat al-Chulafa« (Brief über die Mütter der Kalifen), in: ›Arrassails‹, a. a. O., Bd. II, S. 120.

4 Eine sehr aufschlußreiche Betrachtung über die Bedeutung der Sklaverei in der islamischen Welt findet sich bei **Ahmed Amir**, ›Die Sklaverei und ihre Wirkung auf die Gesellschaft‹, in: ders., ›Doha al-Islam‹, a. a. O., Bd. 1, S. 79 f.

5 Siehe **Nabia Abbott**, a. a. O., S. 34.

6 Siehe **Nabia Abbott**, a. a. O., S. 38.

7 **Al-Dschahiz**, zit. n. **Nabia Abbott**, a. a. O., S. 50.

8 Vierte Sure, dritter Vers, zit. nach ›**Der Koran**‹, Übersetzung von Rudi Paret, Stuttgart 1962.

9 **At-Tabari**, ›Tafsir, dschami' al-baijan'an ta'wil aji-al-Qur'an‹, kommentiert und herausgegeben von Mohammed Chakir, o. O. (Ägypten) o. J., Bd. 7, S. 541.

10 **Abu l-Faradsch al-Isfahani**, ›Und der Kalif...‹, a. a. O., S. 158.

11 **Ebd.**, S. 159 ff.

12 **Ebd.**, Bd. 16, S. 178, 184.

13 **Ibn Abd Rabbihi al-Andalusi**, ›Al-'iqd al-farid‹, Beirut 1983, Bd. 7, S. 142 (Der Autor starb im Jahre 368 n. d. Hidschra).

14 **Ebd.**, S. 139.

15 **Ebd.**, S. 138. Im Islam gelten alle jüdischen und christlichen Propheten als Vorläufer des Propheten Mohammed.

16 **Ebd.**, S. 139.

17 Siehe dazu die Kapitel »Der Prophet als militärisches Oberhaupt«
und ›Der *hidschab* senkt sich über Medina‹, in meinem Buch ›Der
politische Harem‹, a. a. O.

18 **Ibn Abd Rabbihi**, a. a. O., Bd. 7, S. 139.

19 **Ibn Hazm**, ›Niqat al-arus fi tawarich al-chulafa‹, in der Sammlung
seiner Arbeiten unter dem Titel ›**Ar-rassail**‹, a. a. O., Bd. II, S. 104.

20 **Ibn Hazm**, ›Risalat fi ummahat al-Chulafa‹, **ebd.**, Bd. II, S. 121.

21 Siehe **At-Tabari**, ›Tarich‹, a. a. O., Bd. 10, S. 21.

22 **Al-Mas'udi** macht diese Angabe über al-Mutawakkil im dritten Band
seines Werkes, zitiert n. d. franz. Ausgabe, ›Les prairies d'or...‹,
a. a. O., Bd. 3, S. 122.

23 Über die Sklaverei und die Rolle der *dschawári* unter den ersten
Abbasiden-Kalifen informiert **Ahmed Amin**, ›Doha al-Islam‹,
a. a. O., siehe vor allem das vierte Kapitel im vierten Band. Über die
Sklavinnen und den Prestigeverlust der vornehmen freien Frauen
arabischer Herkunft finden sich viele interessante Einzelheiten bei
Jurji Zaijdan, ›Tarich at-tammaddun al-Islami‹, a. a. O.
Leider sind die Arbeiten von Amin und Zaijdan chronologisch geglie-
dert, so daß die wertvollen Informationen zur Sklaverei und zur
Stellung der Frauen überall *en passant* auftauchen.
Wer eine zusammenfassende Darstellung sucht, sei auf das hervorra-
gende Kapitel ›Die Sklaven‹ in der Arbeit des deutschen Orientalisten
Adam Mez, ›Die Renaissance des Islams‹, a. a. O., verwiesen.

24 **Lutf Allah Mohammed al-Ghazali**, ›Hidajat al-murid fi Taqlib al-
abid‹, abgedruckt in: **Ibn Batalan** ›Rissala fi Schari'ar-raqiq‹, Kairo
1954.

25 Zitiert nach **Ibn al-Athir**, ›Al-kamil fi at-tarich‹, Beirut, Dar al-Fikr,
o. J., Bd. 5, S. 84 f.
Zur Rolle Chaizurans gibt es zahlreiche Quellen. Ich beschränke
mich auf Zitate aus den Schriften der ›klassischen‹ Geschichtsschreiber.

26 **Ibn al-Athir**, a. a. O., Bd. 5, S. 84.

27 **Ebd.**, S. 79.

28 **Ebd.**, S. 88.

29 **At-Tabari**, ›Tarich...‹, a. a. O., Bd. 10, S. 33. (Anm. d. Übers.: Auf
der islamischen Gebetskette, die etwa seit dem 9. Jh. in Gebrauch ist,
sind 100 Bernsteinkugeln aufgereiht, für die 99 Namen Gottes und

das Wort Allah. **Adam Mez**, a. a. O., S. 316, S. 328 f. berichtet, die Einführung dieses ›Rosenkranzes‹ [*as-subha*] sei im Islam zunächst als »Weibertradition« verachtet worden.)

30 **Ebd.**, S. 34.

31 **At-Tabari**, ›Tarich…‹, a. a. O., Bd. 10. S. 33, s. auch **Ibn al-Athir**, a. a. O., Bd. 5, S. 79.

32 **At-Tabari**, ›Tarich…‹, a. a. O., Bd. 10, S. 34.

33 **Ebd.**, S. 33.

34 **Al-Baghdadi**, ›Kitab al-muhabbar‹, Beirut o. J. (der Autor lebte im 9. Jahrhundert). In diesem Werk findet sich ein Kapitel über ›vorislamische Bräuche, die der Islam erhalten, und andere, die er abgeschafft hat‹.
Siehe auch die Eintragung »haram« im ›Lissan al-Arab‹, a. a. O.

35 **Tabari**, ›Tarich‹, a. a. O., Bd. 10, S. 34.

36 **Ibn Hadschar al-Asqalani**, ›Al Isaba fi tamiz as-sabaha‹, Kairo o. J., Bd. 8, S. 18.

37 Eine packende Schilderung dieser Schlacht gibt **Tabari**, ›Tarich…‹, a. a. O., Bd. 5, S. 161 f.

38 **Ebd.**

39 **Al Mas'udi**, ›Les Prairies d'Or‹, a. a. O., Bd. 2, S. 376.

5 Die Zeichen der Herrschaft

1 Siehe die **Encyclopédie de l'Islam**, a. a. O., unter dem Stichwort *laqab*; die geschichtlichen Ereignisse werden bei **Ibn al-Athir** geschildert: ›Al-Kamil fi at-Tarich‹, Beirut: Dar al-Kutub al Ilmija, 1987, Bd. 8, S. 226.

2 **Ibn al-Athir**, ebd., S. 226, 227.

3 Die Revolte scheiterte, al-Basasiri wurde 1060 getötet. Siehe **Ibn al-Athir**, ebd., S. 450.

4 **Ibn al-Imad al-Hanbali**, ›Schazar'at adh-dhahab‹, a. a. O., Bd. 7, S. 153.

5 Die *schahada* ist eine der ›Säulen des Islam‹, das Wort steht für die Formel: *la illaha illa Allah, wa Muhammad Rassul Allah* (›Es gibt keinen Gott außer Allah, und Mohammed ist sein Prophet‹).

6 **Jurji Zaijdan**, a. a. O., Bd. 1, S. 142.

7 In allen theologischen Arbeiten gibt es ein solches ›Kitab al-dschumu'a‹ (›Buch über den Freitag‹); es folgt üblicherweise auf das ›Kitab as-salat‹ (›Buch über das Gebet‹).

8 **At-Tabari**, ›Tarich ...‹, a. a. O., Bd. I, S. 256.

9 **Ibn Saad**, ›At-tabqat al-kubra‹ (›Die Stände‹), Beirut 1980, Bd. I, S. 247. Ibn Saad ist ein Autor des 9. Jahrhunderts.

10 **Ebd.**, S. 238.

11 **Al-Mas'udi**, zit. n. d. franz. Ausgabe, a. a. O., Bd. 3, S. 725. (Anm. d. Übers.: Die *maqsura* ist eine Art Wandschirm, ein hölzernes Gitter, das den Herrscher in der Moschee vor Attentätern schützen sollte.)

12 **Adam Mez**, a. a. O., S. 305.

13 **Ebd.**

14 **Al-Dschahiz**, ›Kitab al-bajan wa at-tabjin‹, in: ders., ›Rassail al-Dschahiz‹, Kairo 1964.

15 **Al-Dschahiz**, ›Kitab al-hidschab‹, in: ders., ›Rassail al-Dschahiz‹, Kairo 1964, Bd. II, S. 25 f. In diesem Text geht es um den Vorhang, den der Kalif zwischen sich und der politischen Öffentlichkeit aufziehen ließ.

Den anderen *hidschab*, den Vorhang zwischen dem Herrscher und seinen Kurtisanen, behandelt ein Text, der ebenfalls **al-Dschahiz** zugeschrieben wird: das dritte Kapitel (über ›die Etikette, die bei den Zerstreuungen des Herrschers zu beachten ist‹) aus dem ›Kitab at-tadsch fi achlaq al-muluk‹, das in einer französischen Übersetzung von Charles Pellat vorliegt, Paris 1954.

16 **Imam Buchari**, ›Fath al-bari bi scharh al-Buchari‹, hrsg. u. kommentiert von Ibn Hadschar al-Asqalani, o. O. (Ägypten) 1959, Bd. III, S. 34.

17 **Imam Nissa'i**, ›Kitab al-Massadschid‹, in: ders., ›As-Sunan‹, o. O., 1930, Bd. II, S. 32. Nissa'i starb im Jahr 303 n. d. H.

18 **Ibn al-Dschawzi**, ›Kitab acham an-niss'aia‹, Beirut, 1981, S. 201–209.

19 **Ibn Battuta**, ›Rihla‹ (Reisen), zit. n. d. franz. Ausgabe, a. a. O., Bd. I, S. 404.

20 **Mohammed Siddiq al-Qannudschi**, ›Husn al-aswa bima thabata mina Allahi wa rassulihi fi an-nissa‹, o. O., o. J., S. 345.

21 Man darf diesen Herrscher nicht mit Al-Walid Ibn Abd al-Malik I. verwechseln, dem sechsten Kalifen der omaijadischen Dynastie.

22 **Ibn Hazm**, ›Niqat al-Arus fi tarich al-chulafa‹, in: ders., ›Ar-rassail ...‹, a. a. O., Bd. II, S. 134.

23 **Ibn Asakir**, ›Tarich Damaschq‹ (der Band über die Frauen, hrsg. von Sakina Schihabi), o. O., 1982, S. 411 f. (Ibn Asakir lebte im 12. Jahrhundert.)

24 **Abi al-Hassan al-Maliki** ›Al-Hadaiq ar-Ghanna fi Akbar an-nissa: Taradschim schihhirat an-nissa‹, o. O. (Tunesien) 1978.

25 **Omar Kahhala**, ›Alam an-nissa‹, Damaskus 1982.

26 **Bahriye Üçok**, ›Islam Devleterinde Kadin Hukum-darlar‹, die arabische Ausgabe (übers. von Ibrahim Daququi) erschien unter dem Titel ›An-nissa al-hakimaat fi tarich‹, Badgad 1973.

27 **Ebd.**, S. 25.

6 Fünfzehn Sultaninnen

1 ›Umdat an-nisswan malikat az-Zaman, Sultana Radija Bint Schams ad-Din Iltutmisch‹, s. **Bahriye Üçok**, a. a. O., S. 33.

2 **Ebd.**

3 ›Fi 'ahd al-Imam al-Mustansir as-Sultan al-Alam dschalalatu ad-Dunja wa ad-Din – Malika Iltutmisch (bint Sultan) Nasirat Amir al-Mu'minin‹, **ebd.**, S. 4. Bahriye Üçok bezieht sich auf eine Abbildung dieser Münze in: **Nelson Wright**, ›Catalogue of coins in the Indian Museum, Calcutta‹, Oxford 1907.

4 ›Wa hafedh allahum al-dschiha as-Saliha Malikat al-Muslimin, Ni-'mat ad-Dunja wa ad-Din, Umm Chalil al-Musta'simija, sahibat as-Sultan al-Malik as-Salih‹. Die Formel wird in verschiedenen Arbeiten zitiert: Bei **As-Sujuti**, ›Al-Mustazraf min akbar al-dschawari‹, Beirut 1976, S. 23, in etwas anderer Form bei **Al-Maqrizi**, ›Al-Chitat‹, Kairo 1987, Bd. II, S. 237. Ebenfalls etwas abweichend bei **Aschour**, ›Misr wa asch-Scham fiq Asr al-Aijubijin wa-l-Mamalik‹, Beirut 1972, S. 158, und bei **Jassin al-Chatib al-Amri**, ›Ar-rawda al-faijh'a fi-tawar-ich an-nissa‹, o. O., 1987, S. 382.

5 Siehe z. B. **Al-Mansuri**, ›Kitab at-tuhfa al-mulukija fi ad-Daula at-Turqija‹, Beirut 1987. (Der Autor lebte im 14. Jahrhundert.) Über die Ereignisse der Jahre nach 1250 berichtet auch **Ibn al-Imad al-Hanbali**, ›Schazar'at adh-dhahab...‹, a. a. O.

6 (Anm. d. Übers.: siehe **Stanley Lane-Poole**, ›A History of Egypt...‹, a. a. O., über die Mamluken in Ägypten, S. 242f. Den Titel ›bahrije‹ [eigentlich: ›Seeleute‹] erhielt die mamlukische Reiterei, weil as-Salih sein Eliteregiment in einer Festung auf der Nilinsel Roda, bei Fustat, unterbringen ließ.)
Über die Mamluken in Ägypten s. auch: **Dr. Ahmad as-Sajid Suleyman**, ›Tarich ad-Duwal al-Islamija wa mu'dscham al-usar al-hakima‹, o. O. (Ägypten) 1969, S. 161.
Siehe auch die Eintragung ›mameluk‹ in der ›**Encyclopédie de l'Islam**‹, a. a. O. Die Genealogie der ägyptischen und der indischen Mamluken

ist verzeichnet bei **Stanley Lane-Poole**, ›The Mohammadan Dynasties. Chronological and genealogical tables with a historical introduction‹, a. a. O.

7 Schadscharat ad-Durr ist vielleicht die bekannteste Herrscherin in der islamischen Geschichte. Fast alle Historiker erwähnen sie, z. B.: **Omar Kahhala**, a. a. O., Bd. II, S. 267; **Chair ed-Din az-Zirikali**, a. a. O., Bd. 4, S. 142; **Abd Allah Inana**, a. a. O., S. 61; **Ali Ibrahim Hassan**; a. a. O., S. 115, **Bahriye Üçok**, a. a. O., S. 46.

8 **Bibris al-Mansuri**, ›Kitab at-tuhfa al-Mulukija fi ad-Daula at-Turqija‹, a. a. O., S. 28.
(Anm. d. Übers.: **Stanley Lane-Poole**, ›A History of Egypt...‹, a. a. O., S. 255, führt die Gebetsformel an und zeigt eine 1250 geprägte Münze, die Schadscharat ad-Durr als ›Sultana‹ und ›Asmat ad-Din‹ [Verteidigerin des Glaubens] nennt.)

9 Siehe das Stichwort ›Mameluk‹ in der ›**Encyclopédie de l'Islam**‹, a. a. O.

10 **Ebd.**

11 Auch bei den *bahrije*, den ägyptischen Mamluken, war die ›Freilassung‹ am Ende der militärischen Ausbildung eine Zeremonie, ein selbstverständlicher symbolischer Akt. In anderen Ländern galten offenbar andere, aber ähnliche Sitten.

12 ›**Die Reise des Arabers Ibn Batûta durch Indien und China**‹, a. a. O., S. 72 f.

13 **Ishwary Prashad**, ›Medieval History of India‹, zit. n. **Mohammed Jussef an-Nadschrami**, ›Al-'alaqa as-sijassija wa taqafija baijna al-hind wal-chulafa al-Abbasija‹, Beirut 1979, S. 125.

14 ›**Die Reise des Arabers Ibn Batûta...**‹, a. a. O., S. 73. (Anm. d. Übers.: In einer Anmerkung zu dieser Passage wird in der zitierten deutschen Ausgabe erklärt, daß das ›bunte Kleid‹ »gewöhnlich nach persischer Sitte aus rotem Papier bestand« und auf einen Vierzeiler des persischen Dichters Hafiz verwiesen:

> »Blut'ge Tränen will ich weinen
> aufs papierne Bettlerkleid,
> weil für mich Bedrängten keinen
> Trost hat die Gerechtigkeit«.)

15 **Ebd.**, S. 73.
16 **Ebd.**, S. 74.
17 **Ebd.**, S. 75.
18 **Bahriye Üçok**, a. a. O., S. 36.
19 **an-Nadschrami**, a. a. O., S. 125.

20 Vgl. die Biographie Radijas bei **Omar Kahhala**, a. a. O., Bd. I, S. 448.

21 **Ebd.**

22 ›**Die Reisen des Arabers Ibn Batûta**…‹, a. a. O., S. 75.

23 **Ibn Battuta**, ›Voyages…‹, a. a. O., S. 371.

24 ›**Die Reisen des Arabers Ibn Batûta**…‹, a. a. O., S. 75 f.

25 **az-Zirikali**, ›al-Alam‹, a. a. O., Bd. 4, S. 142.

26 **Ebd.**, in allen Biographien wird auf die Schönheit und die intellektuellen Fähigkeiten Schadscharat ad-Durrs verwiesen.

27 **Jassin al-Chatib al-Amri**, ›Ar rawda al-faijha fi tawarich an-nissa‹, o. O., o. J., S. 387.

28 **Al-Maqrizi**, zit. n. **Abd Allah Inana**, a. a. O., S. 92.

29 **Ebd.** (s. o. Anm. 8). (Anm. d. Übers.: ›Säule der Welt und der Religion‹.)

30 Siehe **Al-Maqrizi**, a. a. O., S. 283 (Anm. d. Übers.: In den Quellen werden noch andere pittoreske Versionen der Todesumstände von Schadscharat ad-Durr geboten. **Amin Maalouf**, a. a. O., S. 278, berichtet folgende Lesart: Schadscharat ad-Durr habe ihren Gatten selbst erstochen, sei dann, vom Sohn des Sultans verfolgt, tödlich gestürzt. Nach anderen Berichten wurde sie, am Ort der Tat, von den Sklavinnen Aibaks gesteinigt, oder [**Lane-Poole**, ›History of Egypt…‹ a. a. O., S. 261] aus der Festung vor ihre Rivalin gebracht und von den *dschawári* mit Holzschuhen erschlagen.)

31 Ich verwende den Namen Qutlugh Turkan Chatun, um Verwechslungen zu vermeiden – als Turkan Chatun werden nämlich eine ganze Reihe von Frauen bezeichnet, die in dieser Epoche eine politische Rolle spielen.

32 Vgl. zum vorstehenden Abschnitt die Eintragungen ›Kirman‹, ›Kutlugh Khanides‹ und ›Ilkhan‹ in der ›**Encyclopédie de l'Islam**‹, a. a. O.

33 Siehe **Bahriye Üçok**, a. a. O., S. 83.

34 Siehe ›Kirman‹ in der ›**Encyclopédie de l'Islam**‹, a. a. O.

35 **Ebd.**

36 Die Münze befindet sich heute in einem Berliner Museum; siehe die Erläuterungen in ›Zeitschrift für Numismatik‹, Bd. VII, 1880, zit. n. **Bahriye Üçok**, a. a. O., S. 98.

37 Was die beiden Königinnen und die Qutlugh-Chaniden insgesamt angeht, bezieht sich sowohl die ›Encyclopédie de l'Islam‹ als auch die Arbeit von Bahriye Üçok auf ein Werk, das 1316 von einem Vertrauten Qutb ad-Dins I. verfaßt wurde: **Nasir ad-Din**, ›Simt al-Ula‹; das persische Manuskript befindet sich in der ›Bibliothèque Nationale‹ in Paris.

38 Ibn Battuta, ›Voyages‹, a. a. O., Band I, S. 451.

39 Ebd., S. 455.

40 Ibn Battuta, zit. n. ›Geschichte der Mongolen‹, nach östlichen und europäischen Zeugnissen des 13. und 14. Jahrhunderts / von Bertold Spuler, Zürich und Stuttgart 1968, S. 244.

41 Siehe Ibn Battuta, ›Voyages‹, a. a. O., im Kapitel über die Herrschaft des Sultans Öz Beg.

42 Encyclopédie de l'Islam, a. a. O., unter dem Stichwort ›Ilkhan‹.

43 Bahriye Üçok erklärt, Abesch Chatun sei die Tochter von Bibi Chatun gewesen, einer Tochter jener Herrscherin von Kerman, Qutlugh Turkan Chatun.

44 Siehe Bahriye Üçok, a. a. O., S. 101 f.

45 Ebd., S. 115–117.

46 Ebd., S. 128. Genauere Angaben über diese Dynastie bei Stanley Lane-Poole, ›The Mohammadan Dynasties...‹, a. a. O.

47 Ibn al-Imad al-Hanbali, ›Schazar'at adh-dhahab...‹, a. a. O., S. 155. Siehe auch den Abschnitt über ›Tindu, Königin des Irak‹, in: Ahmed Sawaijd, ›Nissa schihirat min tarichina‹, Beirut 1985, S. 188.

48 Siehe das Stichwort ›Batuides‹ in der ›Encyclopédie de l'Islam‹, a. a. O.

49 ›Die Reise des Arabers Ibn Batûta...‹, a. a. O., S. 331.

50 Ebd.

51 Ebd., S. 332.

52 Siehe das Stichwort ›Atjeh‹ in der Encyclopédie de l'Islam, a. a. O.

53 Ebd., siehe auch Bahriye Üçok, a. a. O., S. 152 f.

54 Bahriye Üçok, a. a. O., S. 166 f.

55 Ebd.

7 Die schiitische Dynastie im Jemen

1 az-Zirikali, ›Al-Alam...‹, a. a. O., Bd. I, S. 299.

2 Mahmud Kamil al-Muhami, ›Al-Jaman‹, Beirut 1968, S. 171. Siehe auch Chair ed-Din az-Zirikali, ›Al-A'lam...‹, a. a. O., Bd. I, S. 279, sowie Jassin Al-Chatib al-Amri, a. a. O., S. 358.

3 ›Allahu ma-adim aijama al-Hurra al-Kamila as-Sajida kafilatu al-mu'minin‹, siehe az-Zirikali, a. a. O., Bd. I, S. 279. Zirikali führt am Ende seiner Biographie der Königin Asma eine Literaturliste auf – der wichtigste Titel ist die Biographie Asmas von Ad-Dahbi, in: ders., ›Sijar Alam an-Nubala‹, Bd. II, Kairo 1958.

4 Bernard Lewis, ›La langage politique de l'Islam‹, Paris, 1988, S. 103.

5 **Abd Allah Ahmed Muhammad ath-Thawr**, ›Hadihi hija-i-Jaman‹, Beirut 1979. Die Imame sind erst durch die Revolution von 1969 und die Gründung der Republik wirklich entmachtet worden. Siehe dazu auch ›Al-Imat San'a‹ in: **Ahmad as-Sajid Suleyman**, ›Tarich ad-duwal al-Islamija wa mu'dscham al-usar al-hakima‹, o. O. (Ägypten), 1969.

6 **at-Thawr**, a. a. O., S. 275.

7 **at-Tabari**, ›Tarich…‹, a. a. O., Bd. 5, S. 98; siehe den Band ›Die vier ersten Kalifen‹ in der französischen Ausgabe, a. a. O., S. 307 f.

8 **Ebd.** (Anm. d. Übers.: Koranzitat [28. Sure, Vers 85] nach **Rudi Paret**, a. a. O., dort ist ›die Wiederkehr‹ durch die Parenthese [ins jenseitige Leben] ergänzt; in der Übersetzung von **Max Henning**, Stuttgart 1960, heißt es ›an die Stätte der Wiederkehr‹.)

9 Alle Zitate aus **at-Tabari**, a. a. O., siehe auch **Ahmed Amin**, ›Fadschr al-Islam‹, a. a. O., S. 268.

10 **Ahmed Amin**, ›Doha al-Islam‹, a. a. O., Bd. III, 2. Kap. (›Schi'a‹) und **Mohammad Abu Zahra**, ›Furuq al-Madhab asch-Schi'a‹, in: **ders.**, ›Al-Madahib al-Islamija‹, o. O. (Ägypten) 1924.

11 **Amin**, ›Doha al-Islam‹, a. a. O., S. 209 f.

12 Die Zitate im folgenden Abschnitt sind, wenn nicht anders gekennzeichnet, aus dem Eintrag ›Schi'a‹ in: **Ibn Manzur**, ›Lissan al-Arab‹, a. a. O. entnommen.

13 (Anm. d. Übers.: zit. n. **R. Paret**, a. a. O., dort Vers 159 der 6. Sure.)

14 Siehe dazu die Eintragung ›*hizb*‹ in: **Ibn Manzur**, a. a. O. (Anm. d. Übers.: Es handelt sich um die 33. Sure des Koran, ›al-Ahzab‹ [›die Gruppen‹, nach der Übers. v. R. Paret, ›die Verbündeten‹, nach M. Henning, ›die Parteien‹ nach A. Th. Khoury, alle a. a. O.].)

15 **Adam Mez**, a. a. O., S. 55, S. 56. (Anm. d. Übers.: Babylonien = Irak; Abu Bakr al-Chwarezmi war einer der ersten »Schriftsteller« des Arabischen, er starb 995.)

16 (Anm. d. Übers.: Die Bewegung der Isma'ilija wird auch die »Siebener-Schi'a« genannt, weil ihre Anhänger die Wiederkehr Isma'ils [als »Mahdi«] erwarteten, der ihnen als der siebte rechtmäßige Herrscher [Imam] galt.) Siehe auch das Stichwort »Isma'ilija« in der »**Encyclopédie de l'Islam**«.

17 Es kann nicht überraschen, daß die Abstammung der Fatimiden äußerst umstritten ist. Bei Ibn al-Athir, dem Chronisten des frühen 13. Jahrhunderts, findet man zu diesem Thema einen beachtlichen Versuch, objektive Geschichtsschreibung zu betreiben. Er führt nacheinander sämtliche Argumente für die Behauptung auf, die Fatimiden

seinen Betrüger, weil sie gar nicht von Ali und Fatima abstammten –
und er widerlegt sie alle sorgfältig, nach dem Kenntnisstand seiner
Zeit. Siehe **Ibn al-Athir**, a. a. O., Bd. 6, S. 446.

18 Siehe die Genealogie in: **Ahmad Sajid Suleyman**, ›Tarich ad-duwal al-
Islamija‹, a. a. O., S. 133. Es wird auch behauptet, Fatima habe einen
dritten Sohn mit Ali gehabt, al-Muhassan, der im Kindesalter gestorben sei. Siehe **at-Tabari**, ›Tarich . . .‹, a. a. O. (franz. Ausgabe), Bd. VI,
S. 88. Nach Fatimas Tod heiratete Ali noch acht Frauen, doch nur
eines der Kinder aus diesen Ehen spielte eine Rolle in der Politik: Ibn
al-Hanafija (›der Sohn der Hanafija‹).

19 Die Verehrung Alis als Symbol der Gerechtigkeit begann schon zu
seinen Lebzeiten, während der Herrschaft des dritten (omaijadischen) Kalifen Othman, der für seine Ungerechtigkeit bekannt war:
Er hatte zum Beispiel einer Reihe von Mitgliedern seiner Familie
einflußreiche Posten verschafft. Gegen diesen Nepotismus erhoffte
man Hilfe von Ali – er stand im Ruf, den politischen Apparat säubern
und der Gerechtigkeit Geltung verschaffen zu können. (Siehe **Mohammad Abu Zahra**, ›Furuq al-madhab asch-Schi'i‹, in: ders., ›Al-
madahib al-Islamija‹, o. O. [Ägypten] 1924; siehe auch **Ahmed
Amin**, ›Doha al-Islam‹, a. a. O., S. 209 f.)
Bereits in den alten Quellen finden sich Hinweise auf den Beginn der
Entwicklung, die Ali zur Symbolfigur für alle Unterdrückten werden
ließ. Es geht um die konfliktreiche Herrschaft Othmans, seine Vet-
ternwirtschaft und seine Bereicherungsstrategien. Unter diesen Umständen konnte Ali als die einzige Hoffnung, als Erneuerer im Geiste
des Propheten erscheinen. (Siehe **al-Mas'udi**, ›Les Prairies d'Or‹, Bd.
II, S. 617 f. und **at-Tabari**, ›Tarich . . .‹, a. a. O. [franz. Ausg.], Bd. V, S.
407 f.)

20 Eine Biographie Abu Abdallahs gibt **Ibn Challikan** in seiner Sammlung von Nekrologen ›Wafajat al-ajan‹, Beirut o. J., Bd. II, S. 192.
Solche Lebensläufe verstorbener berühmter Männer und Frauen
(*a'lam*) bildeten eine literarische Gattung in der klassischen arabischen Geschichtsschreibung. Abu l'Abbas Ahmad Ibn Challikan
(gest. 1282) war ein Meister dieses Genres, berühmt für seine knappe
und aufschlußreiche Darstellung. Spätere Autoren berufen sich immer wieder auf ihn.

21 Zum Vorstehenden siehe **Ibn al-Athir**, ›Irsal Abi Abd Allah asch-
Schi'i ila 'l-Maghrib‹, in: ders.: ›Al-Kamil . . .‹, a. a. O., Bd. 6, S. 450 f.
(Anm. d. Übers.: Sidschilmassa liegt im heutigen Südalgerien, Kai-
rouan und Mahdia sind Städte im Südosten des heutigen Tunesien.)

22 **Ebd.**, S. 447.
23 **Al-Athir**, a. a. O., Bd. 8, S. 114. (Anm. d. Übers.: ›Al-Ifriqija‹ meint in etwa das Gebiet des heutigen Tunesien, die Bezeichnung kommt von der ehemaligen Provinz ›Africa‹ des Römischen Reiches.)
24 Zur Frage des Ursprungs der Schi'a hat sich **Ahmed Amin** verschiedentlich geäußert, z. B. in ›Fadschr al-Islam‹, a. a. O., S. 276 f. und, in bezug auf den persischen Einfluß auf die muslimische Kultur, S. 98 f.
25 **A. Mez**, a. a. O., S. 56.
26 Ibn al-Fadl war ein sehr wohlhabender und mächtiger Jemenite, schiitische Propagandisten aus dem Irak hatten ihn während einer Pilgerreise ›rekrutiert‹; siehe den Bericht in: **Ibn al-Athir**, ›Al-Kamil...‹, a. a. O., Bd. 6, S. 449.
27 Siehe die Biographie Alis in: **Ibn Challikan**, a. a. O., Bd. III, S. 411 f. Weitere Biographien Alis in: **az-Zirikali**, a. a. O., Bd. IV, S. 328, **Ibn al-Imad al-Hanbali**, a. a. O., Bd. III, S. 346, **Abd Allah Ahmed Muhammad at-Thawr**, a. a. O., S. 274, **Mahmud al-Kamil**, a. a. O., S. 167, **Hamid al-Alawi**, ›Tarich Hadramawt‹, a. a. O., S. 340 f.
28 Allein bei Ibn Challikan wird dieser *da'i* ›az-Zawahi‹ genannt; ich halte mich an die in anderen Quellen gebräuchliche Schreibweise ›ar-Rawahi‹.
29 Von Ibn al-Fadl, der aus Kufa stammte, führt die Spur direkt zum Ursprung der schiitischen Propaganda: Er war der Gefährte, Schüler und Freund des Sohnes des berühmten Abd Allah al-Qaddah, des ›Meisterdenkers‹ des Schiismus am Ende des 9. Jahrhunderts. Ibn al-Athir zählt Ibn al-Fadl al-Hawschab zu den wichtigsten schiitischen Propagandisten der damaligen Zeit, siehe **Ibn al-Athir**, a. a. O., Bd. IV, S. 449.
30 Siehe das Stichwort *da'i* in: **Ibn Manzur**, ›Lissan al-Arab‹, a. a. O.
31 **Ibn an-Nadim**, ›Al-fihrist‹ (›Verzeichnis‹), Beirut 1978, S. 268. (Die erste Ausgabe des Buches erschien 988.)
32 Die Literatur zu diesem Thema ist widersprüchlich und ungenau: Einig scheinen sich die Autoren nur darin, daß man über die Einführung in die ismailitische Geheimlehre nicht sehr viel weiß – eben weil die Geheimhaltung Teil der Lehre war. Siehe das Stichwort ›Isma'ilija‹ in der **Encyclopédie de l'Islam**, a. a. O., siehe auch **A. Mez**, a. a. O., S. 294 f.
33 Zit. n. **Henry Corbin**, ›Histoire de la philosophie islamique‹, Paris 1986, S. 66.
34 **Ibn Challikan**, a. a. O., Bd. III, S. 411. Daß Mohammed Ibn Ali as-

Sulaihi Sunnite gewesen sei, wird auch in anderen Quellen behauptet: Siehe **az-Zirikali**, a. a. O., Bd. IV, S. 328 und **al-Alawi**, a. a. O., S. 340.

Daß er Schiite gewesen sei, erklärt **Ibn al-Imad al-Hanbali**, a. a. O., Bd. III, S. 346. (Anm. d. Übers.: Die Hanbaliten, so genannt nach ihrem Gründer Ahmad Ibn Hanbal [gest. 855], bildeten eine theologische Schule von besonders strenger sunnitischer Glaubensauffassung.)

35 Bis heute sind die Bücher der schiitischen Überlieferung nicht gesammelt und erfaßt – ein kostbares Vermächtnis ist nicht zugänglich. Die Frühgeschichte des Wissens in der islamischen Welt ist kaum erforscht. Wie viele wissenschaftliche Bibliotheken wären noch einzurichten, wie nötig wäre die Kommunikation unter den Wissenschaftlern! Aber wer kümmert sich darum? Das geistige Erbe der muslimischen Welt ist ganz offensichtlich Spielmaterial für die Politiker mit ihren Tagesinteressen. Alle reden sie von dieser Tradition – aber nur um den Intellektuellen das Wort abzuschneiden. Keiner denkt daran, etwa einen Teil der Ölmilliarden zur Rettung und zur wissenschaftlichen Auswertung der überlieferten Kulturgüter einzusetzen, damit kommende Generationen die Möglichkeit haben, sich in modernen Bibliotheken mit diesem Erbe zu beschäftigen. Wo sind die Museen, die Festungen der Tradition, in denen Schriftsteller, Theaterleute, Filmer, Kinderbuchautoren, Lehrer und wer auch immer, sich ohne große Mühe ihre Auskünfte und Anregungen holen könnten? Heute müssen alle Schlange stehen, in den wenigen schlecht geführten Bibliotheken.

36 **Ibn Challikan**, a. a. O., Bd. III, S. 411.

37 **Ibn al-Imad al-Hanbali**, a. a. O., Bd. III, S. 347.

38 **Ebd.**

39 **Ebd.**

40 **Ebd.**

41 Beide Zitate: **Ibn al-Athir**, ›Al-Kamil...‹, a. a. O., S. 363.

42 **Mahmud al-Kamil**, ›Al-Jaman‹, a. a. O., S. 168.

43 **Ibn Challikan**, a. a. O., Bd. III, S. 412, 413. **Ibn al-Imad al-Hanbali**, a. a. O., Bd. III, S. 347 f.

44 Siehe **Stanley Lane-Poole**, ›The Mohammadan Dynasties‹, a. a. O.

45 Siehe **Ibn Challikan**, a. a. O., Bd. III, S. 413; s. **Ibn al-Imad al-Hanbali**, a. a. O., Bd. III, S. 347; s. **Mahmud al-Kamil**, a. a. O., S. 169; s. **az-Zirikali**, a. a. O., Bd. I, S. 305.

1 ›Allahum-ma adim aijama al-hurra al-kamila as-sajida kafilatu al-
mu'minin‹. Siehe **az-Zirikali**, a. a. O., Bd. I, S. 279. In diesem Werk
findet sich, am Schluß der Biographie Asmas, eine Liste der wichtigsten Arbeiten über die Königin Asma, darunter auch die Biographie,
die **ad-Dahbi** in seinem berühmten Werk ›Sijar Alam an-Nubala‹,
a. a. O., bietet.

2 (Anm. d. Übers.: wörtlich ›die kleine [junge] Bilqis‹ – Bilqis war der
überlieferte Name der sabäischen Königin.)

3 Einer der faszinierendsten Texte über den islamischen Zeitbegriff ist
at-Tabaris Einleitung seines ›Tarich...‹, a. a. O., die mit einer ›Über-
legung zur Zeit‹ (›al-qawl fi az-zannan‹) beginnt. At-Tabari erklärt
auch die Bedeutung des Begriffs ›dschahilija‹, in: **at-Tabari** , ›Tafsir...‹, a. a. O., Bd. 22, S. 4 f. Eine kurze Zusammenfassung bietet
Ignaz Goldziher, ›What is meant by Al-Jahiliya‹, Chicago III. 1966, S.
208–219.

4 **Muhammad ath-Thawr**, a. a. O., S. 281.

5 In Ibn-Manzurs Lexikon ›Lissan al-Arab‹, das ich als Fundgrube für
die vergessenen Wortbedeutungen des Arabischen sehr schätze, zeigt
sich hier eine auffällige Begriffsstutzigkeit in bezug auf die Konnota-
tionen des Frauennamens ›Asma‹: Ibn-Manzur beschäftigt sich, im
Band I, mit dem *alif*, dem ersten Buchstaben des arabischen Alpha-
bets und erörtert die Bedeutungen des Wortes *ism* – der Name. Er
führt zwei Beispiele an, einen Männernamen, *ussama*, den er als
einen der Beinamen des Löwen bezeichnet. Als zweites Beispiel nennt
er *asma*, ohne darauf hinzuweisen, daß es sich um einen Frauennamen handelt, und auch ohne einen Hinweis auf die Konnotation, die
einst für die jemenitischen Dichter selbstverständlich war: daß *asma*
dieselbe Wurzel hat wie das Wort *sama* (Himmel). Im 3. Band seines
Wörterbuchs behandelt Ibn-Manzur dann den arabischen Buchstaben S – und dort erklärt er auch, daß *sama* ›Himmel‹ bedeutet und
ebenso ›alles Hochstehende‹. *As-sumuw* zum Beispiel heißt ›königliche Hoheit‹.

6 ›**Der Koran**‹, 27. Sure (›Die Ameisen‹), Verse 16, 20, 23, 24, 39, 44.
Zit. n. d. Übers. von **R. Paret**, a. a. O.

7 **At-Tabari**, ›Tarich...‹, a. a. O., Bd. 19, S. 48.

8 **Imam Ibn Taher Taifur**, ›Kitab Balaghat an-nissa‹, Beirut 1972,
S. 129 (Ibn Taifur lebte im 10. Jahrhundert.)

9 **Omar Kahhala**, a. a. O., Bd. I, S. 144.

10 Al-Qannudschi al-Buchari, a. a. O., S. 179.

11 Al-Mas'udi, ›Murudsch adh-dhahab ...‹, a. a. O., Bd. II, S. 384.

12 Encyclopédie de l'Islam, a. a. O., Stichwort ›Saba‹.

13 Der Koran, 27. Sure, 23. Vers.

14 Ibn Mansur, ›Lissan al-Arab‹, a. a. O., Stichwort »hazm«.

15 Muhammad ath-Thawr, a. a. O., S. 281.

16 Mahmud Kamil, ›Al-Jaman ...‹, a. a. O., S. 169.

17 Salah Ibn Hamid al-Alawi, ›Tarich Hadramawt‹, a. a. O., Bd. I, S. 281.

18 Ebd.

19 Ebd.

20 Ebd.

21 Mahmud Kamil, a. a. O., S. 169.

22 Chair ed-Din az-Zirikali, a. a. O., Bd. I, S. 279.

23 Muhammad at-Thawr, a. a. O., S. 169.

24 Jassin al-Chatib al-Amri, a. a. O., S. 358. (Al-Amri starb 1817.) Az-Zirikali, a. a. O., Bd. I, S. 279.

25 Al-Alawi, a. a. O., S. 342.

26 Ibn Challikan, ›Wafajat al-A'jan‹, a. a. O., S. 414; Al-Alawi, a. a. O., S. 343; Mahmud Kamil, a. a. O., S. 180.

27 Jassin al-Chatib, a. a. O., S. 358.

28 Al-Alawi, a. a. O., S. 344.

29 Ath-Thawr, a. a. O., S. 284.

30 Az-Zirikali, a. a. O., Bd. I, S. 279.

31 Ath-Thawr, a. a. O., S. 282.

32 Siehe den Eintrag ›Isma'iliya‹ in der Encyclopédie de l'Islam, a. a. O.

33 In den Grundschulen der sunnitischen Länder können die Lehrer den Papst zur zweifelhaften Figur erklären, weil er sich das Privileg der Unfehlbarkeit anmaßt, das allein Gott zukommt.

34 Al-Alawi, a. a. O., S. 282.

35 z. B. az-Zirikali, a. a. O., Bd. I, S. 289 und al-Alawi, a. a. O., S. 342.

36 Siehe den Eintrag 'ahd in der Encyclopédie de l'Islam, a. a. O.

37 Al-Chatib, a. a. O., S. 358.

38 Az-Zirikali, a. a. O., Bd. I, S. 289.

39 Ath-Thawr, a. a. O., S. 284.

40 Al-Alawi, a. a. O., S. 342.

41 Ath-Thawr, a. a. O., S. 284.

42 Ibn al-Athir, a. a. O., Bd. 8, S. 398.

43 Siehe den Eintrag ›Isma'ilija‹ in der Encyclopédie de l'Islam, a. a. O.

44 Al-Kamil, a. a. O., S. 171.

1 Der vollständige Titel lautete ›Adh-dhahir lil-zazi dhimi Allah‹. Siehe **Ibn Challikan**, a. a. O., Bd. III, Seite 406 f.; über seine Thronbesteigung berichtet **al-Athir**, a. a. O. (Dar al-Kutub...), Bd. 8, S. 131.

2 **Az-Zirikali**, a. a. O., Bd. 3, S. 78.

3 In der zeremoniellen Pracht der Selbstdarstellung arabischer Herrschergeschlechter haben die Farben stets eine wichtige Rolle gespielt. Das Aufbegehren gegen die bestehende Macht fand seinen Ausdruck auf der symbolischen Ebene unter anderem darin, daß man eine andere Farbe wählte.
Siehe ›libas‹ (Kleider) im Eintrag über die Fatimiden, in der **Encyclopédie de l'Islam**, a. a. O.

4 **Ibn Challikan**, a. a. O., Bd. V, S. 372. (Anm. d. Übers., ›al-bahr‹, das Meer, heißt in Ägypten auch der Unterlauf des Nils.)

5 Es gibt auch die Ansicht, die Mutter von Sitt al-Mulk sei eine Koptin gewesen. Siehe **Abdallah Inana**, a. a. O., S. 34.

6 **Ibn al-Athir**, a. a. O. (Dar al-Kutub...), Bd. 7, S. 477.

7 Das berichtet **Ibn Challikan** in seiner Biographie des Kalifen al-Aziz (Nizar al-Ubaidi), a. a. O., Bd. V, S. 372.

8 **Ibn al-Athir**, a. a. O. (Dar al-Kutub...), Bd. 7, S. 477.

9 **Ibn Challikan**, a. a. O., Bd. V., S. 371.

10 ›Der Friede sei mit dem Herrscher der Gläubigen‹, siehe **Ibn Challikan**, ebd.

11 ›Amanakum Allah Ta'ala 'ala amwalikum wa arwahikum‹, siehe **Ibn Challikan**, ebd. (Anm. d. Übers.: Auszüge aus **Al-Maqrizis** Bericht über die Inthronisation und die Herrschaftszeit al-Hakims liegen auf Deutsch vor. Siehe ›**Der Islam von den Anfängen bis zur Eroberung Konstantinopels**‹, hg. von Bernard Lewis, a. a. O., Bd. I, S. 96 ff.)

12 **Al-Maqrizi**, a. a. O., Bd. II, S. 285 (s. a. ›**Der Islam von den Anfängen...**‹, a. a. O., S. 110).

13 Siehe das Kapitel ›Le drame dans le Ciel et la naissance du Temps‹ bei **Henry Corbin**, a. a. O., S. 124 f.

14 Siehe **Ibn Challikan**, a. a. O., Bd. V, S. 293 und **al-Maqrizi**, a. a. O, Bd. II, S. 285.

15 **Al-Maqrizi**, a. a. O., Bd. II, S. 286 (s. a. ›**Der Islam von den Anfängen...**‹, a. a. O., S. 101 u. S. 110).

16 Ebd., S. 289.

17 **Al-Maqrizi**, zit. n. ›**Der Islam von den Anfängen...**‹, a. a. O., S. 99.

18 Ebd., S. 103.
19 Siehe den Eintrag ›al-Hakim‹ in der **Encyclopédie de l'Islam**, a. a. O.,
    siehe auch **al-Maqrizi**, zit. n. ›Der Islam von den Anfängen...‹,
    a. a. O., S. 105.
20 **Al-Maqrizi**, zit. n. »Der Islam von den Anfängen...«, a. a. O., S. 100,
    S. 109.
21 **Ibn al-Imad al-Hanbali**, a. a. O., Bd. III, S. 193.
22 **Ibn al-Athir**, a. a. O., (Dar al-Kutub...), Bd. 8, S. 129.
23 Siehe den Eintrag ›al-Hakim‹ in der **Encyclopédie de l'Islam**, a. a. O.
    Aischa, die Tochter des Propheten, war es, die den ersten Bürgerkrieg
    gegen Ali führte, dem nach schiitischer Auffassung einzig rechtmäßi-
    gen Nachfolger Mohammeds. Der omaijadische Kalif al-Mu'awija I.
    war es, der Ali die Macht entriß und sich an seiner Stelle zum Kalifen
    machte.
    (Anm. d. Übers.: Über die Verbote von Nahrungsmitteln berichtet **al-
    Maqrizi**, in: ›Der Islam von den Anfängen...‹, a. a. O., passim.)
24 Siehe **al-Maqrizi**, a. a. O., S. 287 und **Ibn al-Imad al-Hanbali**, a. a. O.,
    S. 193.
25 Über diese Verfolgungen berichten **al-Maqrizi**, a. a. O.; **Ibn al-Athir**,
    a. a. O.; **Ibn al-Imad al-Hanbali**, a. a. O. und **Ibn Challikan**, a. a. O.
26 **Ibn al-Imad al-Hanbali**, a. a. O., Bd. III, S. 194.
27 **Ebd.**
28 Siehe **Ibn al-Athir**, a. a. O. (Dar Al-Kutub...) Bd. 8, S. 128.
29 **Ebd.**
30 **Ibn Challikan**, a. a. O., Bd. V, S. 298 und **Ibn al-Athir**, a. a. O. (Dar
    Al-Kutub...) Bd. 8, S. 128.
31 **Ibn Challikan**, a. a. O., Bd. V, S. 298.
32 **Al-Maqrizi**, zit. n. ›Der Islam von den Anfängen...‹, a. a. O., S. 110.
33 **Ebd.**, S. 108.
34 (Anm. d. Übers.: **Lane-Poole**, [A History of Egypt..., a. a. O., S. 135]
    berichtet, ›Sajidat al-Mulk‹ habe ›in der Auseinandersetzung mit der
    Militäroligarchie ... auch noch zwei Wesire hinrichten lassen‹.)

Nachwort   Die ›Medina-Demokratie‹

1 **Al-Mas'udi**, ›Les Prairies d'Or‹, a. a. O., Bd. III, S. 607.
2 **Ibn Chaldun**, ›Al-muqaddima‹, a. a. O., S. 240.
3 **Ebd.**
4 **Ebd.**

5 (Anm. d. Übers.: Siehe die Abschnitte über ›Die Umwandlung des Kalifats in Königtum‹ und ›Die Ränge und Titel des Königtums und des Sultanats‹, in: **Ibn Chaldun,** ›Ausgewählte Abschnitte aus der *muqaddima*‹, a. a. O., S. 113 f. u. S. 121 f.)

6 **Ibn Chaldun,** ›Al-muqaddima‹, a. a. O., S. 240.

7 **Ebd.**

8 **Al-Mas'udi,** ›Les Prairies d'Or‹, a. a. O., Bd. III, S. 729.

9 **Ebd.**

Literaturverzeichnis

1 Arabische Literatur

Abbott, Nabia, ›Malikatan fi Baghdad‹ (übers. v. Omar Abu Nasr), o. O., 1969.

Abu l-Faradsch al-Isfahani, ›Kitab al-Aghani‹ (Buch der Lieder), o. O., 1962.

Abu Zahra, Mohammed, ›Al-madahib al-Islamija‹, o. O. (Ägypten) 1924.

Al-Afija, Abd al-Qader, ›Amirat'at al-dschabal al-Hurra bint Ali ibn ar-Raschid maktabat an-Nur‹, Tétouan 1989.

Al-Afija, Abd al-Qader, ›Al haijat as-sijassija wal-idschtima'ija wal-fikrija fi Chechaouen‹, o. O., 1982.

Al-Alawi, Salah Ibn Hamid, ›Tarich Hadramawt‹, o. O., o. J.

Amin, Ahmed, ›Fadschr al-Islam‹, Beirut (11. Aufl.) 1975.

Amin, Ahmed, ›Doha al-Islam‹, Kairo (6. Aufl.) 1961.

Amin, Ahmed, ›Zohr al-Islam‹, Kairo (4. Aufl.) 1966.

Al-Amri, Jassin al-Chatib, ›Ar-rawda al-faijha'a fi tawarich an-nissa‹, o. O., 1987.

Aschour, ›Misr wa asch-scham fi qasr al-Aijubijin wal-Mamalik‹, Beirut 1972.

Averroës (siehe Ibn Ruschd).

Al-Baghdadi, ›Kitab al-Muhabbar‹, Beirut, o. J. (Der Autor lebte im 9. Jahrhundert.)

Imam Buchari, ›Fath al-bari bi scharh al-Buchari‹, hrsg. u. kommentiert von Ibn Hadschar al-Asqalani, o. O. (Ägypten) 1959.

Ad-Dahbi, ›Sijar Alam an-nubala‹, Kairo 1958.

Daoud, Mohammed, ›Tarich Tétouan‹, Band I, Tétouan 1959.

Al-Dschahiz, ›Rassail al-Dschahiz‹, Kairo 1964.

Al-Fassi, Abi Zar, ›Al-anis al-mutrib birawd al-qirtas fi achbari muluk al-Maghreb wa tarich madinat Fas‹, Rabat 1972.

Hassan, Ali Ibrahim, ›Nissa lahunna fi at-tarich al-Islami nasib‹, o. O., 1970.

Ibn Abd Rabbihi, Ahmad ibn Muhammad (al-Andalusi), ›Kitab al-'iqd al-farid‹, Beirut 1983.

Ibn al-Athir, ›Al-Kamil fi at-tarich‹, Beirut: Dar al-Fikr, o. J.

Ibn al-Athir, ›Al-Kamil fi at-tarich‹, Beirut: Dar al-kutub al-Ilmija, 1987.

Ibn Asakir, ›Tarich Damaschq‹ (der Band über die Frauen, hrg. von Sakina Schihabi), o. O., 1982.

Ibn Azuz Hakim, Mohammed, ›As-Sitt al-Hurra Hakimat Tetouan‹, Téouan 1983.

Ibn Batalan, ›Rissala fi Schar'i ar-naqiq‹, Kairo 1954.

Ibn Battuta, ›Rihla‹ (Reisen), Beirut 1985.

Ibn Chaldun, ›Al-Muqaddima‹ (Vorrede), Dar al-kitab al Arabi, Beirut o. J.

Ibn Challikan, Abu l-Abbas Ahmad (gest. 1282), ›Kitab wafajat al-a'jan‹, Beirut o. J.

Ibn al-Dschawzi, ›Kitab Ach'am an-Niss'aia‹, Beirut 1981.

Ibn Hadschar al-Asqalani, ›Al-Isaba fi tamiz as-sabaha‹, Kairo o. J.

Ibn Hazm al-Andalusi, ›Ar-rassail‹ (Sammlung von Briefen und Aufsätzen), kommentiert und herausgegeben von Dr. Hassan Abbas, Beirut 1981.

Ibn Hischam, ›As-Sira an Nabawija‹, Beirut o. J.

Ibn al-Imad al-Hanbali, Abi al-Falah Abd al-Hajj, ›Schazar'at adh-dhahab fi akbari man dhahab‹, Beirut, o. J., Band III, S. 192 f.

Ibn Manzur, ›Lissan al-Arab‹, Kairo, o. J.

Ibn an-Nadim, ›Al-fihrist‹ (›Verzeichnis‹), Beirut 1978.

Ibn Ruschd (Averroës), ›Bidaijat al-Mudschtahid wa nihaijat al-muqtasid‹, o. O., o. J.

Ibn Saad, ›At-tabqat al-kubra‹ (›Die Stände‹), Beirut 1980.

Imam Ibn Taher Taifur, ›Kitab Bal'agh'at an-Nissa‹, Beirut 1972.

Inana, Mohammed Abd Allah, ›Taradschim Islamija, scharkija wal-andalusija‹, o. O., (Ägypten) 1947.

Inana, Mohammed Abd Allah, ›Nihaiat al-Andalus maktabat at al-Madani‹, Kairo 1987.

Kahhala, Omar, ›Alam an-nissa fi 'alam al-Arabi wal-Islam‹ (Berühmte Frauen in der muslimischen und in der arabischen Welt), Damaskus 1982.

Al-Maliki, Abi al-Hassan, ›Al-Hadaiq ar-Ghanna fi Akbar an-nissa: Taradschim Schihhirat an-nissa‹, o. O. (Tunesien) 1978.

Al-Mansuri, Bibris, ›Kitab at-tuhfa al-mulukija fi ad-Daula at-Turqija‹, Beirut 1987.

Al-Maqarri, ›Nafh at-tib min ghusn al-Andalus ar-ratib‹, Beirut, 1967.

Al-Maqrizi, ›Al-Chitat maktabat at-taqafa ad-dunja‹, Kairo 1987.

Al-Marrakeschi, Abd al-Wahed, ›Al-Mu'dschib fi talchissi akbar al-Maghreb‹, Casablanca 1978.

Al-Mas'udi, Abu l-Hasan Ali Ibn al-Husain, ›Kitab murudsch adh-dhahab wa-ma'adin al-dschawar‹ (Buch der Goldwäschen und der Edelsteinfundstätten).

Al-Miskawaih, ›Kitab tadscharib al-umama‹, o. O. (Ägypten) 1915.

Al-Muhami, Mahmud Kamil, ›Al-Jaman‹, Beirut 1968.

An-Nadschrami, Mohammed Jussef, ›Al-'alaqa as-sijassija wa taqafija baijna al-Hind wal-chilafa al-Abbasija‹, Beirut 1979.

An-Nasiri, Ahmed, ›Al-lstiqsa fi akbar al-Maghreb al-Aqsa‹, o. O., 1956.

Imam Nissa'i, ›Kitab al-Massadschid‹, in: ders., ›As-Sunan‹, o. O., 1930.

Al-Qannudschi al Buchari, As-Sajid Mohammed Siddiq Hassan Chan, ›Husn al-aswa bima thabata mina Allahi wa rassulihi fi an-nissa‹, o. O., o. J.

Sawaijd, Ahmed, ›Nissa schihirat min tarichina‹, Beirut 1985.

As-Sujuti, Dschalal ad-Din, ›Al-Mustazraf min akbar al-dschawari‹, Beirut 1976.

Suleyman, Ahmad as-Sajid, ›Tarich ad-duwal al-Islamija wa mu'dscham al-usar al-hakima‹, o. O. (Ägypten) 1969.

At-Tabari, Abu Dscha'far Muhammad Ibn Dscharir, ›Tarich ar-rusul wal-muluk‹ (Annalen der Propheten und der Könige), Leiden 1879–1901.

At-Tabari, Abu Dscha'far Muhammad Ibn Dscharir, ›Tafsir dschami'al-baian 'an ta'wil adschi al-Qur'an‹ (Korankommentar), Beirut 1983.

At-Tabari, Abu Dscha'far..., ›Tafsir, dschami' al-baijan'an ta'wil aji-al-Qur'an‹, kommentiert und herausgegeben von Mohammed Chakir, o. O. (Ägypten) o. J.

Ath-Thawr, Abd Allah Ahmed Muhammad, ›Hadihi Hidija-i-Jaman‹, Beirut 1979.

Üçok, Bahriye, ›An-nissa al-hákimat fi tarich‹, Bagdad 1973.

Zaijdan, Jurji, ›Tarich at-Tamaddun al-Islami‹ (Geschichte der islamischen Gesellschaften), o. O., o. J.

Az-Zirikali, Chair ed-Din, ›Al Alam, qamus asch'ari ar-Ridschal wa Nissai min al-Arabi wal-Musta rabiin wal-mustaschraqin‹, 6. Auflage, Beirut, 1983.

2 Französische Literatur und französische Übersetzungen der arabischen Quellen

›Chronique de Tabari‹, traduit par Hermann Zotenberg, Paris 1958.
Corbin, Henry, ›Histoire de la philosphie islamique‹, Paris 1986.

Colonel de Castrie, ›Sources inédites de l'histoire de Maroc‹, Band I, o. O., o. J.

Ibn Azuz Hakim, Mohammed, ›Sida al-Horra, exceptionelle souveraine‹, Mémorial du Maroc, o. O., 1982.

Ibn Battuta, ›Voyages‹, traduit par C. Defrémery und B. R. Sanguinetti, Paris 1982.

Joly, A., Tétouan, Archives Marocaines, Band V, o. O., 1905.

Lewis, Bernard, ›La langage politique de l'Islam‹, Paris 1988.

Maalouf, Amin, ›Les croisades vues par les Arabes‹, Paris 1983.

Al-Mas'udi, ›Les Prairies d'Or‹, Paris 1962.

Millot, Louis, »Théorie orthodoxe ou sunnite du khalifat«; in: ders., »Introduction à l'etude du droit musulmane«, Paris 1970.

Üçok, Bahriye, ›Femmes turques souveraines et régentes dans des états islamiques‹, o. O. (Türkei, Direction générale de la presse et de l'information), o. J.

3 Englische Literatur

Abbott, Nabia, ›Two Queens of Baghdad‹, Chicago III. 1946.

Goldziher, Ignaz, ›What is meant by Al-Jahiliya‹, Chicago III. 1966.

Lane-Poole, Stanley, ›The Mohammadan Dynasties. Chronological and genealogical tables with a historical introduction‹, London 1893. (Reprint: Beirut 1966.).

Lane-Poole, Stanley, ›A History of Egypt in the Middle Ages‹, London & Dublin 1901. (Reprint: London 1968.)

4 Deutsche Literatur und deutsche Übersetzungen der arabischen Quellen

Abu l-Faradsch al-Isfahani, ›Und der Kalif beschenkte ihn reichlich: Auszüge aus dem ‚Buch der Lieder‚‹, München 1988.

›Der Islam von den Anfängen bis zur Eroberung von Konstantinopel‹, hrsg. von Bernard Lewis, Zürich; München 1981.

›Der Koran‹, aus dem Arabischen übertragen von Max Henning, Stuttgart 1960.

›Der Koran‹, Übersetzung von Rudi Paret, Stuttgart 1982.

›Der Koran‹, übersetzt von A. Th. Khoury, Gütersloh 1987.

›Geschichte der Mongolen‹: Nach östlichen und europäischen Zeugnissen des 13. und 14. Jahrhunderts / von Bertold Spuler, Zürich 1968.

Ibn Battuta, ›Reisen ans Ende der Welt‹, neu hrsg. v. Hans D. Leicht, Tübingen 1974.

Ibn Chaldun: Ausgewählte Abschnitte aus der *muqaddima*, aus dem Arabischen von Annemarie Schimmel, Tübingen 1951.

Ibu Challikan, ›Die Söhne der Zeit‹: Auszüge aus dem biographischen Lexikon ›Die Großen, die dahingegangenen‹, Stuttgart 1984.

Al-Mas'udi, ›Bis zu den Grenzen der Erde: Auszüge aus dem Buch der Goldwäschen‹, aus d. Arab. v. Gernot Rotter, München 1988.

Mez, Adam, ›Die Renaissance des Islams‹, Hildesheim 1968. (Reprint der 1. Aufl., Heidelberg 1922.)

›Reise des Arabers Ibn Batûta durch Indien und China‹, bearbeitet von Dr. Hans von Mzik, Hamburg 1911.

Umschrift und Aussprache arabischer Namen und Begriffe

Um ohne Rückgriff auf das wissenschaftliche Transskriptionssystem eine annähernd richtige Aussprache des Arabischen zu ermöglichen, wurde die Umschrift stark vereinfacht: Die Unterscheidung zwischen Lang- und Kurzvokalen entfällt, eine Reihe von arabischen Buchstaben ist im Deutschen durch die gleiche Umschrift vertreten. Neben den Sonderzeichen ᾽ und ῾ wird gelegentlich zur Kennzeichnung der Betonung das Zeichen ´ gesetzt. Besonders bei Eigennamen und eingeführten Begriffen erscheint das ᾽ am Wortanfang nicht.

Eingeführte (auch falsche oder, in Zitaten, antiquierte) Schreibweisen sind übernommen worden.

Arabisch	Deutsche Umschrift	Aussprache
ا	a	*
ب	b	*
ت	t	*
ث	th	stimmlos, scharf wie in engl. *th*ing
ج	dsch	wie in *Dsch*ungel
ح	h	gepresster Kehllaut, zwischen h und ch
خ	ch	wie in Ba*ch*
د	d	*
ذ	dh	stimmhaft, weich wie in engl. *th*ere
ر	r	›gerolltes‹, Zungen r
ز	z	weiches, stimmhaftes s wie in *s*anft
س	s	scharfes ß wie in Ha*ß*
ش	sch	*
ص	s	emphatisches scharfes s
ض	d	emphatisches dumpfes d
ط	t	emphatisches dumpfes t
ظ	dh	emphatisches dumpfes z

Arabisch	Deutsche Umschrift	Aussprache
ع	'	rauher stimmhafter Kehllaut, ähnlich einem kurz hervorgestoßenen a
غ	gh	schnarrender Kehllaut, zwischen r und ch
ف	f	*
ق	q	zum Gaumen artikuliertes, dumpfes k
ك	k	*
ل	l	*
م	m	*
ن	n	*
ه	h	*
و	w	wie in engl. *w*ater
ى	j	*
ء	'	Unterbrechung und fester Stimmeinsatz wie in be'enden.

Glossar

'ahd: bezeichnet den ›Vertrag‹, vor allem das politische Bündnis. Ein *'ahd* wurde zum Beispiel geschlossen, wenn es galt, die Thronfolge zu regeln (siehe *bai'a*), einen Pakt mit anderen Herrschern zu schließen, oder Abkommen zwischen Siegern und Besiegten zu treffen. Auch das Verhältnis zu den nicht-muslimischen Bevölkerungsgruppen wurde durch den *'ahd* geregelt (siehe *dhimma).*

'alim, (pl. *'ulama):* Gelehrter, vor allem Korangelehrter, Theologe. Im Islam gibt es weder eine ›Kirche‹ noch ›Priester‹, aber die *'ulama* können in etwa als Klerus, als die ›Geistlichkeit‹ des Islam gelten. (Siehe *fiqh, faqih.*)

amir (›Emir‹): ›Militärführer, Befehlshaber‹, im weiteren Sinne (›Führer, Fürst‹) ein Herrschertitel. Der Kalif wird *Amir al-Mu'minin,* ›Herrscher der Gläubigen‹ genannt, viele Sultane nannten sich *Amir al-Umara',* ›Emir der Emire‹. (Siehe *beg).*

'amma: die Masse, das (niedere) Volk. Vgl. das 2. Kap.

aschráf: die Vornehmen, Edlen, (siehe *scharif).* Vgl. das 1. Kap.

atabeg (›Atabegen‹): wörtlich ›Vaterfürst‹; ursprünglich ein seldschukischer Titel für die Fürstenerzieher (mit der Bedeutung Vormund, [›Muntwalt‹]), später allgemein ein weltlicher Machttitel, etwa für Statthalter. Unter den Mamluken hießt der Oberbefehlshaber der Armee *atabeg.* Einige Dynastien, die von ehemaligen Gouverneuren gegründet worden waren, bezeichnet man als ›Atabegen‹, z. B. die Selghuriden (Iran, 12. Jh.)

bai'a: Treueid, Huldigung, ursprünglich durch Handschlag vollzogen wie ein Handel, (*ba'a* heißt auch ›kaufen‹). Gemeint ist vor allem die Zeremonie der Anerkennung eines Thronfolgers. (Siehe *'ahd.*)

beg: ein Herrschertitel mongolischen Ursprungs (türkisch: ›Bey‹), der zunächst einen Heerführer bezeichnete, später etwa die Bedeutung des arabischen *amir* (siehe dort) hatte. (Siehe auch *atabeg.*)

bid'a: ›Neuerung, Erfindung‹; im Rahmen der islamischen Theologie gleichbedeutend mit ›Abweichung‹ von der *sunna* (siehe dort), also auch ein Wort für ›Häresie‹.

chatib: Prediger, siehe *chutba.*

chutba: die ›Predigt‹ beim Freitagsgebet, eine kurze Ansprache, die anfangs vom Kalifen selbst gehalten wurde und politische oder militärische Fragen zum Thema hatte. Später übernahm diese Rolle ein Prediger (*chatib*), die Predigt wurde formalisiert, aber sie schloß eine Fürbitte für den Herrscher ein. Die Nennung des Herrschernamens in der *chutba* war ein wichtiges Zeichen der Souveränität. Vgl. das 5. Kap.

da'i: wörtl. ›Aufrufer‹; Propagandist, Missionar (der schiitischen Sekten, bes. d. ›Isma'ilija‹). Der Missionsauftrag ist die *da'wa*. Vgl. d. 7. Kap.

dhimma: die Glaubenstoleranz, ein Schutzverband (siehe *'ahd*) zwischen dem muslimischen Herrscher und den Angehörigen ›anderer Religionen‹ (als solche galten Juden und Christen), der diesen die freie Religionsausübung garantierte und ihre Rechte und Pflichten im muslimischen Gemeinwesen festlegte. Die ›Geschützten‹ wurden *dhimmi* genannt.

dhimmi: siehe *dhimma*.

dschihad: bedeutet eigentlich ›Anstrengung‹, zum Beispiel jede Art des Eintretens für den Glauben – eine heilige Pflicht für alle Muslime. Seit dem Mittelalter versteht man darunter allerdings vor allem die militärische Auseinandersetzung mit den Ungläubigen, den ›Heiligen Krieg‹. Wer an einer solchen Auseinandersetzung teilnimmt, wird *mudschahid* (›Glaubenskrieger‹) genannt.

faqih, (pl. *fuqaha*): Rechtsgelehrte, die sich mit der Auslegung der einzelnen Gesetzesvorschriften der *schari'a* (siehe dort) befassen. Ihre Wissenschaft, das ›islamische Recht‹ heißt *fiqh* (siehe dort).

fatwa: ein Rechtsgutachten zu einer Frage des Religionsgesetzes, das bindende Wirkung, den Charakter einer Weisung hat.

fiqh: die Gesamtheit der islamischen Rechtswissenschaft, die eine Reihe von ›Schulen‹ (*madhhab*, s. dort) umfaßt – nicht zu denken als Kodex positiven Rechts.

fitna: eigentlich ›Anfechtung, Versuchung‹; meist in der Bedeutung ›Aufstand‹, ›Umsturz‹ gebraucht, vor allem in bezug auf ›innere Unruhen‹ und ›Bürgerkrieg‹.

hadd (pl. *hudud*): Grenze, Schranke, dinglich und im übertragenen Sinn. *hudud* bezeichnet die Grenzen des Anstands nach Maßgabe des Sittengesetzes, die Gebote des Koran, deren Übertretung mit Strafe bedroht ist.

hadith: eine überlieferte Begebenheit aus dem Leben des Propheten. Die Auslegung der Worte und Taten Mohammeds spielt eine wichtige Rolle in der Auseinandersetzung der ›Rechtsschulen‹ (siehe *madhhab*), und damit in der Entwicklung des islamischen Rechts.

hedschas: der Süden der arabischen Halbinsel, das Gebiet des Jemen und des heutigen Oman.

hizb, (pl. *ahzab*): ›Partei, Fraktion‹, auch in der modernen Bedeutung (siehe *schi'a*).

hudud: Gebote, siehe *hadd*.

madhhab (pl. *madhahib*): ›Rechtsschule‹, Richtung der Auslegung des Religionsgesetzes; in der Regel sind die vier nach ihren Gründern genannten, sunnitischen (siehe *sunna*) Schulen gemeint: Hanafiten, Malikiten, Schafi'iten und Hanbaliten. Andere Glaubensrichtungen des Islam (Schiiten, Charidschiten) haben ihre eigenen *madhahib*.

maghreb: der Westen der islamischen Welt, etwa vom heutigen Marokko bis Ägypten und der Westküste der arabischen Halbinsel (Jemen).

maqsura: eine Art Loge für den Kalifen neben der Gebetsnische (siehe *mihrab*) in der Moschee, meist ein kunstvolles hölzernes Gitterwerk, das den Herrscher vor Attentaten schützen sollte.

maschreq: der Osten der islamischen Welt.

mazalim: wörtlich ›Ungerechtigkeiten, Mißstände, Klagen‹, bezeichnet eine Einrichtung, die auf den Kalifen al-Mahdi zurückgehen soll und vor allem unter den Abbasiden gepflegt wurde. Es handelte sich um eine Art ›Verfassungsgericht‹, eine oberste Berufungsinstanz für alle, die sich durch richterliche Entscheidungen (siehe *qadi*) und Verfügungen des Staatsapparates ins Unrecht gesetzt sahen. Die *mazalim* – Gerichtsbarkeit war eine vielgerühmte Institution, sie blieb natürlich an die *schari'a* (siehe dort) gebunden, das letzte Wort hatte im Prinzip der Souverän.

mihrab: die ›Gebetsnische‹, eine Vertiefung in der nach Mekka gerichteten Wand der Moschee, vor der die Gläubigen ihre Gebete verrichten.

mu'adhdhin, (›Muezzin‹): das geistliche Amt des Ausrufers, der fünfmal an jedem Tag die Gläubigen zum Gebet (*salat*) ruft.

mudschahid: siehe *dschihad*.

qadi, (pl. *qudat*): Richter, der nach Maßgabe des *fiqh* (siehe dort) die Bestimmungen der *schari'a* (siehe dort) anwendet, die Fälle verhandelt und Urteile fällt.

schaich: eigentlich ›alter Mann‹, im Sinne von ›Ältester‹ ein Ehrentitel, bezeichnet Stammesführer, auch das Oberhaupt einer religiösen Gemeinschaft.

schari'a: wörtlich ›die Straße‹, im Sinne des ›rechten Wegs‹, ist der Gegenstand der Rechtswissenschaft, des *fiqh* (siehe dort): die Sammlung der heiligen Gesetze.

scharif (pl. *aschraf*): vornehm, führend, später eine Bezeichnung für Familien, die ihre Abstammung auf den Propheten Mohammed zurückführen (›Scherifen‹). Siehe das 1. Kap.

schi'a: »Partei«, »Gruppe«, »Interessengemeinschaft«; im religionsgeschichtlichen Zusammenhang steht der Begriff für die islamische Glau-

bensrichtung der Anhänger Ali Ibn Talibs, des Vetters und Schwiegersohns des Propheten. Am Anfang der schiitischen Bewegung stand die
›Partei‹nahme für Ali, der 661 ermordet wurde, im Konflikt um die
Nachfolge des Propheten. Unter Alis Gegnern war Mu'awija der Er-
folgreichste, er begründete die Dynastie der Omaijaden, mit der die
Tradition der ›sunnitischen‹ (siehe *sunna*) Herrschaft begann. Vgl. das
7. Kap.

sunna: die ›Mehrheitsmeinung‹ in der islamischen Theologie – oft als
›Orthodoxie‹ und ›rechtgeleitete‹ Haltung bezeichnet. Gemeint ist die
›Tradition‹, der ›Brauch‹, der vom Propheten Mohammed gestiftet ist.

'*ulama*: siehe '*alim*.

umma: die ›Gemeinschaft‹, auch im Sinne einer Sippe oder ethnischen
Gruppe. Heute steht der Begriff vor allem für die islamische ›Gemeinde‹, die Gemeinschaft aller Muslime. (Vgl. das 2. Kap.)

wazir (pl. *wuzara*) (Wesir): ein hoher Würdenträger am Hof, ein ›Staats-
beamter‹, vergleichbar mit einem heutigen Minister.